臨場感あふれる解説で、楽しみながら歴史を“体感”できる

世界史劇場

河合塾講師　神野正史【著】

イスラーム世界の起源

ベレ出版

はじめに

日本人にはほとんど馴染みがない、と言ってもよいイスラーム。

しかし同時に、新聞を読むにしても、ニュースを聴くにしても、「イスラームの理解なくして、けっしてその国際情勢を理解することはできない」と断言してもいいほど「日本人がぜひ知っておいてほしい一般常識」でもあります。

また、「馴染みがないから」と放置すれば無知となり、無知は偏見を育みます。

そしてそれは、マイナスイメージを膨らませ、イスラームに対して「理由なき悪感情」が支配するようになるのです。

「なんとなく嫌い」「どうせテロ集団だろう？」「なんとなくコワイ」と。

しかし、実際にムスリム（イスラーム信者）の人たちと接してみれば、「そんなマイナスイメージはどっから湧いて出た？」と不思議に思うほど、そのひとりひとりは日本人と変わらぬ、ふつうに「いい人」たちです。

勝手な先入観を膨らませて白眼視されるムスリムたちはいい迷惑です。

しかし、これは他人事ではありません。

我が身を振り返って考えてみましょう。

現在、日本を取り巻く国際環境は劣悪で、日本は何かと目の仇《かたき》にされています。

日本はいわれなき憎しみ、侮辱、罵《ののし》りを受け、日本を貶《おとし》め、悪者にするためならどんな捏造・因縁・恫喝、そして、卑劣な手段をも厭わない、理不尽な攻撃に晒されています。

ところが、そのように日本に仇《あだ》なす人たちは、「よっぽどひどい人間」なのかと思いきや、ひとりひとりはやはりふつうに「いい人」だったりします。

「いい人」たちが「いい人」たちに対して、憎しみを抱き、罵り、攻撃し、傷つける。

なぜ、このような現象が生まれるのでしょうか。

そのすべての元凶は「無知」にあります。

人類の歴史は、「争い」「紛争」「戦争」の歴史と言っても過言ではありませんが、それらの不毛で哀しく醜い争いの根底には、かならず「相手に対する無知」とそれに伴う「偏見」「誤解」が滾々《こんこん》と流れていました。

今、日本に仇なす人たちもまた、「日本」そして「真実の歴史」に関してまったく無知なのです。

無知なるがゆえに、いとも易く「ねじ曲げられた捏造の歴史」を真実だと鵜《う》呑《の》みにしてしまうのです。

だから、むしろ「まじめで正義感あふれる人」ほど、日本に対して偏見と憎悪を膨らませ、自分の行動が「正しい」と盲信して、我々に攻撃をしかけてくるのです。

無知は「善良な人」を「悪行」に駆り立てるのです。

そうした意味において、無知は罪です。

さて。

「我が身をつねって人の痛さを知れ」

我々日本人は、彼らに対してはたしかに「被害者」ですが、しかし、我々自身もイスラームの人たちに対して「加害者」になってはいないでしょうか。

イスラームに「偏見」や「マイナス感情」を持つ我々日本人は、いまこそ、少しはイスラームを学び、他山の石としなければなりません。

とはいえ、イスラームは、我々日本人とは隔絶した価値観の社会ですので、たしかに、初学者が学ぶには少々「敷居が高い」ことは否めません。

そこで、本書の登場です。

本書は、まったくイスラームの基礎知識のない方が読んでも、すんなり理解でき、彼らの人間性、価値観、歴史を肌で感じられるようになることをコンセプトとして企画されました。

もし、本書がその“一石”となってくれるなら、こんなうれしいことはありません。

2013年2月

本書の読み方

本書は、初学者の方にも、たのしく歴史に慣れ親しんでもらえるよう、従来からの歴史教養書にはない工夫が随所に凝らされています。

そのため、読み方にもちょっとしたコツがあります。

まず、各単元の扉絵を開きますと、その単元で扱う範囲の「パネル（下図参照）」が見開き表示されています。

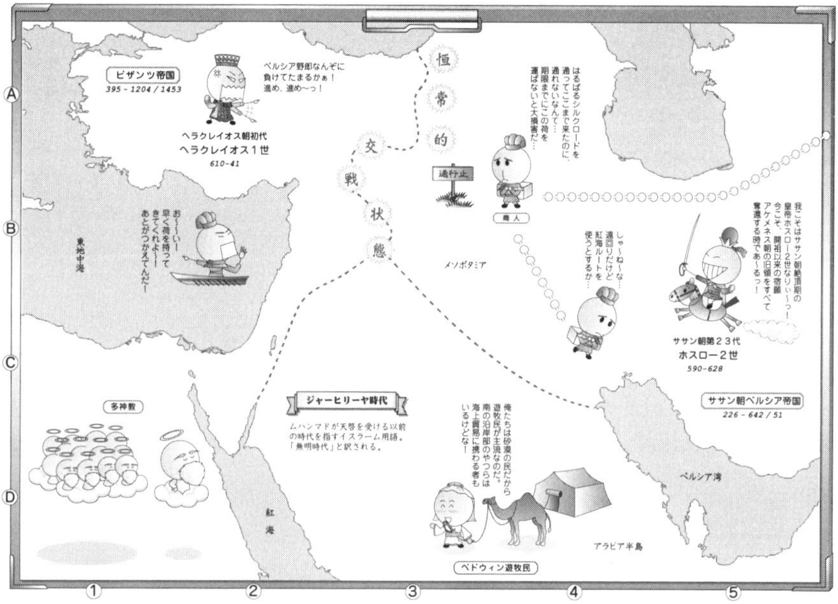

本書はすべて、このパネルに沿って解説されますので、つねにこのパネルを参照しながら本文を読み進めていくようにしてください。

そうしていただくことによって、いままでワケがわからなかった歴史が、頭の中でアニメーションのようにスラスラと展開するようになりますので、ぜひ、この読み方をお守りくださいますよう、よろしくお願いします。

また、その一助となりますよう、本文中には、その随所に（A-2）などの「パネル位置情報」を表示しておきました。

これは、「パネルの枠左の英字と枠下の数字の交差するところを参照のこと」という意味で、たとえば（A-2）と書いてあったら、「A 段第 2 列のあたり」すなわち、上記パネルでは「ヘラクレイオス 1 世」のあたりをご覧ください。

なお､本パネルの中の「人物キャラ」は､てるてる坊主みたいなので､便宜上「てるてる君」と呼んでいますが、このてるてる君の中には、その下に「肩書・氏名・年号」が書いてあるものがあります。

この「年号」について、注意点が 2 つほど。

クライシュ族タイム家
アブー=バクル
アル=スィッディーク
573-634

まず、この年号はすべて「グレゴリウス暦」で統一されています。

従いまして、イスラームを解説したパネルであっても「ヒジュラ暦」ではありませんし、日本の歴史が描かれたパネルであっても「旧暦」ではありません。

また､この「年号」は､そのすぐ上の「肩書」であった期間を表しています。

ですので､同じ人物でも肩書が違えば「年号」も変わってきますのでご注意ください。

たとえば、同じ「アブー＝バクル」という人物でも、その肩書が、「クライシュ族タイム家」のときは、生没年（573-634）が、「ムハンマド側近」のときは、側近として活躍した年代（614-34）が、「正統カリフ初代」のときは、その治世年間（632-34）が記されています。

また、本文下段には「註欄」を設けました。

この「註」は、本文理解の一助としていただくとともに、「日本人にはとかく馴染みのうすいイスラームでもなるべくイメージしやすいように」との配慮から、日本人に馴染み深い「戦国時代」や「三国志」の類例を多用し、イスラームの歴史と比較対比できるよう心がけました。

これにより、イスラームと言っても、「我々日本人や中国人の歴史とおなじような人間くさい、熱い血の流れた歴史をたどっているんだなぁ」「日本人となんにも変わらないや」ということを実感できるかと思います。

それでは、「まるで劇場を観覧しているかの如く、スラスラ歴史が頭に入ってくる！」と各方面から絶賛の「世界史劇場」をご堪能ください。

CONTENTS

第2章　正統カリフ時代

第3章 ウマイヤ朝時代

第4章　アッバース朝時代

「誦め！
創造主なる汝の
主の御名において！」
メッカ近郊ヒラー山
アッラーの大天使
ジブリール
（ガブリエル）
610
私は字が
読めません！
麓の洞窟

第5章 イスラーム分裂

Column コラム

第1章 イスラームの成立

第1幕

イスラームなき「暗黒時代」とは？

ジャーヒリーヤ時代

6世紀まで影も形もなかったイスラーム。
それが7世紀に入るや否や、突如としてメッカに生まれたかと思うと、アッという間に、ヨーロッパ大陸・アフリカ大陸・アジア大陸と、3大陸にまたがる巨大な教団国家を築き上げていく。しかし、6世紀以前の政治・経済・社会状況こそがイスラームを生む揺籃《ようらん》であった。

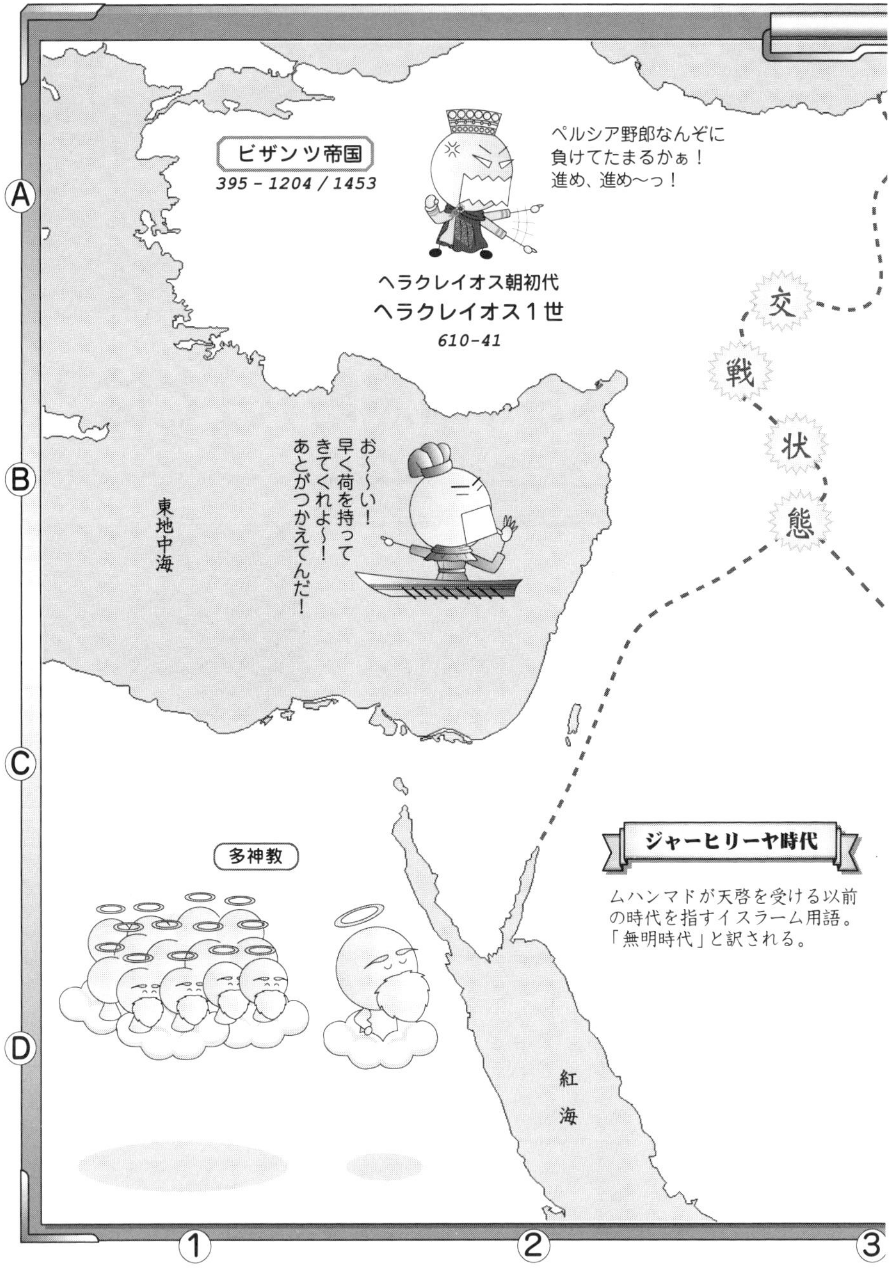
ビザンツ帝国
395－1204／1453
ペルシア野郎なんぞに
負けてたまるかぁ！
進め、進め〜っ！
ヘラクレイオス朝初代
ヘラクレイオス１世
610-41
お〜〜い！早く荷を持ってきてくれよ〜！あとがつかえてんだ！
東地中海
交戦状態
ジャーヒリーヤ時代
ムハンマドが天啓を受ける以前の時代を指すイスラーム用語。「無明時代」と訳される。
多神教
紅海

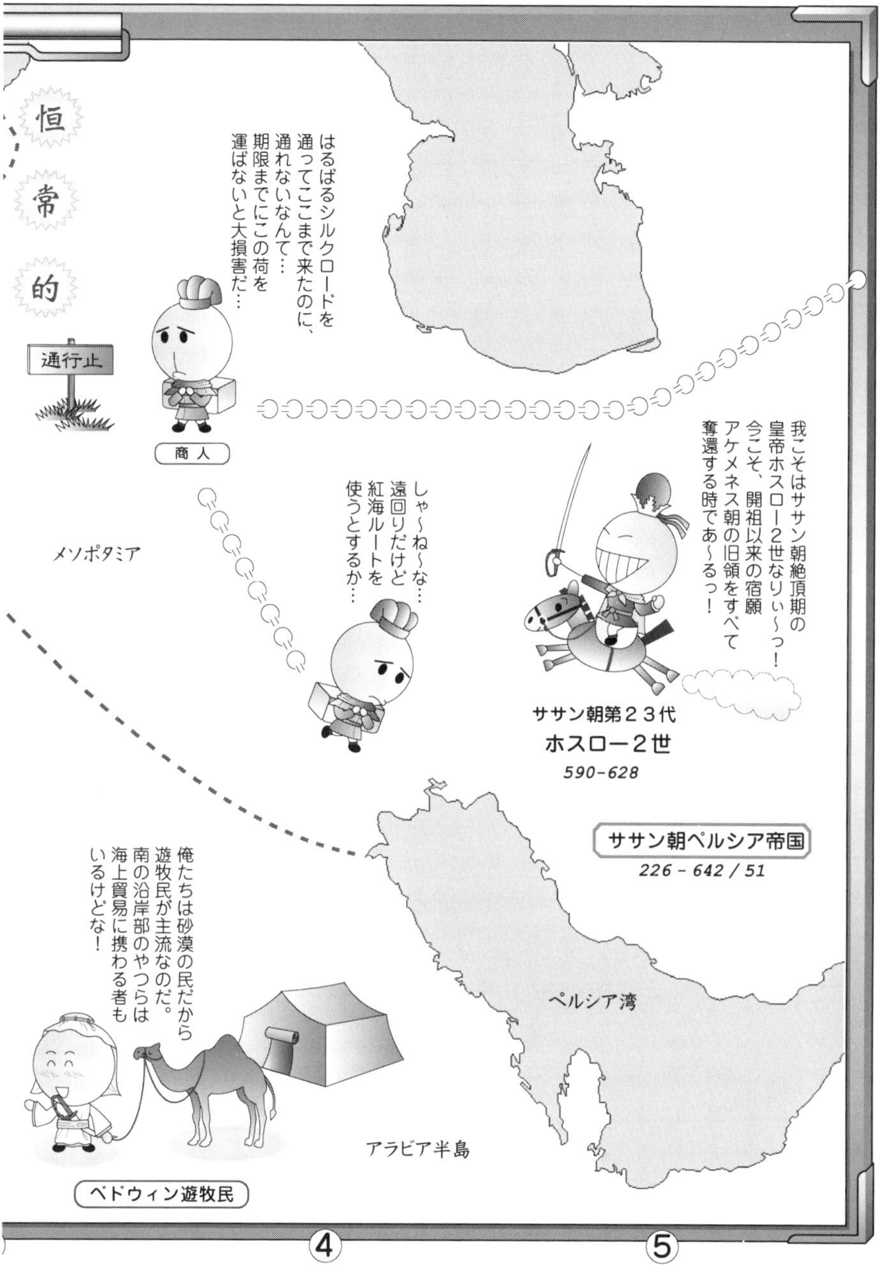
恒
常
的
通行止
はるばるシルクロードを
通ってここまで来たのに、
通れないなんて…
期限までにこの荷を
運ばないと大損害だ…
商人
しゃ〜ね〜な…
遠回りだけど
紅海ルートを
使うとするか…
メソポタミア
我こそはササン朝絶頂期の
皇帝ホスロー2世なりぃ〜っ!
今こそ、開祖以来の宿願
アケメネス朝の旧領をすべて
奪還する時であ〜るっ!
ササン朝第23代
ホスロー2世
590-628
ササン朝ペルシア帝国
226 - 642 / 51
ペルシア湾
俺たちは砂漠の民だから
遊牧民が主流なのだ。
南の沿岸部のやつらは
海上貿易に携わる者も
いるけどな!
アラビア半島
ベドウィン遊牧民
④
⑤

イスラーム（＊01）。

我々日本人は、とかくイスラームに疎《うと》く、ただ悪しき先入観ばかりが先行しがちとなっていますが、彼らの歴史を学ぶことはたいへん意味深く、重要なことです。

イスラームは、6世紀まで、この地球上に影も形もありませんでした。

それが、ある日突然、砂漠のまん中にポツンと生まれたかと思うと、またたく間にアラビア半島（D-3/4）を統一した（＊02）ばかりでなく、あれよあれよという間に、アジア大陸・ヨーロッパ大陸・アフリカ大陸を席巻し、3大陸を股にかけた大帝国を築き上げていきました。

こんな宗教・国・民族が他にあったでしょうか。

その空前絶後の巨大なエネルギーとパワーは、いったいどこから来たのでしょうか。

さらに、イスラームの発展は一時的なものにとどまることなく、現在でもその宗教圏は拡大することはあっても縮小することなく、信者の数も世界第2位（＊03）を誇っています。

世界情勢を語る上で、イスラームの理解は必要欠くべからざるものとなっているのです。

それでは、まず最初に、イスラームが具体的にどのようにして生まれてきたのか、その成り立ちから見ていくことにいたします。

（＊01）むかしは「イスラム教」と呼ばれていましたが、より原音に近いのは「イスラーム」であること、また、これは単なる「宗教」に限定されるものではなく、文化・政治・法などなど生活全般と一体化したものであるため、「〜教」という「あたかも宗教に限定されたような呼び方」はふさわしくないという議論がなされ、最近では単に「イスラーム」と「教」を付けずに呼ばれることが多い。
ただし、イスラームの中の「宗教」という側面に限定して論じたい場合は、「イスラム教」という表現を用いることもありますので「イスラム教」が間違った表現だというわけではありません。

（＊02）このころまで、アラビア半島は、人類の歴史開闢以来、一度たりとも統一されたことがなく、イスラームが半島統一を達成したのは、史上初のことでした。

（＊03）その信者数は12億人。
第1位は、言わずと知れたキリスト教で20億人。
3大宗教に数えられる仏教はガクンと少なくなり、3億人強。

イスラームは、人類悠久《ゆうきゅう》の歴史の中で、わずか 1400 年ほど前（＊04）に砂漠の民の中から突如として出現した、まだ比較的新しい宗教（＊05）です。

イスラームの歴史では、イスラーム成立以前の歴史のことを、「ジャーヒリーヤ（＊06）」と呼んで蔑《さげす》み、イスラーム以降の時代とは明確に区別しています。(C/D-3/4)（＊07）

「光」そのものたるイスラームが存在しない暗い時代。

「多神（D-1）を信じ、唯一神アッラーを信じていなかったため、ひとり残らず地獄に落ちている暗黒の時代」と考えます。

しかし、そういう発想が我々には独善的で不快に感じられます。

そもそも、イスラームがまだ存在していなかった時代、「**ムスリム**（＊08）」になりたくてもなりようもないわけで。

それでもなお「地獄行き」なのか、と。

もちろん、イスラームの答えは、問答無用で「地獄行き」です。

しかし、ムスリムが「無明・無知・暗黒」と蔑《さげす》むこの時代こそ、イスラームを育む、揺籃《ようらん》の時代でした。

（＊04）西暦で言うと 610 年。

（＊05）ちなみに、仏教・儒教・道教・ヒンドゥー教・神道などアジアの宗教はおよそ 2500 年前後、一神教の筆頭・ユダヤ教は 3300 年、比較的若いキリスト教ですら 2000 年ほどの歴史があります。

（＊06）イスラームという「光」がなかった時代、すなわち「無明時代」「暗黒時代」「無知時代」という意味です。

（＊07）本書は、各項冒頭の「パネル絵」と照らし合わせながら読み進めることで、たいへん理解しやすいように構成されています。したがいまして、今説明している箇所が「パネル上のどの部分か」ということが表示されています。
(A-1) は「パネルの A 段と第 1 列の交差点」つまり「パネルの左上」を示し、(B/C-3) なら、「パネルの B 段と C 段の間と第 3 列の交差点」つまり「パネルのまん中」の位置を示します。

（＊08）アラビア語で「イスラム教徒」という意味です。
本書で多用される言葉ですので、かならず覚えておいてください。

本幕のパネルをご覧ください。

この地図は、イスラーム成立直前の西アジア世界を表したものです。

地図の西側にある海（B-1）が東地中海で、当時、東地中海沿岸は、すべて**ビザンツ帝国**（A-2）(＊09) の領土でした。

当時、ビザンツ帝国は建国から200年経ったこのころも揺るぎなく、その支配領域はいまだ建国当初のまま依然として東地中海を「マーレ・ノストゥルム（我らが海）」(＊10) としていた大帝国でした。

対して、東側（B-4）が、すべて**ササン朝**の領土です。

両国は、現在のトルコ東部からシリアにかけて国境を接し（A/B-3）、ササン朝の建国以来、ず〜っと相争う積年の宿敵同士でした。

（＊09）人類史上唯一、地中海を統一したのが古代ローマ帝国。
それが395年に東西に分裂したあと、「西」はたった80年で滅んでしまいましたが、「東」は1000年以上も脈々とつづきました。それがビザンツ帝国です。
ちなみに、ちょうどイスラームが生まれたころ（7世紀）以前を「東ローマ帝国」、それ以降を「ビザンツ帝国」と呼んで区別することがあります。

（＊10）古代ローマの人たちが地中海を指して呼んだ呼称。
転じて「制海権を握った海」を指して地中海以外にも使用されることもあります。
例：「17世紀、スウェーデンはバルト海を“我らが海”として、バルト帝国と呼ばれた」

とくに、ササン朝が東方問題を解決（＊11）させることに成功した６世紀後半以降、その国力を西方（ビザンツ）に傾け、連年ササン朝はビザンツ帝国に侵攻、熾烈《しれつ》な戦争（＊12）を繰り返すようになります。

じつは、こうして、毎年毎年恒常的に、トルコ東部からシリアにかけて戦線が張られ、交戦状態がつづいたため、当時、このあたりを行き交う商人たちがコマり果ててしまったのです。(A/B-3/4)

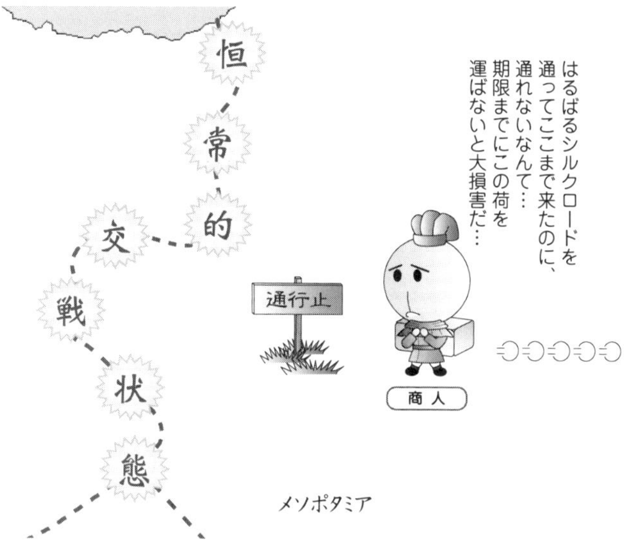

なんとなれば、その戦線はちょうどシルクロード（＊13）に立ち塞《ふさ》がるようにして横断していましたから。

はるばる中国から、艱難辛苦《かんなんしんく》を乗り越え、東方物産を携えてやってきた商人たちはピタリとここで立ち往生。商売というのは、時間との闘いですから、期日までに既定の商品を届けなければ大損害です。(B-2)

商人たちは、否応なく、シルクロードに代わる別の新たな迂《う》回路を開拓する必要に迫られることになりました。

（＊11）ササン朝は永年にわたって東方からのエフタルの侵攻に苦しんでいましたが、ホスロー１世の御世に至り、ついにこれを滅ぼすことに成功しました。

（＊12）これを「ビザンツ - ササン戦争（572-628）」と言います。
この戦争がめぐりめぐってイスラームという新宗教を生み、両国を滅ぼすことになろうとは、このとき誰も想像すらできなかったでしょう。

（＊13）紀元前の時代から脈々と中国とヨーロッパの交易をつないだ有名な陸路。
その代表的貿易品より「絹の道」と呼ばれるようになりました。
中国側の起点が洛陽（むかしは長安と言われていました）、ヨーロッパ側の起点がアンティオキア。

そこで彼らは、戦場となっているビザンツ - ササン両国国境の手前で南下して（B/C-4）、ペルシア湾（D-5）に出ると、そこからは船を操り、アラビア半島（D-3/4）をぐるりとまわって、紅海（D-2）から地中海（B-1）へ抜ける新ルート（＊14）を拓《ひら》きます。

じつは、この事態こそが、イスラーム誕生の重要な条件となっていくのです。いよいよイスラームの歴史が動き始めます。

（＊14）これを「紅海ルート」と言います。
歴史を理解するためには、地図の知識はたいへん重要なものですので、ちゃんと地図を見ながらルートを確認しておいてください。

第1章 イスラームの成立

第2幕

もたらされた富はいったい何を生んだのか？

アラビア半島の経済的発展

人類の歴史開闢《かいびゃく》以来、アラビア半島はつねに「辺境」でありつづけ、統一王朝が現れたことすら一度もなかった。ところが、長年にわたるビザンツ帝国とササン朝の抗争は、貿易ルートを遮断《しゃだん》する結果となり、思いもかけず、それがアラビア半島に富をもたらすことになった。いよいよイスラーム成立の素地が整うことになる。

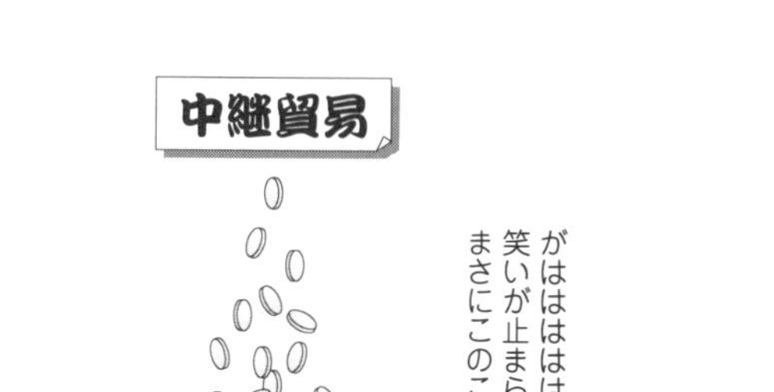

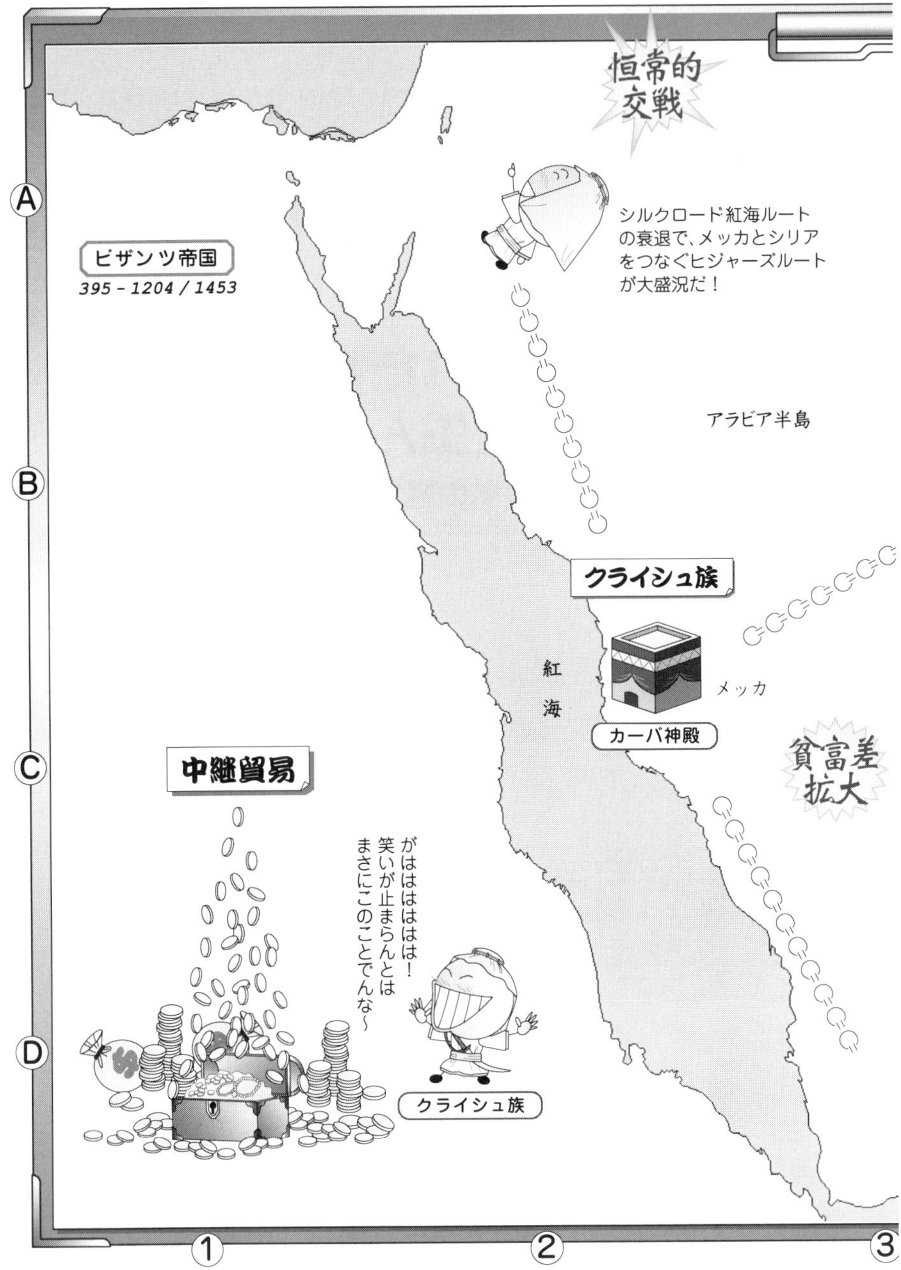
恒常的交戦
シルクロード紅海ルートの衰退で、メッカとシリアをつなぐヒジャーズルートが大盛況だ！
ビザンツ帝国
395－1204／1453
アラビア半島
クライシュ族
紅海
メッカ
カーバ神殿
貧富差拡大
中継貿易
がはははははは！笑いが止まらんとはまさにこのことでんな～
クライシュ族
A
B
C
D
1
2
3

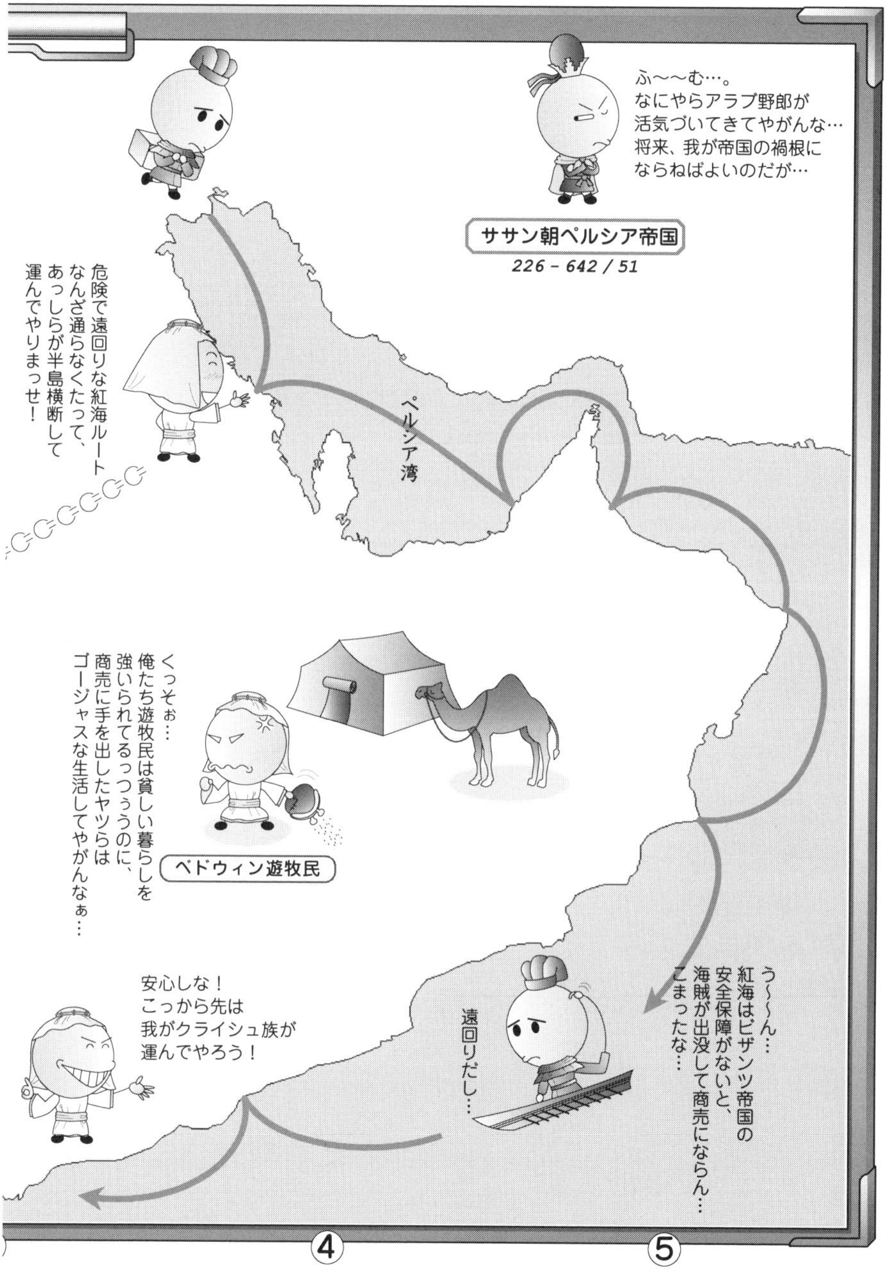
ふ〜〜む…。
なにやらアラブ野郎が
活気づいてきてやがんな…
将来、我が帝国の禍根に
ならねばよいのだが…
ササン朝ペルシア帝国
226 – 642 / 51
危険で遠回りな紅海ルート
なんざ通らなくたって、
あっしらが半島横断して
運んでやりまっせ！
ペルシア湾
くっそぉ…
俺たち遊牧民は貧しい暮らしを
強いられてるっつぅうのに、
商売に手を出したヤツらは
ゴージャスな生活してやがんなぁ…
ベドウィン遊牧民
う〜〜ん…
紅海はビザンツ帝国の
安全保障がないと、
海賊が出没して商売にならん…
こまったな…
遠回りだし…
安心しな！
こっから先は
我がクライシュ族が
運んでやろう！
④
⑤

さて、こうしてアラビア半島沿岸をぐるりとまわって地中海に抜ける新しい商業ルート（**紅海ルート**）が切り拓《ひら》かれました。（＊01）

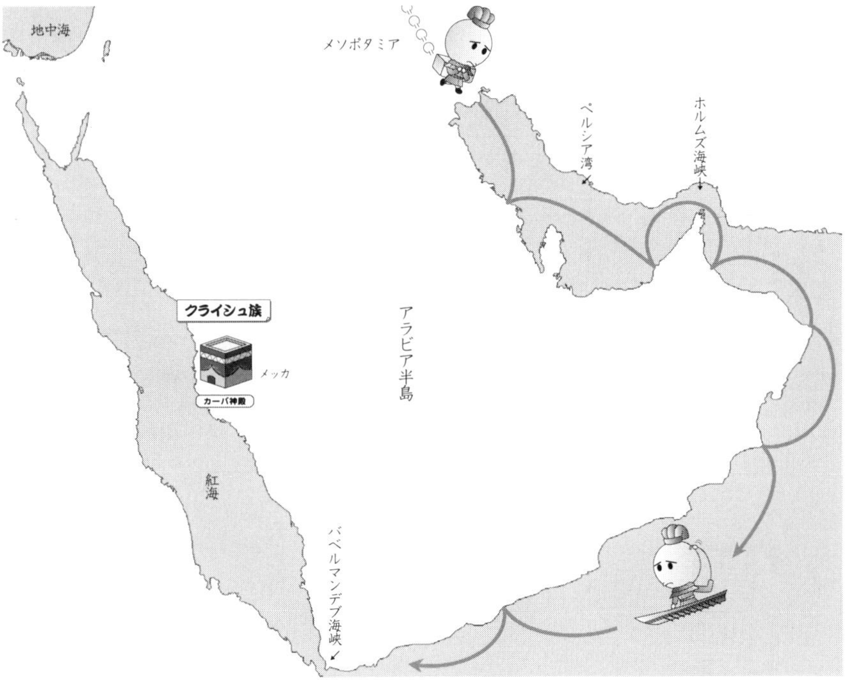

しかし、このルートもいろいろと問題含み…。

あまりにも遠回りすぎる（＊02）というのも問題でしたが、それよりなにより一番の問題は、どうしても通らなければならない紅海（C-2）が、当時、海賊どもの巣と化していたことでした。

（＊01）このルートは、歴史を理解する上でたいへん重要なことですので、上図を見ながらもう一度ご確認ください。
「メソポタミア～ペルシア湾～ホルムズ海峡～アラビア半島南岸～バベルマンデブ海峡～紅海～地中海」とたどっていくルートです。

（＊02）ひとくちに「アラビア半島をまわって」と言っても、アラビア半島は世界最大の半島。その面積は、日本の国土の約７倍にもなりますので、これをまわるだけで一苦労なだけでなく、時間と経費がかさみます。

　じつは、これまで、紅海の治安はビザンツ帝国が担当していたのですが、ササン朝との永年の戦がたたり、このころにはビザンツ帝国の統制力が急速に衰えてしまっていました。

　そのため、紅海の海賊が跋扈《ばつこ》するのを抑えられなくなっていたのです。

　商人たちにしてみれば、せっかく千辛万苦《せんしんばんく》して、はるか中国からここまで運んできた積荷を、ここで海賊に全部取られてしまうわけにはいかない。

　とはいえ、あちらのルート（シルクロード）は戦争でダメ！

　こちらのルート（紅海ルート）も海賊出没でダメ！　では八方ふさがり。(D-5)

　こうして、困り果てている商人に声をかけてくる者がありました。

　それが当時、メッカ（C-2/3）を中心にヒジャーズ地方（＊03）に幅を利かせていた**クライシュ族**です。

「どうだ、ここ、バベルマンデブ海峡（D-3）（＊04）から先の海は、海賊が恐かろう？
　な～に、紅海を通らなきゃいいんだ。ここから先、紅海沿岸の陸路（ヒジャーズ地方）を運べばよい。幸いこのあたりは我々のシマだ。俺たちが責任を持って運んでやろう！」

　そこで、商人たちは、以後、クライシュ族の助けを借りて交易をするようになります（ヒジャーズルート）。

（＊03）メッカを中心として、アラビア半島の西海岸一帯の、南北に細長い地域を指す言葉。当時、このあたりはクライシュ族の勢力範囲でした。

（＊04）アラビア半島の最南端にある、紅海の出口にあたる海峡。

クライシュ族は、東方物産をここで受け取り、それをそのまま陸路メッカへ運び、さらに北の地中海方面へと運ぶことで莫大な収益を上げることができるようになります。

これがいわゆる「**中継貿易**(＊05)」というもので、この貿易に携わるようになることで、これまでの貧しい生活がウソのように一変！

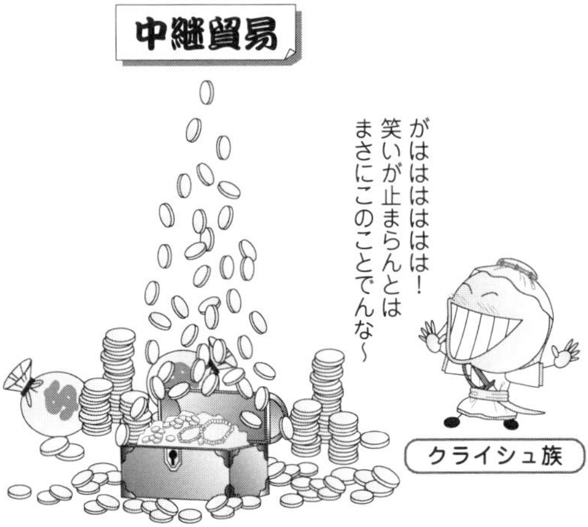

アラビア人たちの中でこの商売に手を染めた者たちは、一気に雅《みやび》な生活が送れるようになります。

アラビア人たちとはまったく関係ないところで起こった戦争(＊06)が、巡りめぐって「辺境の地(＊07)」であった貧しい彼らに莫大な富をもたらした（D-1）わけですから、その意味では、これはアラビア人にとって「降って湧いたような幸運！」と言えるものかもしれません。

（＊05）外から買い付けた商品を、別の地域に転売する貿易のこと。
「地の利」さえあれば、みずから産業を興し、労働者を雇って生産事業の運営をする必要がないため、初期投資の必要もなく、労なく莫大な利益を得ることができます。
しかし、いったん「地の利」を失えば、たちまち破綻する危うさもあります。

（＊06）先に触れました「ビザンツ - ササン戦争」のことです。

（＊07）アラビア半島は、降雨量の少ない地域が多く、そのため、農地は少なく、砂漠・岩漠がえんえんと拡がる過酷な自然環境にあり、人類創世以来イスラームが登場するまで、一度も統一王朝が現れたことがないどころか、隣国に強国が現れても併呑されることすらないほどの「辺境」の地でありました。

　しかし、人間というものは欲深いもので、「ひとつの小さな満足」は「さらなる大きな欲望」を生み出すだけだったりします。

「もっと！　もっと！　もっと儲けたい！」

　その一念で、彼らは新しい商機を求めて、わざわざペルシア湾まで出向くようになり商圏をドンドン拡げていきます。(A/B-4)

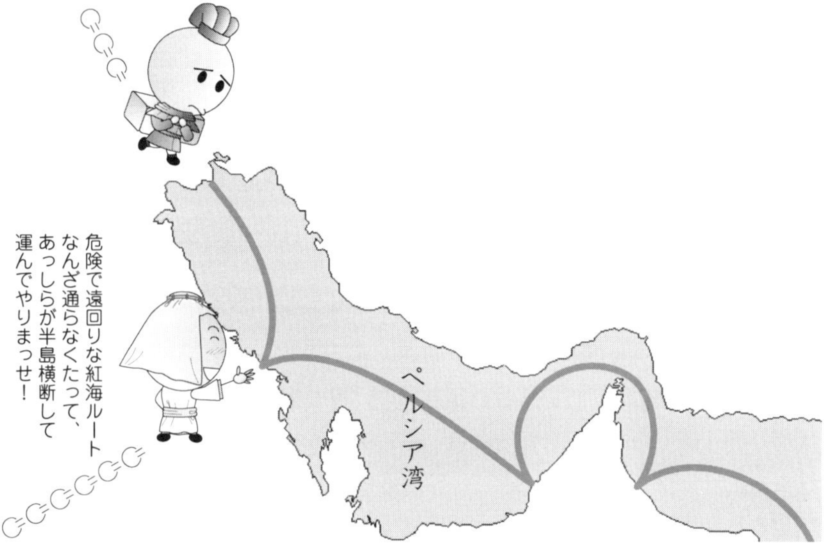

　やがて、彼らは、あの巨大なアラビア半島を所狭しと走りまわり、砂漠の中には縦横無尽に通商路が張り巡らされ、これを結ぶ半島各地のオアシスには街が生まれていきました。(＊08)

　突如として経済は活況をなし、物があふれ、豊かになり、街がつぎつぎと生まれ、発展し、彼らの生活が一変していく…。

　一見、いいことばかりのように聞こえますが、さにあらず。

　そもそもアラビア半島と言えば、何万年にもわたって、**ベドウィン**と呼ばれる遊牧民が多く生活する地域で、遊牧の生活は厳しく貧しい。

（＊08）有名なメッカやメディナも、こうした通商拠点のひとつとして発展していきます。

一部の商人たちが巨万の富を築いている、そのすぐ隣で、ベドウィンたちは昔ながらの貧しい暮らしをつづけているわけです。

ひとつの社会の中に**貧富の差**（＊09）が発生すれば、それはかならず嫉視《しつし》・軋轢《あつれき》を生み、さまざまな社会問題となって凝集していきます。

こうして、同じアラビアに住む民族同士、骨肉相《あい》食《は》む争いが発生し、ついこの間までの「貧しくとも旧《ふる》き良き社会」も今は昔、社会は紊乱《びんらん》の一途をたどっていきます。

「溺《おぼ》るる者はワラをも摑《つか》む」

人々はこれらの社会問題の中で苦しみもがきながら、現状を一気に解決してくれる「新しい秩序」を希求するようになります。

そして、今回、その希求に応えるものとして登場するのが、イスラームだったわけです。（＊10）

（＊09）とくにこの時代のアラビア半島に限ったことではなく、いつの時代でもどこの国でも、つねに歴史を動かす原動力となっているのは、この「貧富の差」だと言い切ってしまえるほどです。「貧富の差」の拡大は、旧秩序の断末魔と、新時代の到来を意味します。
新旧の時代の交代期の中で生きる人々は「断末魔」の中で悶絶させられることになります。貧富の差が日に日に拡がりを見せる現代日本がまさにそうです。
日本は、今まさに「亡び」に向かっているのかもしれません。

（＊10）その希求に応えるものとして手を挙げるのは、古今東西、新宗教であることが多い。中国の歴史を紐解いてみても、ひとつの王朝の末期には、たいてい宗教反乱が起こっています。日本ではオウム真理教事件が相当します。

第1章 イスラームの成立

第3幕

不遇の幼少時代、そして結婚の末…

開祖ムハンマドの生い立ち

古来、宗教の開祖というのは、たいていは不遇の人生を歩んだり、人生に悩み抜いた者たちだが、ムハンマドも例外ではなかった。彼は生まれる前に父を失い、6つのときに母を失い、その後、親戚をたらいまわしにされる。やがて、15も年上の豪商の女性と結婚すると、彼はまもなく瞑想生活に入ることになった。

メッカ近郊ヒラー山
麓の洞窟
人生とは何だ？
人間とは何だ？
神様とは何だ？
40歳ごろまで

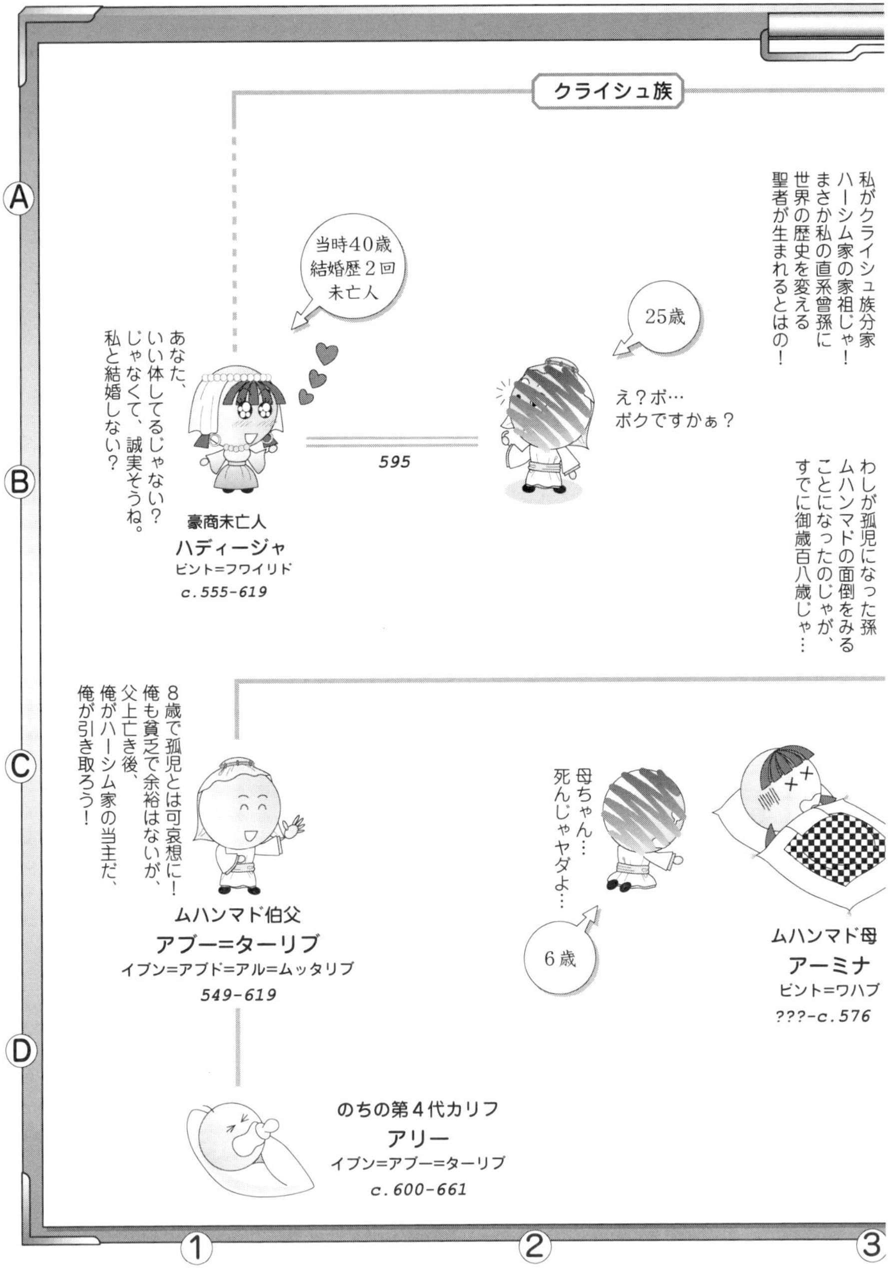
クライシュ族
私がクライシュ族分家ハーシム家の家祖じゃ！まさか私の直系曾孫に世界の歴史を変える聖者が生まれるとはの！
25歳
え？ボ…ボクですかぁ？
当時40歳
結婚歴２回
未亡人
あなた、いい体してるじゃない？じゃなくて、誠実そうね。私と結婚しない？
595
豪商未亡人
ハディージャ
ビント=フワイリド
c.555-619
わしが孤児になった孫ムハンマドの面倒をみることになったのじゃが、すでに御歳百八歳じゃ…
母ちゃん…死んじゃヤダよ…
6歳
ムハンマド母
アーミナ
ビント=ワハブ
???-c.576
8歳で孤児とは可哀想に！俺も貧乏で余裕はないが、父上亡き後、俺がハーシム家の当主だ、俺が引き取ろう！
ムハンマド伯父
アブー=ターリブ
イブン=アブド=アル=ムッタリブ
549-619
のちの第４代カリフ
アリー
イブン=アブー=ターリブ
c.600-661
A
B
C
D
1
2
3

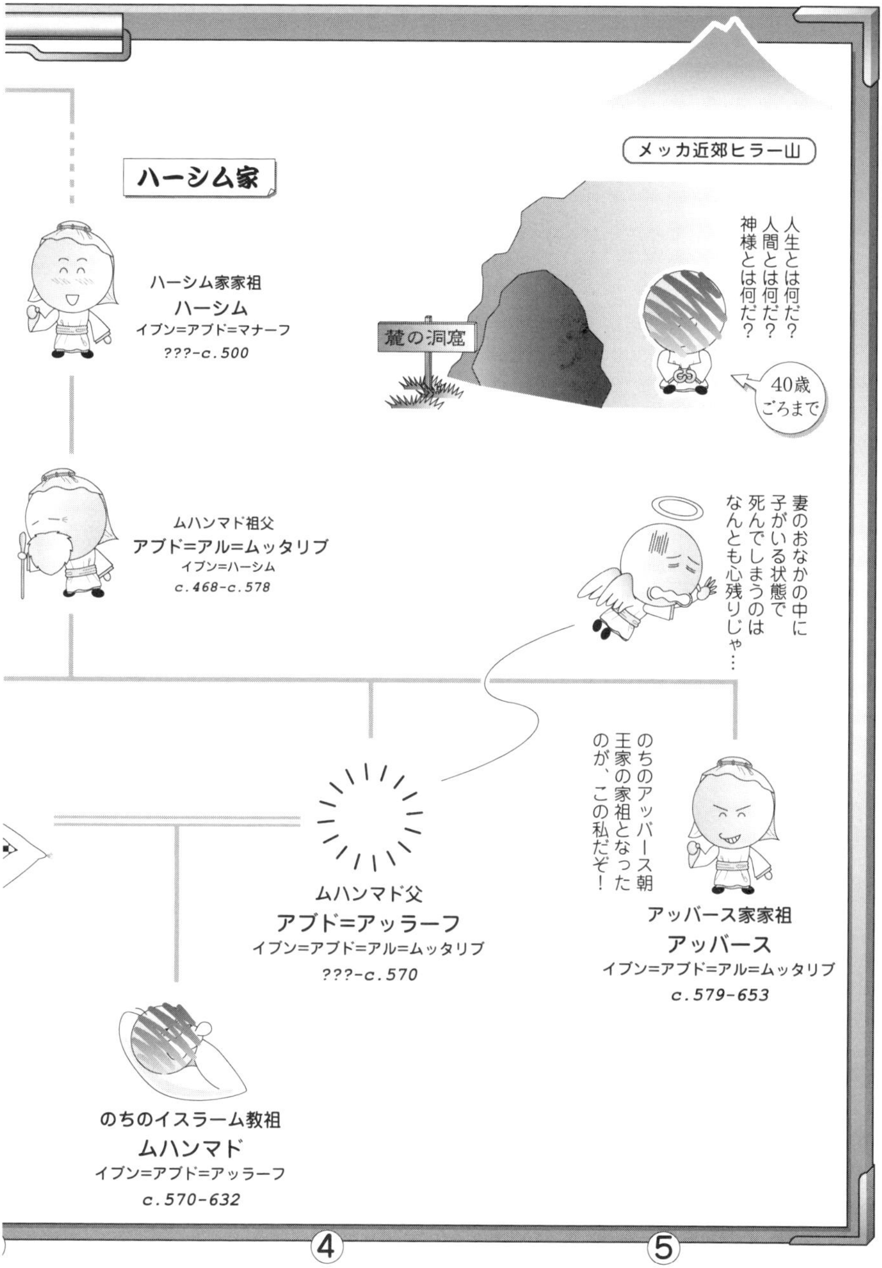
ハーシム家
メッカ近郊ヒラー山
人生とは何だ？人間とは何だ？神様とは何だ？
麓の洞窟
40歳ごろまで
ハーシム家家祖
ハーシム
イブン=アブド=マナーフ
???-c.500
ムハンマド祖父
アブド=アル=ムッタリブ
イブン=ハーシム
c.468-c.578
妻のおなかの中に子がいる状態で死んでしまうのはなんとも心残りじゃ…
のちのアッバース朝王家の家祖となったのが、この私だぞ！
ムハンマド父
アブド=アッラーフ
イブン=アブド=アル=ムッタリブ
???-c.570
アッバース家家祖
アッバース
イブン=アブド=アル=ムッタリブ
c.579-653
のちのイスラーム教祖
ムハンマド
イブン=アブド=アッラーフ
c.570-632
④
⑤

本幕の本題に入る前に、ひとこと説明しておきたいことがあります。

本幕パネルをご覧になっていただきますと、顔が塗りつぶされている人物がいますね。

これには重要な意味があります。

じつは、顔が塗りつぶされている彼こそがイスラームの教祖ムハンマド（＊01）です。

イスラームというと、日本では、とかくダーティなイメージが先行していますが、こと宗教に関して言えば、彼らは非常に「真摯《しんし》」な者たちです。（＊02）

そんな彼らの真摯な信仰態度のひとつが、彼らが厳然として守りつづけている「**偶像崇拝**（＊03）の禁止」。

啓典宗教（＊04）というものは、本来、偶像崇拝を固く禁止しています。

どんなに神に似せた像を作ったところで、それが石でできていれば石コロにすぎず、木でできていれば木クズと変わらない。

それは断じて「神」ではない。

そもそも塵芥《ちりあくた》の存在にすぎない人間ごときが、超越した存在である神の姿を彫ろうとする、その行為自体が瀆神《とくしん》（＊05）そのものだ、と考えます。

ところが、教団が大きくなると、どうしても組織が世俗化し、それにともない、頽廃《たいはい》し、腐敗します。

それはやがて、ご都合主義の権化《ごんげ》と化し、偶像崇拝を容認していくことになります。

（＊01）むかしは「マホメット」と表記されていましたが、近年では、よりアラビア語に近い発音「ムハンマド」と表記します。「マホメット」というのは、アラビア語→トルコ語→フランス語（Mahomet）を経て、訛りに訛ったものを日本人がローマ字発音したものなので、彼のことを「マホメット」と発音する国は他にないそうです。

（＊02）真摯すぎて暴走することがあるのは事実ですが。マジメな人ほど、ひとたび思い込むと周りが見えなくなり、聞く耳を持たなくなりやすいのと似ています。

（＊03）木・石・金属などを刻んで神仏の姿を表したものを拝む行為。

（＊04）カンタンに申しますと、ユダヤ教・キリスト教・イスラームの３宗教のことです。

（＊05）神を冒瀆する、穢す、侮辱する行為のこと。
たいていどこの宗教でも「瀆神」が最大級の罪深い行為だと教えています。

いまや、キリスト教徒は、平然とイエス（マリア）の像を拝みます。（＊06）

信仰の堕落、ここに極まれり。

それにひきかえ、ムスリムは、現在に至るまで厳格に「教え」を守り、偶像崇拝を断固として否定しています。

それどころか、ムハンマド様のご尊顔を絵に描かせることすら許さない、という徹底ぶり。

その絵が「偶像崇拝」の対象になりかねませんから。

したがいまして、ムスリムのその真摯な信仰に敬意を表し、本書でも、ムハンマドの顔に墨入れさせていただきました。（＊07）

さて、それではいよいよ、教祖ムハンマドの生い立ちについて、具体的に見ていくことにいたしましょう。

ひとりの人物について、深く理解したいと思ったならば、その人の生まれから生い立ちに至るまでを学ばなければ「理解した」ことにはなりません。

そこで、まずは、彼の家柄から見ていきます。

さきほどから何度も登場しておりますメッカの豪族・クライシュ族。

大きな部族でしたから、この一族からはたくさんの分家が生まれました。

そのうちのひとつが、家祖にハーシムを頂く「**ハーシム家**」です。

ハーシム家
私がクライシュ族分家
ハーシム家の家祖じゃ！
まさか私の直系曾孫に
世界の歴史を変える
聖者が生まれるとはの！
ハーシム家家祖
ハーシム
イブン=アブド=マナーフ
???-c.500

（＊06）もっとも、この点に関しては、彼ら自身にとってもコンプレックスとなっており、聞くに堪えない強弁・詭弁を駆使し、曲解の限りを尽くして弁解を繰り返しています。
しかし、どれも滑稽なほどたわいもない、幼稚なヘリクツばかり。彼らのやっていることは問答無用で「偶像崇拝」であり、もし本当に彼らの主張する神が実在するなら、みずからが信仰してきた神によって、最大級の神罰が下されること、疑うべくもなし。

（＊07）もっともこのテキストの人物（てるてる君）は全部同じ顔で「個性」があるわけではなく、「こんなもん偶像崇拝の対象になるわけがない！」とは思いますが、念のため。

今でこそ、「ムハンマド様を輩出したもっとも高貴な家柄」となっておりますが、このころは貧しい家柄でした。

その家祖ハーシムの曾孫《ひまご》にあたるのがムハンマドです。

しかし、彼が生まれたとき、すでに父は亡く（C-4）、母もまもなく病死（C-3）、ムハンマドはわずか 6 歳の身空で孤児となってしまいます。

母ちゃん…
死んじゃヤダよ…

ムハンマド母
アーミナ
ビント=ワハブ
???-c.576

そこで、彼は父方の祖父**アブド＝アル＝ムッタリブ**（＊08）に預けられることになりました。

ところが、そのとき祖父は、すでに御歳《おんとし》108 歳！

そのため、祖父もほどなく亡くなってしまいます。

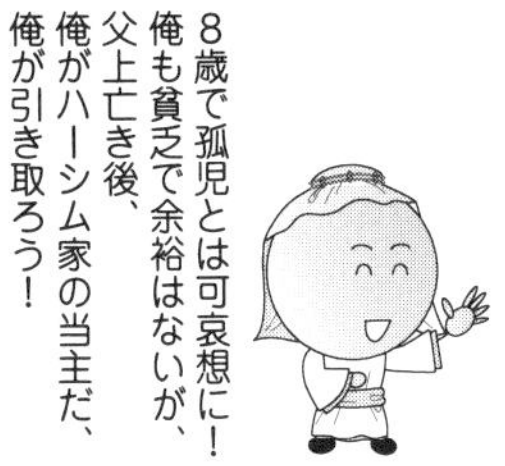

8歳で孤児とは可哀想に！
俺も貧乏で余裕はないが、
父上亡き後、
俺がハーシム家の当主だ、
俺が引き取ろう！

ムハンマド伯父
アブー=ターリブ
イブン=アブド=アル=ムッタリブ
549-619

そこで今度は、伯父（＊09）にあたる**アブー＝ターリブ**（C-1）（＊10）に預けられることになりました。

なんとなく「親戚たらいまわし」という観もしなくもありませんが、祖父も伯父もムハンマドをとてもかわいがってくれたようです。

ところで、この伯父アブー＝ターリブには、アリーという名の息子がいました。

（＊08）彼は、当時、ハーシム家の第 2 代族長でした。
族長には、一族郎党を保護しなければならない、という義務がありました。

（＊09）両親の兄弟のことを「おじ」と言いますが、漢字表記上は、兄のことを「伯父」、弟のことを「叔父」と書いて区別します。これは、中国では長男を「伯」、次男を「仲」、三男を「叔」という漢字で表現するからです。

（＊10）ムハンマドの父親の兄。第 2 代族長アブド＝アル＝ムッタリブが 110 歳で亡くなったあと、彼が第 3 代族長の座に就いていました。

じつは、このお方こそ、ムハンマドの従兄弟にして、幼馴染みにして、義兄弟にして、そして、無二の盟友となる、あの「**アリー**（D-1）(＊11)」です。

ムハンマドの死後は、第４代正統カリフ(＊12)となるお方です。

さて。

伯父のアブー＝ターリブは、あまり経済的に余裕のある家ではなかったにもかかわらず、我が子アリーと分け隔てなくムハンマドを愛し育てたと言いますから、とても任侠《にんきょう》に厚い、温情ある方だったのでしょう。

しかし、のちになって、そのことがかえってムハンマドを窮地に追い込むことになります……が、その話はまたあとで。

さて、ムハンマドは、長じると伯父アブー＝ターリブのキャラバン（隊商）についていきながら商売を学んでいましたが、25 歳のころ、遠い親戚(＊13)の**ハディージャ**(＊14)に見初められます。

あなた、
いい体してるじゃない？
じゃなくて、誠実そうね。
私と結婚しない？
豪商未亡人
ハディージャ
ビント＝フワイリド
c.555-619
595
え？ボ…
ボクですかぁ？

（＊11）アリーは、のちにムハンマドの娘ファーティマと結婚していますので、義理の父子でもあります。彼の子孫は「サイイド」と呼ばれます。

（＊12）アラビア語で「後継者」の意。開祖ムハンマドが亡くなったあとの、教団（ウンマ）の指導者のこと。カリフの最初の４人には「正統」が冠せられます。

（＊13）同じクライシュ族の親戚と言っても、「ムハンマドの祖父の祖父の兄弟の孫の娘」ですから、ほとんど“アカの他人”です。

（＊14）豪商のアサド家の女主人。ムハンマドとの間に２男４女を儲けた（ただし、そのうち何人かは連れ子だったという説もある）が、男子はみな早逝、女子も短命でした。
もし、男子が成人していたら、間違いなくその子孫が「カリフ」となっていたでしょうから、イスラームの歴史はまったく別のものになっていたに違いありません。

彼女は女豪商、ムハンマドは貧しい行商人の部屋住みでしたから、今風でいうところの「逆タマ」です。

とはいえ、このとき**ハディージャ**は、御歳 40 歳、バツ 2 の未亡人(＊15)。

かたやムハンマドは 25 歳の未婚青年。

その歳の差、なんと 15 歳。(＊16)

「愛があれば歳の差なんて！」とは言うけれど、あまりにも生まれ育った環境が違いすぎる夫婦は、何かとうまくいかないもの。

価値観のギャップも大きいだろうし、「この夫婦、うまくいくのか？」と要らぬ心配もしたくなります。(＊17)

しかし、『**ハディース**(＊18)』によれば、この 2 人はいたって仲のよい円満な夫婦だったと言われます。

それは重畳《ちょうじょう》。

しかしながら、畏《おそ》れ多くもムハンマド様の夫婦のことです。

かりに夫婦仲があまりよくなかっとしても、それが後世に伝わらない可能性は十分に考えられると思います。

それを裏付けるように、結婚後のムハンマドの行動を観察していると、「ホントに幸せな結婚生活だったのか???」といぶかりたくなる箇所もあります。

じつは、ムハンマドは、結婚するとまもなく、なぜか修行生活に入っているのです。

メッカの近郊にヒラー山という岩山があり、その麓《ふもと》の洞窟に籠《こ》もはじめ、自宅と洞窟の間を往来する生活を、なんと 15 年間も。

これは尋常《じんじょう》なことではありません。

(＊15) とはいえ、「結婚しては離婚」を繰り返したわけではなく、死別だったようです。
現代と違って、当時は空調もなく、環境も悪く、医学レベルも低く、若くしての病死も珍しくありませんでした。
また男は戦での戦死も多かったので、寡婦は社会問題になるほど多かったのです。

(＊16) 当時は、15 歳で結婚・出産も珍しくなかったため、まさに「母子ほどの歳の差」。

(＊17) 私事ですが、筆者の妻も 9 つ上の姉さん女房なので、まさに人のことは言えませんが。

(＊18) ムハンマドの言行録。聖書では「福音書」、五経では「論語」に相当するもの。

そもそも「修行生活」に入る人というのは、人生に迷い、悩み、苦しみ、人生がツラくてツラくて仕方ない人、と相場が決まっています。

仏陀しかり、イエスしかり。

人生、幸せで楽しくて、これに満足している人が、突然、しかも、15年間にもおよぶ修行生活に入るなどということは、通常ではまず考えられません。

しかも、ムハンマドが修行生活に入ったのは、結婚直後。

「幸せな結婚生活」だというなら、たいへん解せない話ではあります。

やはり、よっぽど結婚生活がツラかったんだろうと考える方が自然ですが、『ハディース』が「幸せな結婚生活だった」というなら、まぁ、これ以上追及するのはよしましょう。

しかし、その15年後、彼のその不可解な行動が、予想もつかないとんでもない出来事を招くことになります。

その「とんでもない出来事」は、やがて、人類の歴史をも大きく変えていくことになりますが、このつづきは次幕にて。

メッカ近郊ヒラー山
人生とは何だ？
人間とは何だ？
神様とは何だ？
麓の洞窟
40歳ごろまで

Column 「預言者とは」

「啓典宗教」を理解する上で、「預言者」の理解は必須となります。
（「予言者」と混同いたしませぬように。）

啓典宗教における神様は「全智全能！ 完全無欠！」という、まさにパーフェクト神様。

じつは、慈愛深きその神様は、つねづね、人間を導くために「教え」を与えたい、と思っていますが、哀しいかな、神は、人々に自分の声を聞かせ伝えることができません。

ん～～???
「できないことなど何ひとつない全能の神」なのに、自分の声を人間に聞かせてやることが「できない」の？　どういうこと???
…とはツッコまないように。

ここは聞き流してあげて、そのつづきを。

そこで、神様は、なんとかして自分の声を人々に伝えようと人間界に派遣したもの、それが「預言者」です。

ところが、預言者と自称する者が人々の前に現れ、突然「神様の御言葉《みことば》を伝えます！」と公言したところで誰が信じるでしょうか。

その者が「ホンモノ」か「詐欺師」か、誰にもわかりませんから。

そこで、預言者は「ホンモノ」の身の証を立てるため、かならず「身分証」を提示しなければなりませんでした。

その「身分証」こそが「奇蹟」です。
「ホンモノ」なら、神から奇蹟の力を与えられていますので、カンタンに奇蹟が起こせます。逆に「詐欺師」にはムリ。

奇蹟を起こすことは預言者の「義務」でした。

いっさいの言い訳は赦《ゆる》されず、「要求」に応えなければなりません。

言い訳をした時点でアウト！　「詐欺師」確定。

奇蹟は、神から与えられた「預言者」の身分証明書だったのです。

第4幕

長い瞑想修行の中、それは突然やってきた！

ムハンマドの天啓と布教

それは突然起こった。瞑想《めいそう》中のムハンマドの目の前に大天使ジブリールが現れたのである。初めは狼狽《ろうばい》したムハンマドだったが、ひとり、またひとりと信者が増えていくにつれ、預言者としての自覚が確立し、布教活動に邁進するようになる。しかしそれは、既得権を持つ勢力と戦わなければならないことを意味していた。

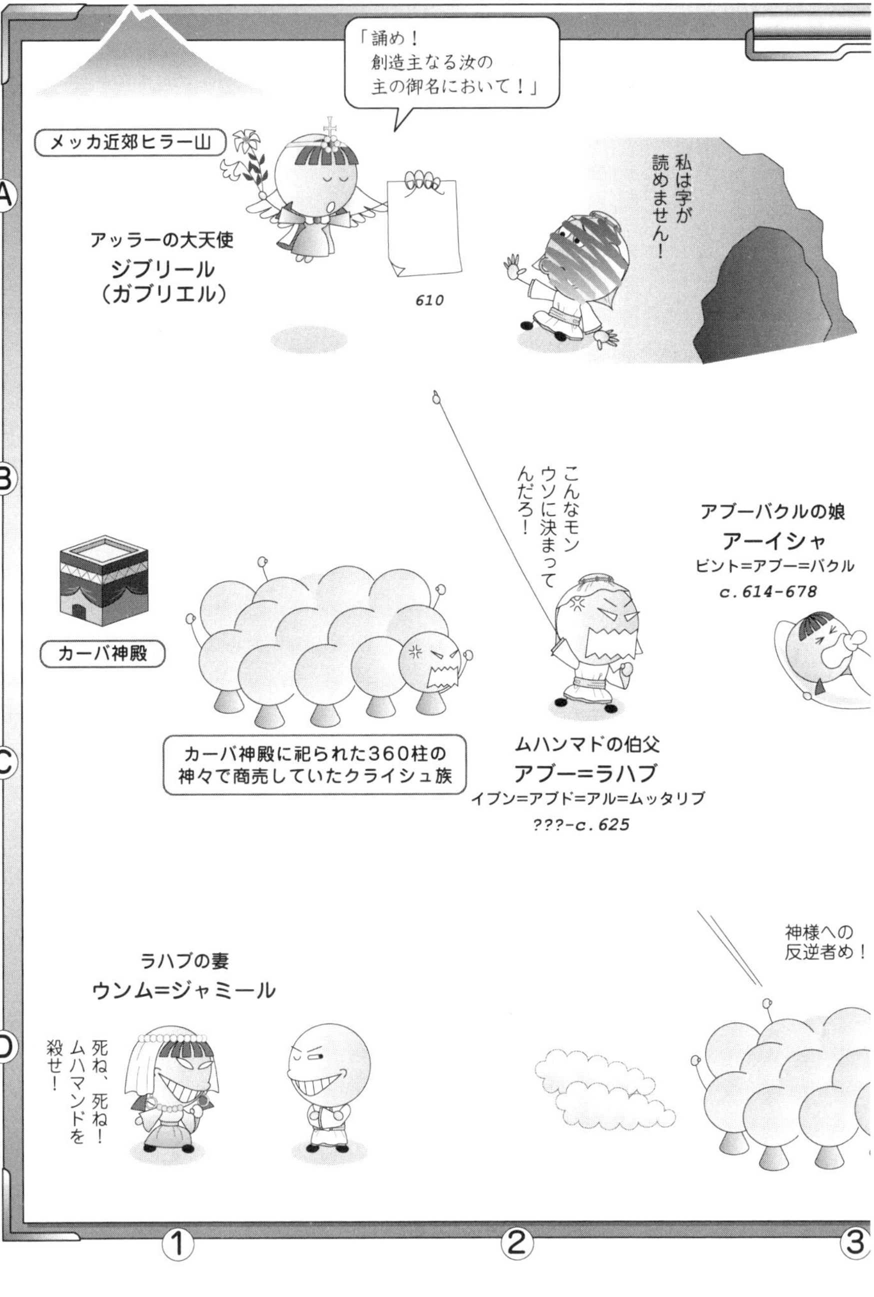

「誦め！
創造主なる汝の
主の御名において！」
メッカ近郊ヒラー山
アッラーの大天使
ジブリール
（ガブリエル）
610
私は字が
読めません！
A
B
こんなモン
ウソに決まって
んだろ！
アブーバクルの娘
アーイシャ
ビント=アブー=バクル
c.614-678
カーバ神殿
カーバ神殿に祀られた360柱の
神々で商売していたクライシュ族
ムハンマドの伯父
アブー=ラハブ
イブン=アブド=アル=ムッタリブ
???-c.625
C
ラハブの妻
ウンム=ジャミール
死ね、死ね！
ムハマンドを
殺せ！
神様への
反逆者め！
D
1
2
3

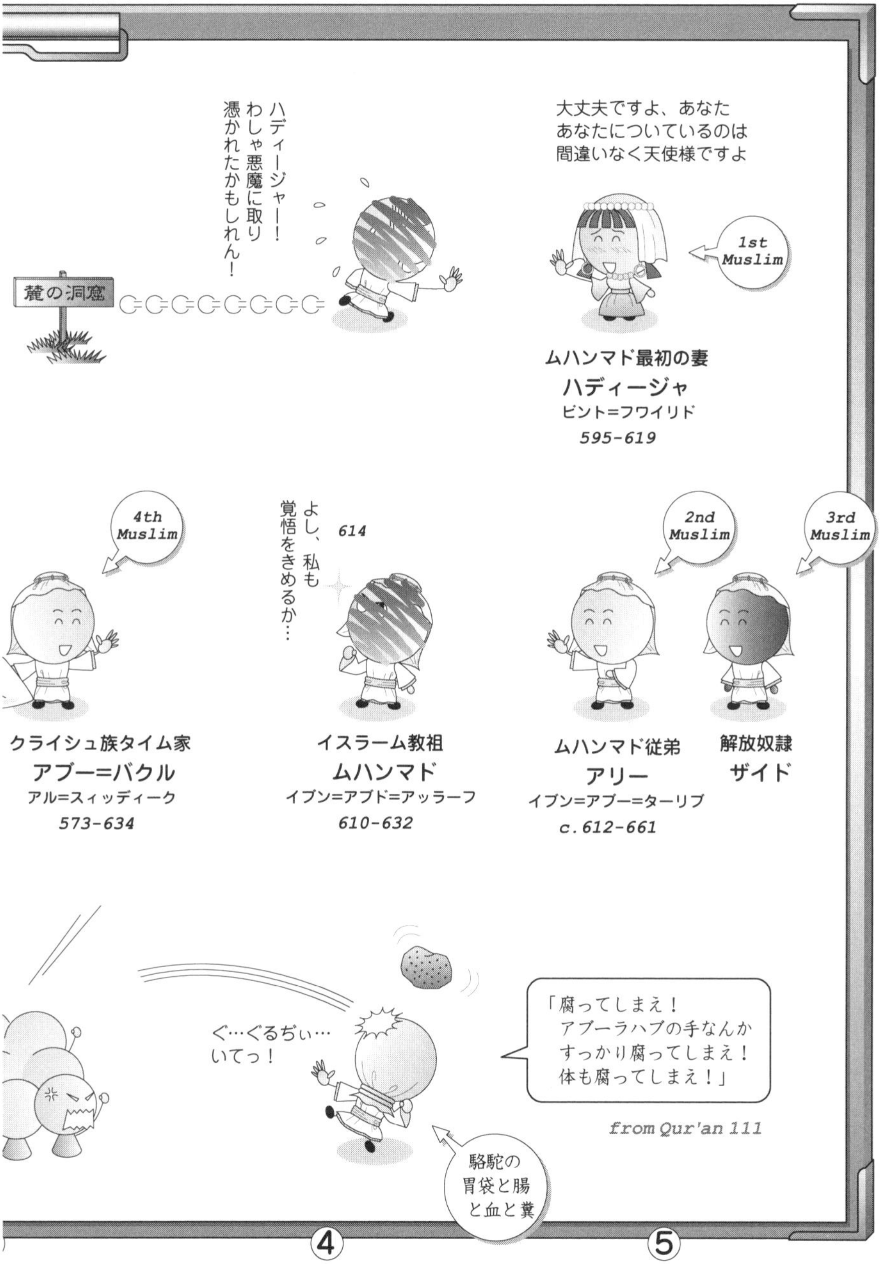
麓の洞窟
ハディージャー！わしゃ悪魔に取り憑かれたかもしれん！
大丈夫ですよ、あなた
あなたについているのは
間違いなく天使様ですよ
1st Muslim
ムハンマド最初の妻
ハディージャ
ビント=フワイリド
595-619
4th Muslim
クライシュ族タイム家
アブー=バクル
アル=スィッディーク
573-634
よし、私も覚悟をきめるか…
614
イスラーム教祖
ムハンマド
イブン=アブド=アッラーフ
610-632
2nd Muslim
ムハンマド従弟
アリー
イブン=アブー=ターリブ
c.612-661
3rd Muslim
解放奴隷
ザイド
ぐ…ぐるぢぃ…
いてっ！
「腐ってしまえ！
アブーラハブの手なんか
すっかり腐ってしまえ！
体も腐ってしまえ！」
from Qur'an 111
駱駝の
胃袋と腸
と血と糞
④
⑤

ムハンマドが洞窟で瞑想《めいそう》修行に入ってから 15 年ほど経ったある日。彼はもう 40 歳になっていました。

いつものように、瞑想をしていたところ、突然、彼の目の前がパァ～ッと明るくなったかと思うと、目の前に人らしき者が立っていました（A-1/2)。

え？　どこから現れた？　女性？　…いや少年？　そもそも人ではない？

よく見れば、背中に羽根が生えているではないか。

「あ…あ…あなた様はいったい…？」

「我こそは偉大なるアッラーの大天使、**ジブリール**（＊01）なり！」

「はあ～？」

金縛りになり、目の前に突然天使が現れ、狼狽《ろうばい》するムハンマド（A-2)。

ジブリールは一枚の紙を突きだして命令を下します。

「（これを）誦《よ》め！（＊02）」

（＊01）英語発音の「ガブリエル」の方が人口に膾炙《かいしゃ》しています。
神の御言葉を人に伝えるメッセンジャーの役割を担うことの多い天使。
3 大天使に数えられます。天使に性別はありませんが、絵に描かれるときはたいてい「女性」か「少年」の姿で描かれることが多い。
聖母マリアが処女懐胎したとき、マリアにイエス誕生を告げた（受胎告知）天使でもあります。
象徴はユリの花。

（＊02）アラビア語で「イクラ」。「誦む」と訳します。
同じ「よむ」でも、「読む」は、声に出すかどうかは別として文字を追うことで、「誦む」は声に出して読むこと。

しかし、誦もうにも、ムハンマドは字が読めなかったと言われています。
「私は字が読めません！」
「誦め！」
「あ…いや、だから…」
「誦め！」
「読めないのです」
「誦め！」
「…………」

どうも人の話を聞かない天使様のようで…。
ムハンマドは怖れを感じ、訊《たず》ねます。
「い…いったい何を誦めとおっしゃるのですか？」
「誦め！　創造主なる主の御名《みな》において！」
ムハンマドはそれを復唱します。
「そ…創造主なる主の御名において」
「誦め！　いとも小さな凝血から人間をば創りなし給う」
また復唱。
「いとも小さな凝血から人間をば創りなし給う」
しばらくそれを繰り返したかと思うと、目の前にいた天使様はふっと姿を消してしまいます。
「え？　な、な、な、なんだったんだ、いったい!?」
畏《おそ》れおののいたムハンマドは、飛んで家に帰り、ハディージャにすがりつきます。(A-4)
「ハディージャぁぁあ！　わしゃ悪魔に取り憑《つ》かれても～たぁ！」
「まぁまぁ、一体なにごとですの、あなた。落ち着きなさいな」
「じつは、今さっき、カクカクシカジカで…」
「わかりました。
あなたに憑いたのがホンモノの天使様か、はたまた悪魔か。
私が診断してさしあげましょう」

「え？　診断？　どうやって？」
「とにかく、今度、その“天使”と名乗る者が現れたら、私に教えてくださいな？」
「わ、わかった」
はてさて、一体どうやって天使の真贋《しんがん》を見極めようというのでしょうか？
しばらくすると、またムハンマドの前に天使が現れます。
「ハディージャ！　また現れた！　あそこだ！　あそこにいる！」
すると、ハディージャ、やおらオッパイを出すや、ムハンマドを抱きしめます。
「おまえ、いったい…???　こんなときに…」

ハディージャー！
わしゃ悪魔に取り
憑かれたかもしれん！
大丈夫ですよ、あなた
あなたについているのは
間違いなく天使様ですよ
1st Muslim

ムハンマド最初の妻
ハディージャ
ビント＝フワイリド
595-619

ワケがわからず動揺するムハンマドに静かに尋ねるハディージャ。
「あなた、天使様はまだそこに居ますか？」[(＊03)]
「ん？　あ…あれ？　いつの間にかもういなくなってる…」
「あなた。彼は間違いなくホンモノの天使様ですよ」
「え？　なんで？」
「ホンモノの天使様だから、私たちがイチャつくＨなシーンを見て、恥ずかしがって消えてしまわれたのです。悪魔が天使に化けているんだったら、ニヤニヤといやらしい顔してこっちを覗いて見ているはずですからね！」

（＊03）天使が現れている最中も、まわりの者にはまったく見えず、それが見えるのはムハンマドだけでした。

「な、なるほど！」

この逸話を聞くだけで、ハディージャというこの女性がなかなか賢い女性だということがわかります。

もし、ここでムハンマドが「うん、天使様はまだそこにいるよ」と答えていたら、ハディージャは何と言ったでしょう？

「あなた！　それは悪魔よ！　あなたは悪魔に取り憑かれたのよ！
いや～～っ！　近づかないで！　悪魔～っ！」

…と言ったでしょうか？

絶対に言わなかったでしょうね。

「あなた、やっぱりあなたに憑いているのは天使様ですよ」

おびえる子供をあたたかく抱きしめるようにして、そう言ったに違いありません。

「なんで？」

「だって、もし悪魔なら、私たちがイチャついているのを見たら、ジェラシーを感じてどこかへ行ってしまうでしょうからね。悪魔は人が幸せそうにしているのを見たくないのですよ。天使様なら、いつでもどんな状況でも私たちをあたたかく見守っていてくださっているはずですから」[＊04]

このハディージャのひとことにより、ムハンマドに憑いた天使は「ホンモノ認定」されました。[＊05]

そうして、ハディージャは、**最初のムスリム**（信者）となります。(A-5)

このような一連の出来事があった610年をもって「イスラームの開教」と見做《みな》します。[＊06]

夫の動揺をなだめるために最初の信者になってあげるとは、ほんとうに賢い女性です。

（＊04）結果を見た後から言う理屈など、どうとでもこじつけることができます。
じつはこれ、手品の世界では基本的なテクニック「フォーシング」というものです。

（＊05）個人的には、「これをもって“ホンモノ認定”するというのは根拠として弱すぎるだろ？」と思いますが、まぁ、最初から「信じるか、信じないか」という信仰の世界ですから理屈じゃありません。

（＊06）開教とはいえ、ムハンマドも「ただちに布教活動に邁進！」というわけではありませんでした。
彼自身の心の準備と覚悟には、相応の時間を必要としたからです。

その後、そのことを聞きつけた幼馴染のアリーも信者になり、加えて、ムハンマドの奴隷だったザイド（C-5）も入信。(＊07)

これによって、入信者は３人となりましたが、ここに至るまでに、すでに開教より３年も経っていました。

ムハンマドはこのころ、布教活動らしいものはほとんどしていなかったようです。

外部の者で初めてムスリムになったのが、親友の**アブー＝バクル**(＊08)です。(C-3)

そして、彼の入信直後（614年ごろ）、彼にはひとりの娘が生まれますが、その娘こそが、あのアーイシャです。(＊09)

ムハンマド従弟
アリー
イブン=アブー=ターリブ
c.612-661
解放奴隷
ザイド

アーイシャは６つの時にムハンマドと婚約させられますが、そのとき、ムハンマドは53歳でした。

しかしまぁ、「婚約」だけなら、驚くべきことでもありません。

むかしの日本でもよくあったことです。

驚くべきは、アーイシャが９つ（数え。満なら８っ）の時にムハンマドと同衾《どうきん》(＊10)させられていることです。

(＊07) ザイドは入信にともない、奴隷から解放されています。
この噂が流れることで、のちに解放されたいと望む奴隷の入信が進むことになります。

(＊08) 4番目のムスリム。クライシュ族タイム家出身のムハンマドの親友。
ムハンマドの死後、初代正統カリフとなりました。

(＊09) 5番目のムスリムにして、「生まれながらのムスリム」としては最初の人です。
のちに、ムハンマド3番目の妻にして、最愛の妻となります。

(＊10) 原意は「同じ布団に入ること」ですが、直接的に「セックスした」という言葉を使うのがはばかられるときに代用される婉曲的表現です。
それと同じように、「ムハンマドとアーイシャがセックスした」とはクルアーンにもスンナにもどこにも書いてありませんが、代わりに「婚姻を完成させた」とあります。
これは「同衾」同様、「セックスした」という意味の隠語ですので、ムスリム社会でもそう解釈されています。

９つというまだ生理も来ていない幼女に 56 歳の老人（＊11）が手をかける。

現代日本なら、想像するだにおぞましい幼児虐待とされてしまいます。

しかし、イスラーム共同体（ウンマ）の中では「ムハンマド様こそが法（シャリーヤ）、ムハンマド様こそが正義そのもの」ですので、そのムハンマド様が９つの娘と同衾したなら、それこそが「法」。

「それは正しい」という理屈になります。（＊12）

アブーバクルの娘
アーイシャ
ビント=アブー=バクル
c.614-678
4th Muslim
よし、私も
覚悟をきめるか…
614
クライシュ族タイム家
アブー=バクル
アル=スィッディーク
573-634
イスラーム教祖
ムハンマド
イブン=アブド=アッラーフ
610-632

さて、そのアーイシャが生まれたころ、彼の心の中に何か心境の変化でも起こったのでしょうか。

このころから、彼の布教活動が本格化し、それまでのような家族の中だけの消極的なものではなく、すすんで街に出て辻説法を行うようになります。(C-4)

（＊11）「56 歳はまだ若いぞ？」という声が聞こえてきそうですが、1400 年前の砂漠地帯という厳しい環境で生きた社会の話です。
栄養バランスのよい食事をし、高い医療レベルと空調設備で守られている現代人の平均寿命で考えてはいけません。
事実、ムハンマドはこのたった６年後に天寿を全うしています。

（＊12）しかし、さすがにこの問題は、使徒ムハンマドを絶対視するムスリムたちをも悩ませ、その是非は、以後ながらくムスリム法学者（ウラマー）たちの議論の対象となり、「結婚という形式さえ踏めば９歳の娘とセックスしてもよい」という肯定派と、「いや、やはりいくらなんでも…」という懐疑派の論争がつづき、現在に至るまで意見の一致を見ません。
個人的には「問答無用でダメでしょ」と思いますが。

「神はひとつなり！　多神を信じ、偶像を崇拝すれば、来世、地獄の業火《ごうか》に灼《や》かれることになるだろう！」

しかし、こんなことを説法すれば、当然、旧来の既存宗教との衝突が避けられないのは火を見るより明らか。

案の定、ブチ切れた同族のクライシュ族がムハンマドの迫害を始めます。(C-2)

――え？　どうして、クライシュ族が？　同族なんだよね？

それにはちゃんとした理由があります。

じつは、ここメッカは「**カーバ神殿**」がおかれたアラブ人の神々の聖地で、そこには、360柱(＊13)もの先祖伝来の神々の像が鎮座し、その偶像は古来、アラブ人たちの信仰の対象でした。(＊14)

参拝者がたくさん集まれば、そこにゼニが落ち、商売が生まれます。

その収益で財力を得た一族、じつは、それこそがクライシュ族なのです。

その「財源」ともいうべきカーバの神々を全否定しては、そりゃあ、クライシュ族が憤慨するのも無理はありません。

こんなモンウソ決まってんだろ！
カーバ神殿に祀られた360柱の神々で商売していたクライシュ族
ムハンマドの伯父
アブー=ラハブ
イブン=アブド=アル=ムッタリブ

(＊13) 神様やご神体の助数詞は「～人」ではありません。「～柱」と数えます。

(＊14) 日本で言えば、伊勢神宮に相当します。古代ギリシャならデルフォイ神殿。
古来、伊勢神宮には、日本人の信仰の中心地であり、毎年、全国からたくさんの人たちがお参りにやってきますが、それと同じようにカーバ神殿にもアラビア半島中のアラブ人がこぞって参拝に来ていました。

つまり、クライシュ族がムハンマドの迫害を行った建前上の理由は、
「ムハンマドは先祖伝来の神々を冒瀆《ぼうとく》した！
許すまじ！　神々に代わって制裁を下す！」
というたいへん敬虔《けいけん》無私なものでしたが、本心は、
「我々のゼニ儲けを奪うような行為は断じて許さんぞ！」
という極めて利己的・拝金的・即物的な理由に拠《よ》るものだったわけです。

そのムハンマド迫害の急先鋒にあったのが、彼の伯父にあたるアブー＝ラハブという人物でした。(C-2)

迫害は、初めこそ「自宅に石を投げ込む」「畜生の死骸を投げ込む」などのいやがらせ程度のことでした。

しかし、それでも断固として説法をやめないムハンマドに対して、**アブー＝ラハブ**の迫害は、日に日にエスカレートし、ついには、ムハンマドに殺意を抱くようになります。

ある日、ムハンマドがカーバ神殿の前で一心にお祈りをしていたときのこと。

ラクダの血と糞を詰めたラクダの胃袋を、おもむろにムハンマドの頭にかぶせ、首元を腸の紐《ひも》で縛り、そのまま窒息死させようとしました。(D-4)

この時はなんとか助かりましたが、その後も何度も袋叩きにされたり、命を狙われたりして、ムハンマドにとって、試練の日々がつづきます。

しかし…。

それでもまだ、このころの苦難などは序の口でした。

なんとなれば、まだこのころは、彼の養父**アブー＝ターリブ**が、ハーシム家の族長として、養父として、ムハンマドをかばいつづけてくれていましたから。（＊15）

彼の庇護《ひご》のおかげで、クライシュ族の迫害派勢力も全面攻勢に出ることができずにいたのです。

しかし、それは逆説的に言えば、その庇護者が亡くなってしまったとき、迫害派の勢いは堰《せき》を切ることになる、ということを意味していました。

ラハブの妻
ウンム=ジャミール

（＊15）とはいえ、それほどムハンマドをかばってくれたにもかかわらず、アブー＝ターリブ自身は、死ぬまでイスラームに改宗することはありませんでした。
あくまで「信者」としてではなく、「養父としての愛情」「族長としての責務」がそうさせただけのようです。

第1章 イスラームの成立

第5幕

絶体絶命のピンチ！
ムハンマドの運命はいかに！

ヒジュラ　聖遷

ムハンマドの庇護者《ひごしゃ》の双璧であった伯父と妻が立てつづけに亡くなったことで、ムハンマドは窮地に陥る。しかも、ハーシム家の新しい当主に選ばれたのは、イスラーム迫害の急先鋒、アブー＝ラハブである。ムハンマドは、懸賞金をかけられ、命を狙われる身となった。ついに彼はメディナへの亡命を図るが、追手は迫る。

この洞窟はあやしいぞ！
む？
蜘蛛の巣とハト…
ここにはいないな…

ウンマ

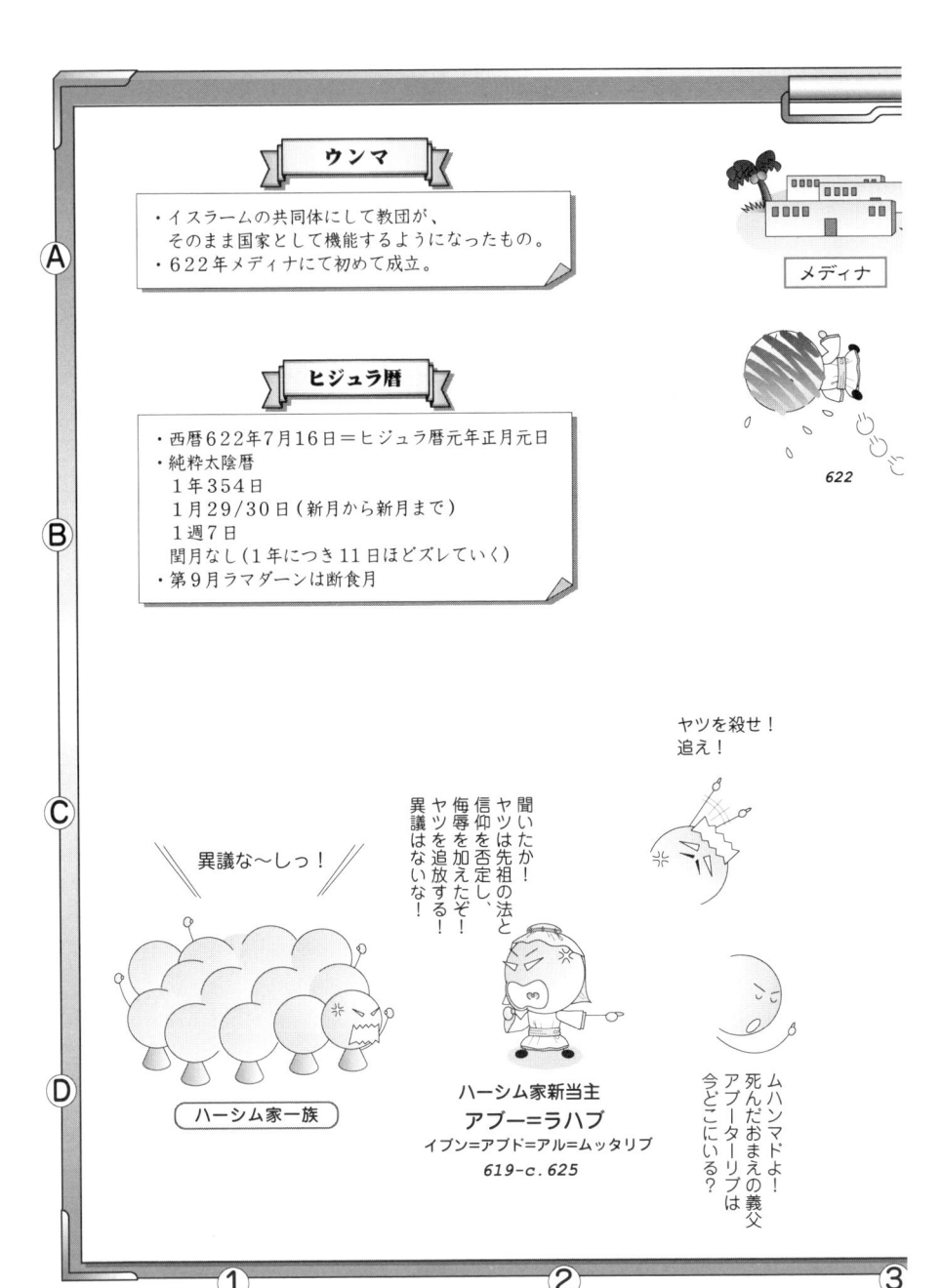

・イスラームの共同体にして教団が、
そのまま国家として機能するようになったもの。
・622年メディナにて初めて成立。

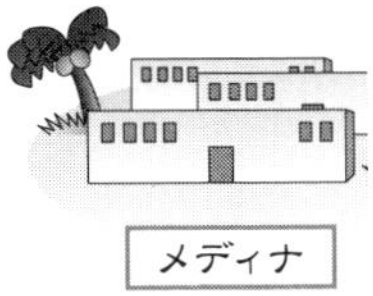
メディナ

ヒジュラ暦

・西暦622年7月16日＝ヒジュラ暦元年正月元日
・純粋太陰暦
1年354日
1月29/30日（新月から新月まで）
1週7日
閏月なし（1年につき11日ほどズレていく）
・第9月ラマダーンは断食月

622

異議な〜しっ！

ハーシム家一族

聞いたか！
ヤツは先祖の法と
信仰を否定し、
侮辱を加えたぞ！
ヤツを追放する！
異議はないな！

ハーシム家新当主
アブー＝ラハブ
イブン＝アブド＝アル＝ムッタリブ
619-c.625

ヤツを殺せ！
追え！
ムハンマドよ！
死んだおまえの義父
アブーターリブは
今どこにいる？

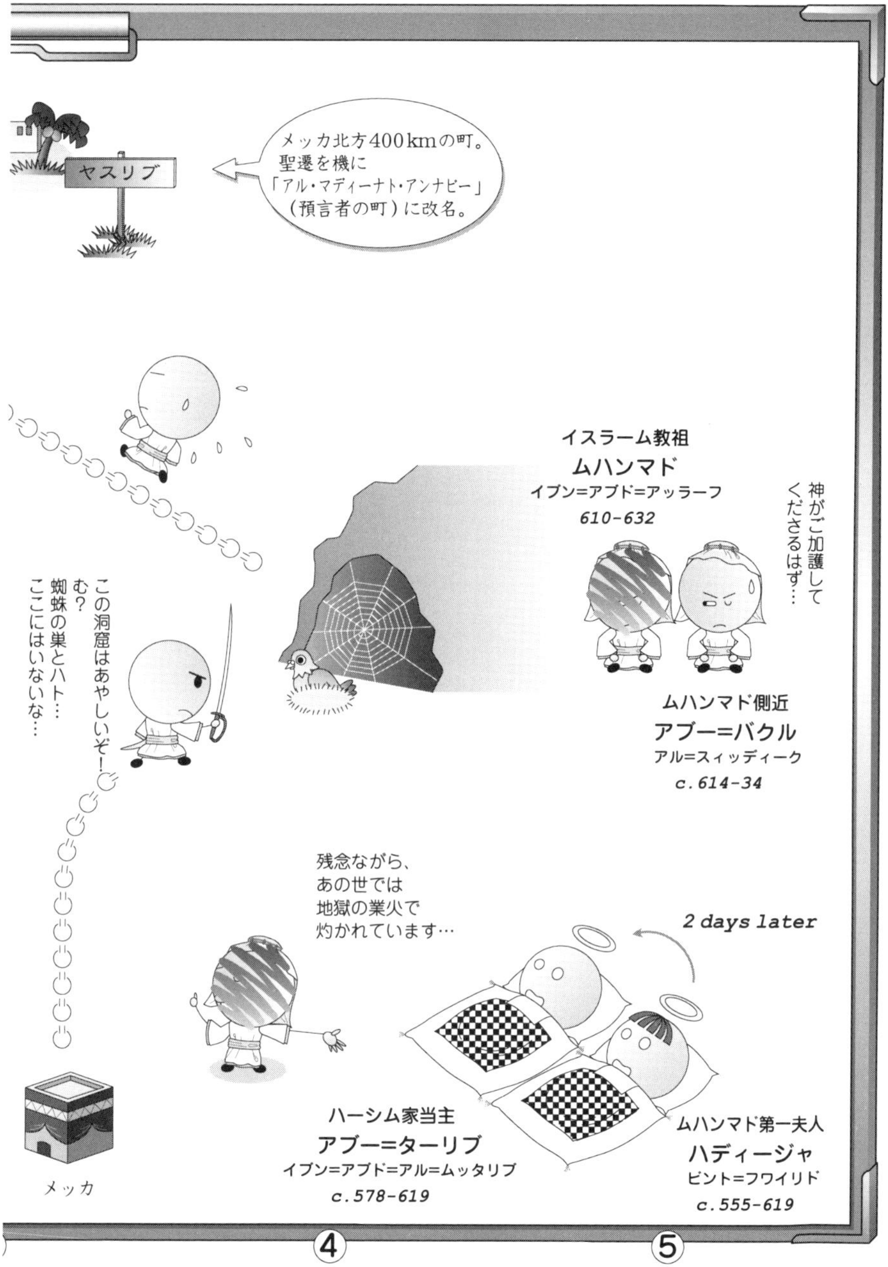
ヤスリブ
メッカ北方400kmの町。聖遷を機に「アル・マディーナト・アンナビー」（預言者の町）に改名。
イスラーム教祖
ムハンマド
イブン=アブド=アッラーフ
610-632
神がご加護してくださるはず…
この洞窟はあやしいぞ!
む?
蜘蛛の巣とハト…
ここにはいないな…
ムハンマド側近
アブー=バクル
アル=スィッディーク
c.614-34
残念ながら、あの世では地獄の業火で灼かれています…
2 days later
ハーシム家当主
アブー=ターリブ
イブン=アブド=アル=ムッタリブ
c.578-619
ムハンマド第一夫人
ハディージャ
ビント=フワイリド
c.555-619
メッカ
④
⑤

さて、ムハンマドは、こうして天啓を得(＊01)、4年ほどして本格的に布教活動を始めるようになりました。

さきほども申し上げました通り、クライシュ族は、メッカのカーバ神殿に全国から巡礼に来る人々を相手にして商売をして儲けていた一族です。

そこに、突如、ムハンマドというたった一人の男が現れたかと思うと、

「カーバ神殿に祀《まつ》られている360柱の神はすべてインチキである！

これを拝む者はかならずや地獄へ落ちるであろう！」

などと辻説法するわけです。

これらの神を「商品」として生活の糧としていたクライシュ族にとって、営業妨害以外の何物でもなく、そりゃ嫌われます。(＊02)

ただ、養父の**アブー＝ターリブ**(＊03)や、妻の**ハディージャ**(＊04)が存命中は彼らがムハンマドを必死にかばってくれたので、それでも事なきを得ていました。

ところが、やがて転機が訪れます。

ムハンマドにとってかけがえのない、この2人の有力な庇護者が相次いで亡くなってしまったのです。(＊05)

(＊01) 大天使ジブリールを通じて「神のご意志を賜った」という意味です。

(＊02) 今風で言えば、A社の商品を買おうと思っている消費者に向けて「A社の商品はインチキ商品です！ やめときなさい！ 病気になって確実に死にますよ！」と喧伝しているようなものです。そりゃ、A社は怒るでしょう。「事実無根だ！ 営業妨害だ！」と。

(＊03) 既出ですが、彼はハーシム家の族長（3代目）であり、伯父であり、養父でもあった人です。何かとムハンマドをかわいがり、また、かばってくれましたが、彼自身は死ぬまでムスリムに改宗することはありませんでした。

そして、3代目族長アブー＝ターリブに代わり、新しいハーシム家の族長は、その弟アブー＝ラハブが就きます。

しかし、この**アブー＝ラハブ**こそ、ムハンマド迫害の急先鋒。

ムハンマドの目の前に暗雲が立ちこめます。

新族長に就任したアブー＝ラハブは、さっそく一族がそろったその前で、ムハンマドを「罠(＊06)」にかけようとします。(D-2)

「ムハンマドよ。おまえは預言者だそうじゃないか。わしは40年前に亡くなられた我が父**アブド＝アル＝ムッタリブ**(＊07)は今どこで何をしているか、気になって仕方がない。おまえならわかるであろう？　答えてみよ」

もちろん、イスラーム的模範解答では「多神を信じ、偶像を崇拝した罪で、地獄の業火《ごうか》で灼《や》かれています」となります。

しかし、そう答えれば、アブー＝ラハブは、かならずや、そこをツッコんでくるに決まっています。

かといって、「彼は今、天国にいます」とは口が裂けても言えません。

今までの自分の「神の教え」を全否定することになるからです。

そこをまたアブー＝ラハブにツッコまれるだけでなく、やっと手に入れたわずかな信者にも不信感を与えることになるでしょう。

しかたなく、ムハンマドは、本心をそのまま伝えます。

「祖父は今ごろ地獄の業火に灼かれているでしょう」(D-4)

「なんだとっ！」

彼は口先では驚いてみせながら、本心は「してやったり！」です。

(＊04) 彼女もまた、その財力を駆使して、夫をかばいつづけました。

(＊05) ムハンマドが天啓を得てから10年経ったころ（619年ごろ）のこと。
ハディージャが65歳くらい、アブー＝ターリブが70歳くらいと思われますが、正確な生没年は不明。ムハンマドはこの年を「哀しみの年」と名づけました。

(＊06) 当時、一族の長は、一族全体を保護する義務がありました。
新族長アブー＝ラハブは、どんなにムハンマドが憎くても、彼を保護してやらなければならない立場に立たされたわけです。
ムハンマドへの迫害を継続するためには、計略が必要でした。

(＊07) ハーシム家の第2代族長。アブー＝ラハブの父で、ムハンマドの祖父。
ムハンマドが6歳で孤児になった時、引き取って育ててくれた大恩ある方です。

「我が父上が！　一族の長だった者が地獄で灼《や》かれているというのか！
おまえにとっても大恩ある祖父にあたるお方だぞ！
ならば、先日亡くなられたばかりの我が兄、おまえの養父であるアブー＝ターリブもそうだというのか！」

ムハンマドよ！
死んだおまえの義父
アブー＝ターリブは
今どこにいる？
ハーシム家新当主
アブー＝ラハブ
イブン＝アブド＝アル＝ムッタリブ
619-c.625
聞いたか！
ヤツは先祖の法と
信仰を否定し、
侮辱を加えたぞ！
ヤツを追放する！
意義はないな！
意義な〜しっ！
ハーシム家一族

「そうです。多神を信じ、偶像を崇拝した罪です」
アブー＝ラハブは振り返って一族に問う。
「皆の者、聞いたか！　今、ムハンマドは、おのれの大恩ある祖父や伯父を侮辱したばかりか、我らの先祖を愚弄《ぐろう》し、我が神々を冒瀆《ぼうとく》し、我らの法を否定したぞ！　一族から追放するに十分すぎる罪であろう！　異議のある者はおるか！」
こうして、アブー＝ラハブの目論見どおり、満場一致でムハンマドは一族から追放(＊08)され、命を狙われる身となります。

(＊08) 当時、アラビア半島には「国家」というものがなく、「部族」が単位となって集団生活をしていました。したがって、部族がいわば「国家」であり「法」であり「秩序」そのもの。つまり、「一族を追放される」ということは、「法や秩序の埒外に置かれた」ことを意味します。言葉を換えれば、「今後、その者の財を奪おうが、危害を加えようが、殺そうが、誰も罪に問う者はいない」ということを意味します。
これにより、多くの者に恨まれていたムハンマドに暗殺者が送り込まれてくることは必定で、事実上の「死刑宣告」でした。

もはや、ムハンマドを守ってくれる庇護《ひご》者はいません。

身の危険が迫ったムハンマドが亡命先を探していたところ、たまたま部族間争いで内紛状態にあった**ヤスリブ**（＊09）に「調停者」として招かれます。

しかし、アブー＝ラハブがこれを黙って看過するはずもない。

「逃してなるものか！」

暗殺隊を送り込んでムハンマドの寝込みを襲撃するも、その寝床にいたのは替え玉！（＊10）

「くそ！　情報が洩《も》れていたか！　追え！　ただちに追えっ！」

ただちにムハンマドの首には懸賞金（＊11）がかけられる。

ムハンマドは、アブー＝バクルとともに、必死でメディナに逃げる。

捕まれば、その場で殺されるが、こちらは徒歩、向こうはラクダ。

「ムハンマド様！　いかがなさいますか！　このままでは追いつかれます！」

「うむ、とりあえず、あの洞窟に身を隠してやり過ごそう」

追い詰められたムハンマドは、手近の洞窟に隠れます。

しばらくすると、追っ手がやってきます。

「これだけ追って、まだ追いつかないとはおかしいぞ？」

「たしかに。どこかに隠れているのでは？」

「おい、あそこを見ろ！　洞窟があるぞ！」

「あやしいな。よし、あの洞窟を探索しろ！」

洞窟の中のムハンマドは絶体絶命のピ――――――――――ンチ!!

（＊09）メッカ北方400kmにある町。当時、ユダヤ教徒の町でした。現メディナ。
ムハンマドの移住後、「預言者の町（アル＝マディーナト＝アンナビー）」と改称しました。
したがって、「メディナ」はもともと「町」という意味の普通名詞でしたが、やがて「町」といえば、ここを指す代名詞となり、固有名詞化します。
メッカと併せてイスラームの「2大聖地」。

（＊10）このときムハンマドの替え玉となっていたのは、ムハンマドの盟友で、従兄弟で、義兄弟で、幼馴染で、そしてハディージャに次ぐ2番目の入信者で、のちの第4代正統カリフとなる、アリーだったと言われています。

（＊11）懸賞金は「ラクダ100頭」でした。ジープもトラックもなかった時代、砂漠の移動手段はラクダに頼りっきりであり、ラクダは「貨幣」のような価値のあるものでした。

ところが！

追っ手は、洞窟の前までやってくると、探索もせずに、クルリと踵《きびす》を返して引き返してきます。

「よし、ここにはいない！　先を急ぐぞ！」

え？　なぜ？　いるのに？　探しもしないで？

じつは、洞窟に近づいてみると、入り口にはクモの巣が張り、ハトの巣ではハトが眠っているではないか。(B/C-4)

「ムハンマドがここに入ったなら、クモの巣が破れているはずだ。ハトも逃げ去っているはずだ！」(＊12)

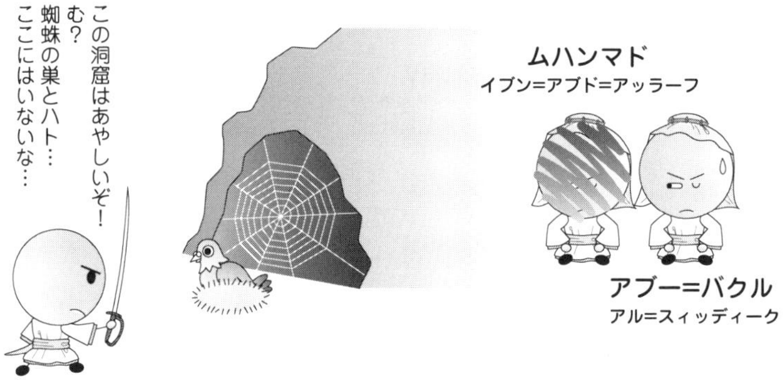
この洞窟はあやしいぞ！
む？
蜘蛛の巣とハト…
ここにはいないな…
ムハンマド
イブン=アブド=アッラーフ
アブー=バクル
アル=スィッディーク

こうして、ムハンマドは危機を脱し、無事、ヤスリブにたどり着きます。

この一連の動きのことを「**ヒジュラ**」(＊13) と言います。

(＊12) もし、筆者がこのときの追っ手なら、まちがいなく何のためらいもなく洞窟の中を探索します。
クモは巣なんて、張るのに１時間とかかりませんから。
ムハンマドがクモの巣を破って洞窟の中に入ったところで、そんなもの１時間もしないうちに復活します。
ハトだって、逃げるのは最初だけで、半時もしないうちに、彼らが危害を加える存在でないと理解し、巣に戻ってくるでしょう。
クモの巣やハトは、なんら「不在」の論拠とはなりません。
中には、これを「まさに奇蹟である！」と言う者もいますが、これは奇蹟でもなんでもありません。むしろ「自然」です。宗教学的見地から言っても、科学的に説明でき、再現可能なものは「奇蹟」とは申しません。

(＊13) 原義は「移住」という意味の普通名詞ですが、固有名詞化して、日本語では「聖遷」と訳します。

第1章 イスラームの成立

第6幕

いざ、イスラームの命運を決する戦いへ！

メッカ征服

無事「聖遷」を成し遂げたことで、ムハンマドは初めて安定地盤を得、ウンマと呼ばれる「教団国家」を建設する。これにより、以後6年におよび、メッカとメディナは交戦状態に入る。しかしながら、主要商業ルートを押さえ、潤沢な経済力を誇るメッカに対してムハンマドはどのように戦い、そして勝利していったのか。

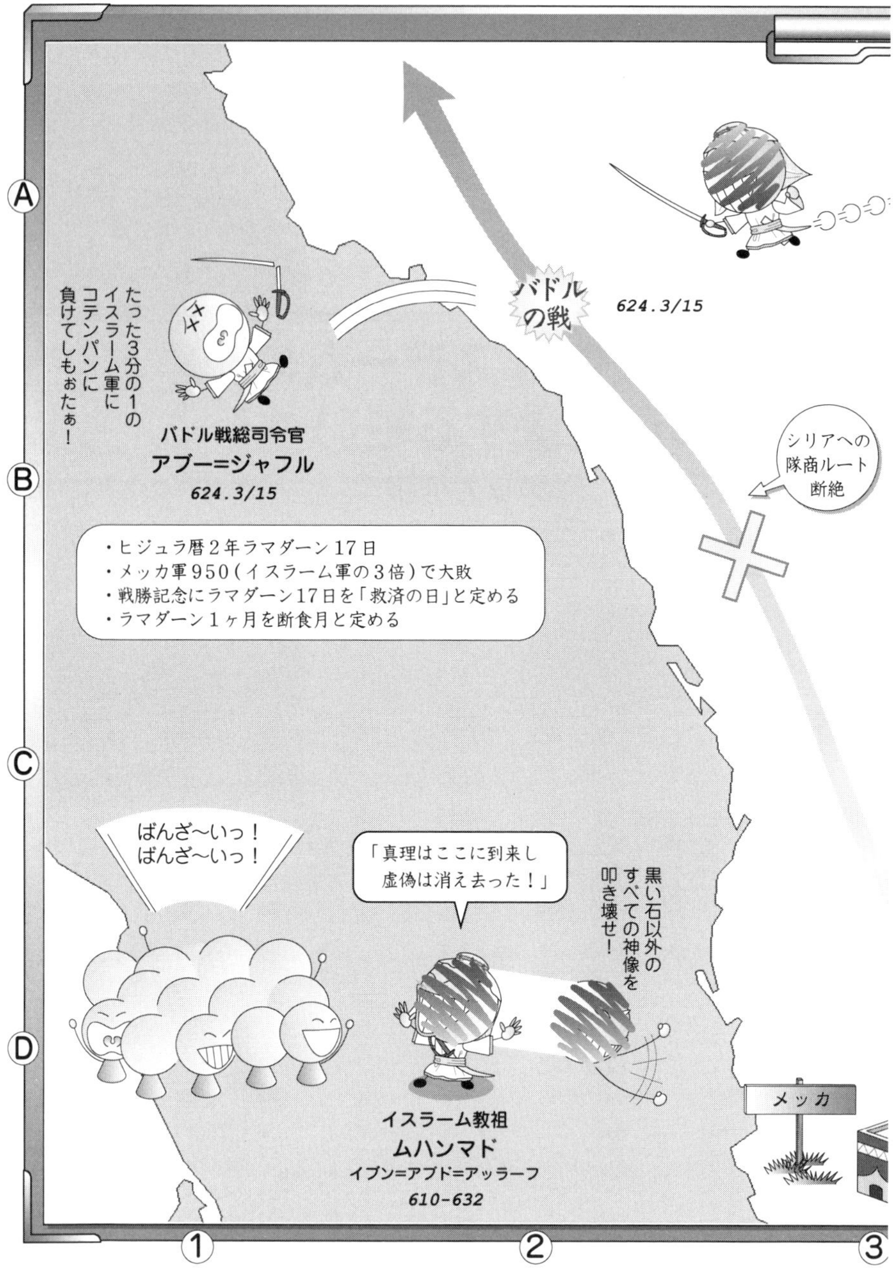

A
B
C
D
1
2
3
バドルの戦
624.3/15
たった3分の1の
イスラーム軍に
コテンパンに
負けてしもぉたぁ！
バドル戦総司令官
アブー=ジャフル
624.3/15
シリアへの
隊商ルート
断絶
・ヒジュラ暦２年ラマダーン17日
・メッカ軍950(イスラーム軍の３倍)で大敗
・戦勝記念にラマダーン17日を「救済の日」と定める
・ラマダーン１ヶ月を断食月と定める
ばんざ〜いっ！
ばんざ〜いっ！
「真理はここに到来し
虚偽は消え去った！」
黒い石以外の
すべての神像を
叩き壊せ！
メッカ
イスラーム教祖
ムハンマド
イブン=アブド=アッラーフ
610-632

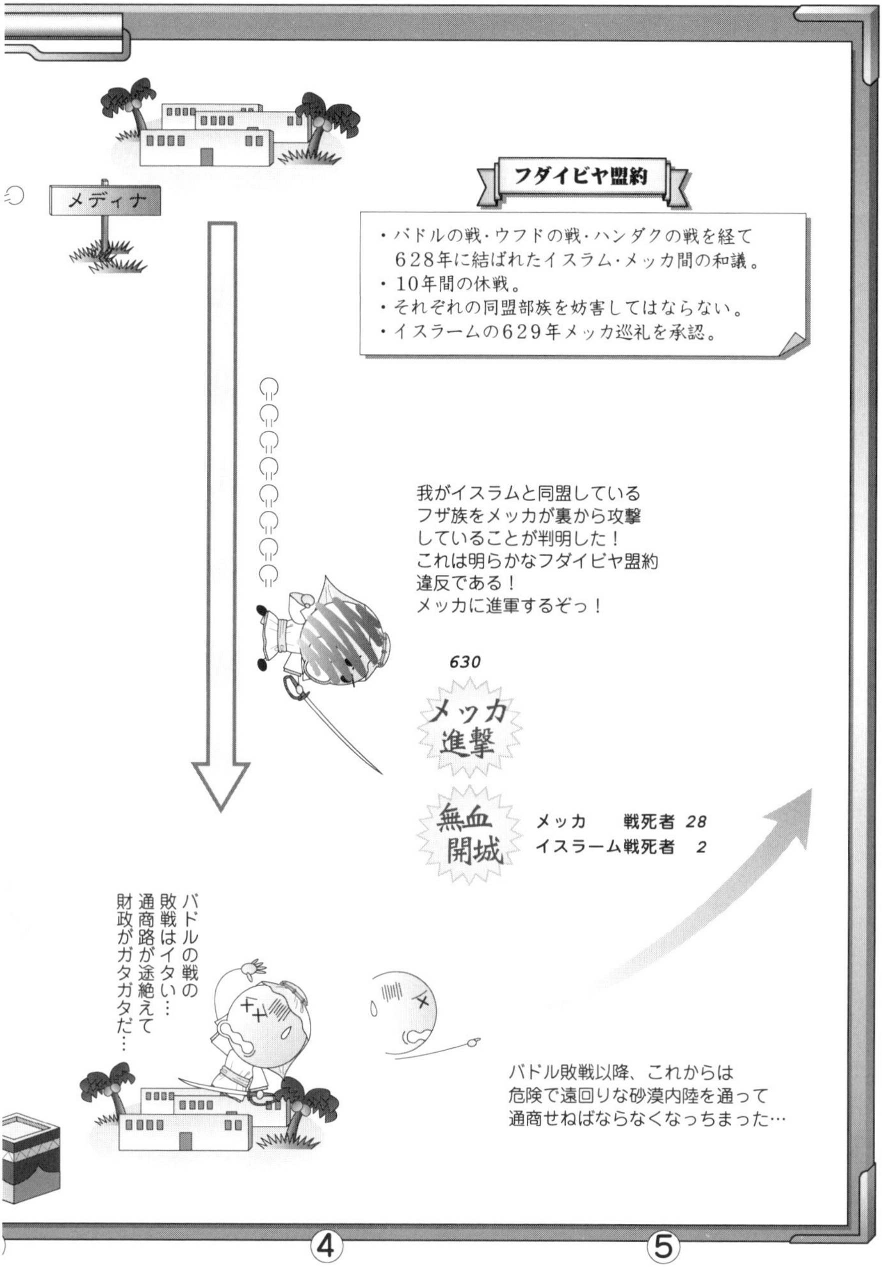
メディナ
フダイビヤ盟約
・バドルの戦・ウフドの戦・ハンダクの戦を経て
628年に結ばれたイスラム・メッカ間の和議。
・10年間の休戦。
・それぞれの同盟部族を妨害してはならない。
・イスラームの629年メッカ巡礼を承認。
我がイスラムと同盟している
フザ族をメッカが裏から攻撃
していることが判明した！
これは明らかなフダイビヤ盟約
違反である！
メッカに進軍するぞっ！
630
メッカ進撃
無血開城
メッカ　戦死者 28
イスラーム戦死者 2
バドルの戦の
敗戦はイタい…
通商路が途絶えて
財政がガタガタだ…
バドル敗戦以降、これからは
危険で遠回りな砂漠内陸を通って
通商せねばならなくなっちまった…
④
⑤

メディナに入ったムハンマドは、ここに**ウンマ**（教団国家）（＊01）を建設し、これにより、初めてムハンマドは「権力地盤」を得ました。

こうなるともはや、「国家 vs 国家」の対決となり、メッカ側も「暗殺者を送り込め」ばよいという問題ではなくなり、「戦争」をも覚悟しなければならなくなってきます。

しかし、国家と国家が衝突するとき、「いきなり戦争」ということはなく、まずは交渉、つぎに脅し、それでもダメなら経済圧力、そして最終手段として「開戦」、といった順序を踏むものです。

メッカも最初は交渉・脅しでしたが、それでは埒《らち》があかないとわかると、いよいよ実力行使に出《い》で、メディナに経済封鎖をかけてきました。

半島の主要な隊商ルートをほとんど押さえているクライシュ族だからこそできる経済制裁です。

これにより、たちまち**メディナ**（A-4）は干《ひ》上《あ》がり、市民からはムハンマドに対し怨《えん》嗟《さ》の声が上がるようになります。

一刻も早くなんとかしなければ、イスラームは、メッカにではなく、メディナ市民によって滅ぼされてしまう。

そこで、ムハンマドは軍を編成し、メッカの隊商をゲリラ的に襲撃し、貿易物資の掠《りゃく》奪を始めます。（B-3）

敵の財源となる通商を破壊し、物資を奪い、敵を干上がらせるとともに、その敵から奪った物資で味方を潤わせる。

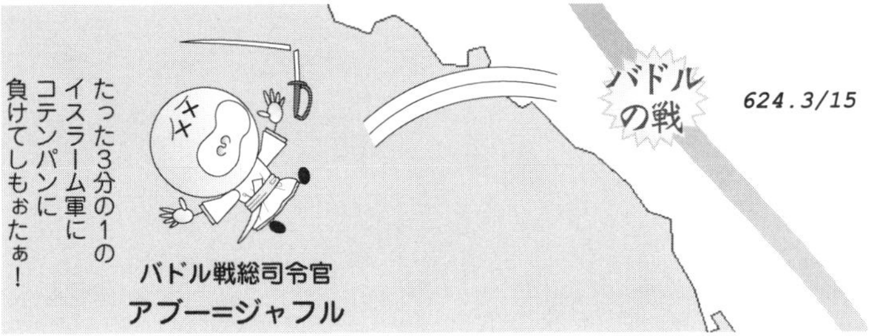
たった3分の1の
イスラーム軍に
コテンパンに
負けてしもぉたぁ！
バドル戦総司令官
アブー=ジャフル
バドルの戦
624.3/15

（＊01）共同体と教団と国家が三位一体化したようなイスラーム特有の組織です。
最初の「国民」はわずか 140 人ほどでした。

一石二鳥、三鳥、いや、四鳥です。

通商路をズタズタにされて、いたたまれなくなったメッカ側は大軍をもって進軍していきます。

その数、軍馬 100、ラクダ 700 を備えた 1000 弱の兵力。

総大将は、ムハンマド迫害者の急先鋒・**アブー＝ジャフル**(＊02)。

対するイスラーム軍は、メッカからついてきた信徒 86 人と、メディナ市民の信徒 238 人の、計 300 人ちょっと。

こちらの「兵力」が 3 分の 1 ということは、敵の「戦力」は、約 10 倍近いことになります。(＊03)

大軍を敵にまわしたとき、策なく正面から戦えば勝ち目はありません。

しかし、歴史を鑑《かんが》みれば一目瞭然、必ずしも「大」が「小」に勝つとは限りません。

要は「策」です。

軍事行動にせよ、企業競争にせよ、組織がぶつかり合うとき、勝つのは「総合力」ですぐれている方です。

「数」はその「総合力」の要素のひとつにすぎません。

(＊02) ムハンマドの命を 3 度狙って、3 度失敗しています。

(＊03) よく混同されますが「兵力」と「戦力」はまったく意味が違います。
「戦力自乗の法則」といい、戦力は兵力を自乗して算出されます。
他の条件を考慮しなければ、3 分の 1 の兵力が正面から敵とぶつかったとき、こちらが全滅しても、敵の兵力の損失はわずか 9 分の 1（3 分の 1 の自乗）にすぎません。

その中で一番重要な要素は「数」ではなく「統率者の才」です。(＊ 04)

敵は大軍なれど遠征軍。

大きな獣ほどたくさん喰らうもの。

ならば、敵の兵站《たん》(＊ 05) を叩けばよい。

そこで、ムハンマドは、戦場のすべての井戸を先に押さえる。

砂漠において「水」は命。

これを押さえられては、いきなりメッカ軍の士気は萎《な》えます。

しかもこちらは、「今日ここで死ぬる者は、明日、天国に遊ぶであろう！」

と軍を鼓舞します。

この言葉は信者にとっては「錦《にしき》の御《み》旗《はた》」(＊ 06)。

フタを開けてみれば、メッカ側の損害は、総大将**アブー＝ジャフル**は戦死、戦死者 70、捕虜 70。

これに対して、イスラーム軍の戦死者はわずか 14 人。

イスラーム軍の大勝でした。

西暦 624 年 3 月 15 日、ヒジュラ暦 2 年ラマダーン 17 日 (＊ 07) のことでした。

これを「**バドルの戦い**（A-2)」と言います。

(＊ 04) 例を挙げれば枚挙にいとまがありませんが、三国志の官渡の戦いなど。
「兵力」は曹操軍 1 万に対し、袁紹軍 10 万。
「戦力」で換算すれば、100 倍の差がありながら、袁紹軍は大敗を喫します。
この敗因もひとえに袁紹の無能に拠ります。

(＊ 05) 戦争において、前線に武器・食料、その他の支援物資を送りつづけるシステムのこと。
「腹が減っては戦ができぬ」と言われるように、軍というのは、とどこおりなく兵糧を送りつづけないと、たちまち崩壊してしまいます。
戦争（とくに遠征）において兵站の確保に失敗すれば、それまでどんなに優勢であっても確実に敗北してしまいます。
ちなみに、ナポレオン軍が強かった理由のひとつに、「現地調達」を徹底させ、兵站を最小限としたことが挙げられます。
ロシアの焦土作戦はそのナポレオン戦法を逆手にとったものでした。

(＊ 06) 天皇家の御紋があしらわれた天皇軍旗。日本国内では絶大な効果を発揮します。
鳥羽・伏見の戦いで、3 倍の兵力（つまり 10 倍近い戦力）を擁する幕府軍が「錦の御旗」を御前にした途端に潰走したのは有名。

(＊ 07) ヒジュラ暦はイスラーム独自の暦で、ラマダーンはその 9 番目の月の名。
ただし、ヒジュラ暦は「純太陰暦」のため、太陽暦であるグレゴリウス暦（我々が普段使用しているカレンダー）の「9 月（September)」とは意味合いが違います。

この戦いで、ムハンマドは自信を深め、この戦勝記念として、この日、ラマダーン 17 日を「**救済の日**」と定めるとともに、ラマダーンの１ヶ月間を断食月と定めました。(＊08)

メッカ
バドルの戦の
敗戦はイタい…
通商路が途絶えて
財政がガタガタだ…

対するメッカ側では、こたびの戦で重要な通商路を失ってしまったため、経済的に大打撃を受けることになります。

しかしながら、それでも腐っても鯛、その後もメディナに対する包囲網を緩《ゆる》めることなく経済封鎖はつづけたので、いくつかの小競り合いはありましたが、以後、両者は膠着《こうちゃく》状態に陥ります。

このままでは、両者とも倒れの様相を呈してきたため、10 年間の休戦条約を結ぶ（A-5）ことになりました。(＊09)

この盟約が 628 年のことですから、もしこの約束が守られたなら、638 年まで平和が保たれたはず。

しかし、休戦条約締結のわずか２年後の 630 年、イスラーム側がこれを一方的に破棄してメッカに侵攻を始めます。

（＊08）ただし、断食は「日の出から日の入りまで」。
夜間は食べ放題ですので、ラマダーン期間中、「断食」中のハズなのに、かえって太る人が多いと言われます。

（＊09）これを「フダイビヤ盟約」と言います。

それまで、頑《かたく》ななまでに盟約を遵守してきたイスラームなのに、なぜ、突如として？

「メッカ側が盟約を破った！」というのがイスラーム側の言い分ですが、これは単なる口実でしょう。

ムハンマドは、盟約破棄のわずか２年後に亡くなっています。

そこから推察するに、ひょっとしたら、このころ（629～630年）、彼は死期を悟ったのかもしれません。

死期が近いとなれば、自分の目の黒いうちにメッカを征服しておかねば！

さもなくば、自分の亡きあと、時を経ずしてイスラームはメッカに亡ぼされる可能性が高い。

当時、アラビア社会においては、戦争の敗北は死か奴隷になることを意味しましたから、そうなれば、自分を信じ、ついてきてくれた者たちの運命は悲惨です。

ムハンマドはそのことに心を痛め、焦っていたのかもしれません。

まるでそれを証明するかのように、メッカ征服前後から死に至るまでの２年間、ムハンマドは、何かに駆り立てられるようにして征服活動に邁進《まいしん》しています。

そう、まさに何かに駆り立てられるようにして…。

そのことに関しては、次幕にて。

黒い石以外のすべての神像を叩き壊せ！
「真理はここに到来し
虚偽は消え去った！」
ばんざ〜いっ！
ばんざ〜いっ！
イスラーム教祖
ムハンマド
イブン=アブド=アッラーフ

第２章 正統カリフ時代

第１幕

正統なる後継者はいったい誰に？

初代正統カリフ

ムハンマドは、メッカを征服するや否や、何かに駆り立てられるように征服活動に邁進《まいしん》した。そして、わずか2年でアラビア半島の大半を統一することに成功すると、まもなく息を引き取る。創業者が絶大な権威を持っていればいるほど、その「紐帯《ちゅうたい》」を失ったとき、その組織はもろい。イスラーム共同体も例外ではなかった。

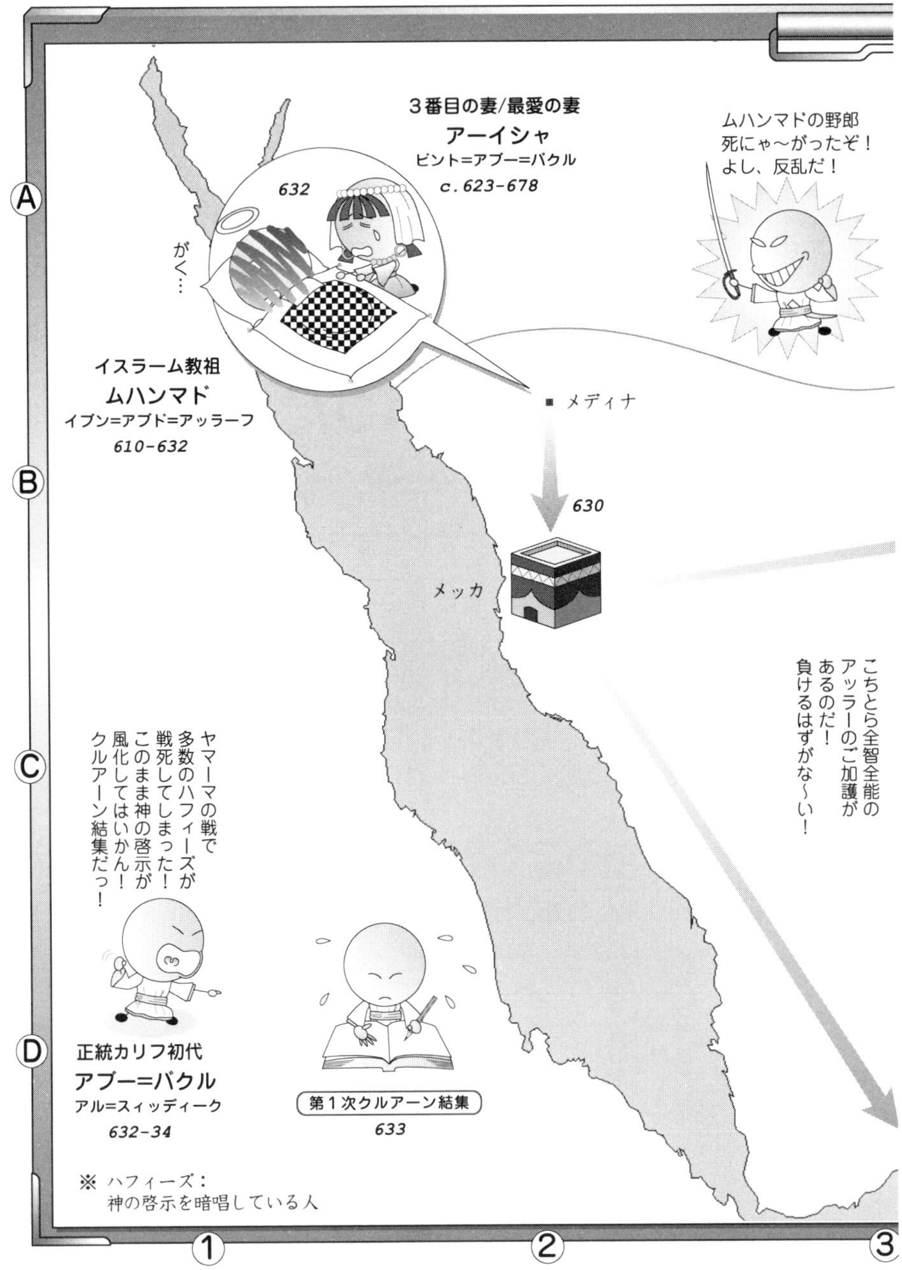

3番目の妻/最愛の妻
アーイシャ
ビント=アブー=バクル
c.623-678
632
がく…
ムハンマドの野郎
死にゃ〜がったぞ！
よし、反乱だ！
イスラーム教祖
ムハンマド
イブン=アブド=アッラーフ
610-632
メディナ
630
メッカ
こちとら全智全能の
アッラーのご加護が
あるのだ！
負けるはずがな〜い！
ヤマーマの戦で
多数のハフィーズが
戦死してしまった！
このまま神の啓示が
風化してはいかん！
クルアーン結集だっ！
正統カリフ初代
アブー=バクル
アル=スィッディーク
632-34
第1次クルアーン結集
633
※ ハフィーズ：
神の啓示を暗唱している人
A
B
C
D
1
2
3

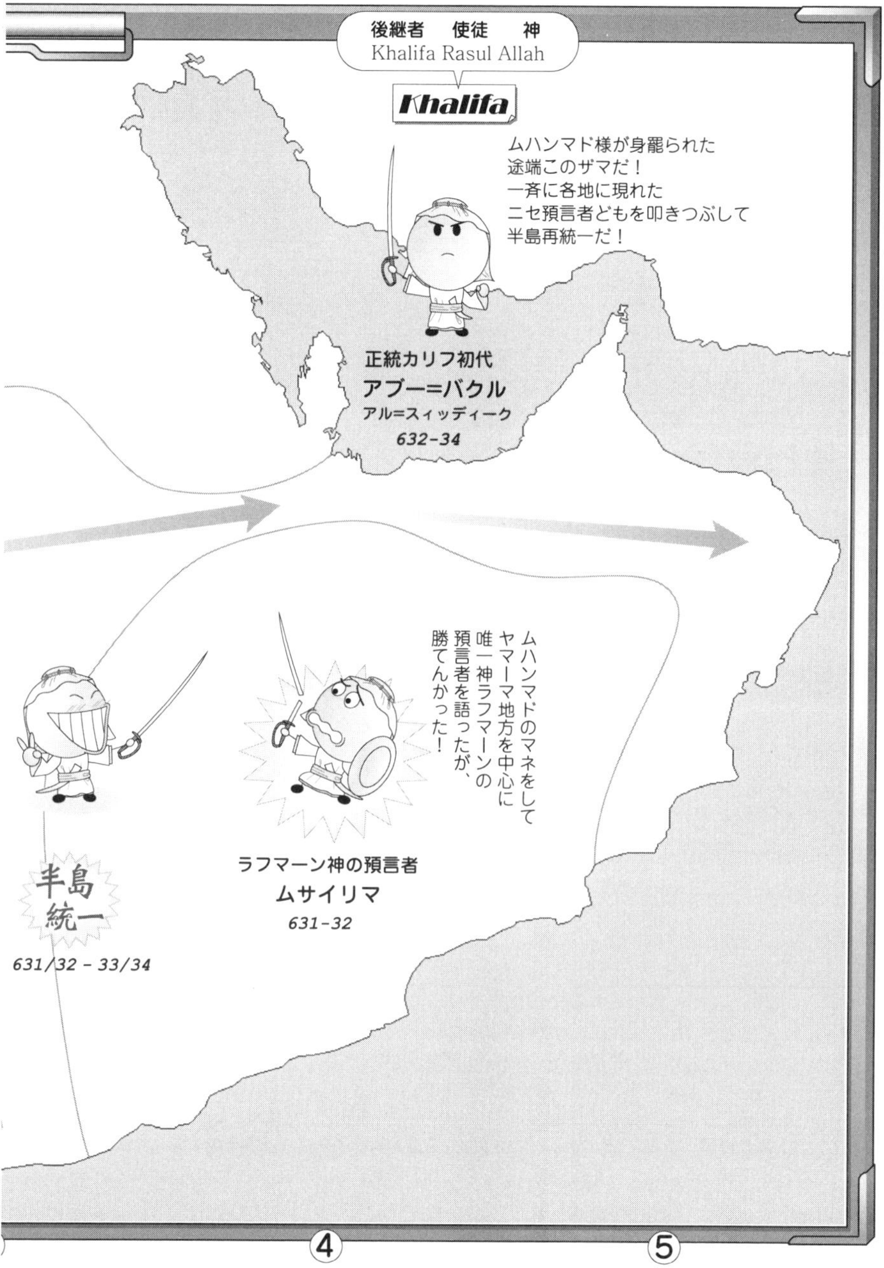
後継者　使徒　神
Khalifa Rasul Allah
Khalifa
ムハンマド様が身罷られた
途端このザマだ！
一斉に各地に現れた
ニセ預言者どもを叩きつぶして
半島再統一だ！
正統カリフ初代
アブー=バクル
アル=スィッディーク
632-34
ムハンマドのマネをして
ヤマーマ地方を中心に
唯一神ラフマーンの
預言者を語ったが、
勝てんかった！
ラフマーン神の預言者
ムサイリマ
631-32
半島統一
631/32 - 33/34
④
⑤

イスラームが**メッカを包囲**(＊01)すると、メッカはあっけないほど簡単に戦意を失い、ムハンマドは無血開城(＊02)を果たしました。

ただちにカーバ神殿に祀《まつ》られていた360柱もの神像を破壊させると、ムハンマドは「真理はここに到来し、虚偽は消え去った！」と宣言します。

そこからムハンマドの動きは、すさまじい。

そのまま征服戦争に乗り出すや、齢《よわい》は還暦を超えているのに、疲れも見せず、周囲が驚くほどの気力と体力を見せつけます。(＊03)

若者ですら根をあげる、真夏の砂漠を何百kmと行軍することもモノともせず、連戦に次ぐ連戦。

それが実を結び、わずか2年でアラビア半島の大半を平らげますが、完全統一を目前にして、彼は亡くなります。(＊04)

強大な権威を持つ指導者を失った組織はもろい。

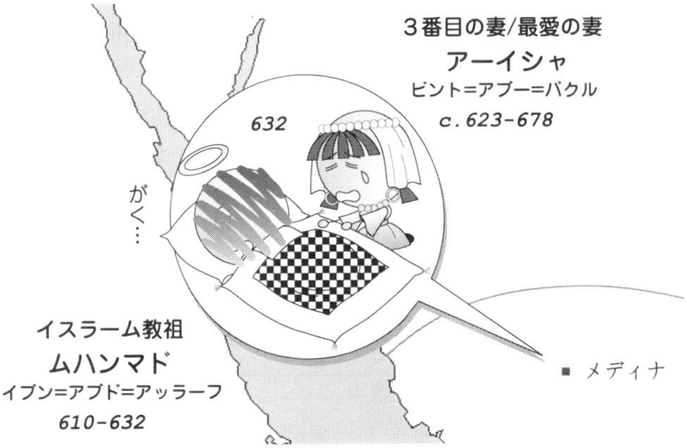

3番目の妻/最愛の妻
アーイシャ
ビント=アブー=バクル
c.623-678
632
がく…
イスラーム教祖
ムハンマド
イブン=アブド=アッラーフ
610-632
メディナ

(＊01) このとき、ムハンマドはわざわざ夜中にメッカに現れ、1万もの松明を掲げてこれを包囲しています。しかし、これはたいへん不自然な話です。
ホンキで戦争をするつもりなら昼の方がよい。
奇襲をかけるつもりなら周りを取り囲んで松明を焚くことはしない。
筆者が思うに、このときのメッカ包囲は、北条早雲よろしく「火牛の計」だったのではないか、と想像しています。すなわち「こけおどし」です。

(＊02) とはいえ、わずかな衝突があり、メッカ側に28名、イスラーム側にも2名の戦死者が出ていますので、本当の意味では「無血開城」とは呼べませんが、慣習的にそういう表現がなされます。

ムハンマドは、これ以上ない「権威」であったため、彼の死は、当然、ウンマ（共同体）に動揺を与えることになります。

彼に息子がいれば、よかったのでしょうが、いずれも早逝《そうせい》。

そうなると、誰を**カリフ（後継者）**にするかでモメることになります。

一説には、ムハンマドは死の間際、「アリーを後継者に」と遺言したとも言われています。(＊05)

アリーは、ムハンマドにとって、従兄弟で、幼馴染で、義兄弟で、戦友で、ムハンマドの危機を何度も救った無二の親友ですから、十分に考えられることです。

ところが、臨終を看《み》取ったアーイシャとアリーとは犬猿の仲。

そこで、彼女はこれを握り潰し、自分の父親アブー＝バクルが初代カリフになるように画策したとも言われています。

こうして、スッタモンダの末、**アブー＝バクル**が初代正統カリフに就任いたしました（A-4/5）が、前途は多難でした。

ムハンマドの死が伝わるや、あれよあれよという間に各地が離反し気がつけば、イスラームの支配地域は、メッカとメディナの２都市とその周辺のみ、というていたらく。

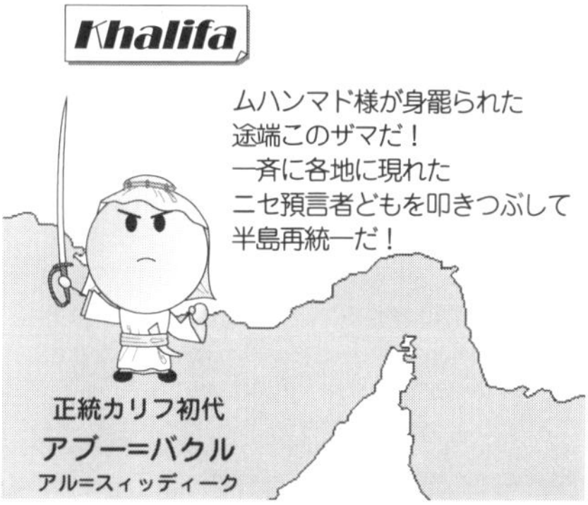
Khalifa
ムハンマド様が身罷られた
途端このザマだ！
一斉に各地に現れた
ニセ預言者どもを叩きつぶして
半島再統一だ！
正統カリフ初代
アブー=バクル
アル=スィッディーク

（＊03）おそらくムハンマドは、死期が迫っているのを感じ、自分に残された時間と目の前の使命の大きさを前に焦燥感に駆られていたのだと思われます。
そのようなとき、人間は驚くべき集中力と体力を見せることがあります。
あたかも、燃え尽きる直前のろうそくの炎のごとく。

（＊04）このとき、ムハンマドは最愛の妻アーイシャの膝枕で亡くなったと言われています。
未亡人となったアーイシャ、このときまだ18歳。
物心もつかない６つのころ、彼女の意思とは関係なく老人と婚約させられ、年端もいかない９つで同衾させられ、18歳で未亡人。
預言者の妻のため、再婚もかなわず。かわいそうな女性ではあります。

（＊05）９世紀のイスラーム法学者ブハーリーが厳選したハディース集「真正集」による。

古今東西、ひとつの組織において、創業者死後の混乱は、創業期における最初の試練です。

創業者が偉大であればあるほど、その「試練」は厳しく、それを乗り越えられるかどうかが、その組織が永続できるかどうかの要となります。

各地には、ムハンマドのマネをして「預言者」を僭称《せんしょう》する者が濫立。

メッカ・メディナを取り囲むようにして、アラビア半島北部にはタルハ、中央に**ムサイリマ**（C-4）、東部にはサジャーフ、南部にはアスワド。

とくに、ムサイリマは、サジャーフと結婚（＊06）し、連合したため、最大勢力となります。

アブー＝バクルは、後継者（カリフ）として、ムハンマド様が征服した地を奪還し、天下統一を貫徹しなければなりません。

彼は、**ハーリド将軍**（＊07）に軍権を託し、各地の「偽預言者」たちを討伐させます。

いくたびもの激戦を乗り越え、ようやく半島再統一に成功しました。

（＊06）サジャーフは女預言者だったので。

（＊07）元々は反イスラームの騎兵隊長。
ウフドの戦いではムハンマドを窮地に陥らせたこともありました。
のち改宗し、「アッラーの剣」と呼ばれるほどの猛将として名を馳せます。

しかしながら、そのための犠牲も大きかった。

じつは、このころまで、ムハンマドに下った啓示は、**ハフィーズ**（＊08）たちによる口伝で継承されていました。

ところが、先の統一戦争の際、最大の激戦であったヤマーマ地方（＊09）におけるムサイリマとの戦いで、イスラームは多数のハフィーズを一度にゴッソリと失ってしまいます。

このままでは、「神の啓示」が忘れ去られてしまうやもしれない。

そうした危機感の中、アブー＝バクルは、「神の啓示」を文字に認《したた》めることにしました。

これを「**第１次クルアーン結集**」（＊10）と言います。

ちなみに、この時まとめられたクルアーン（アブー＝バクル版）は、現在、我々が読むことはできません。

我々が読むことができるのは、もう少しあとになって、再度、編纂《へんさん》しなおされた「ウスマーン版」なのですが、この理由と背景については、第３代正統カリフ・ウスマーンのところでご説明することにいたします。

ヤマーマの戦で
多数のハフィーズが
戦死してしまった！
このまま神の啓示が
風化してはいかん！
クルアーン結集だっ！
正統カリフ初代
アブー=バクル
アル=スィッディーク
632-34
第１次クルアーン結集
633

（＊08）ムハンマドに下った神の啓示を一語一句違うことなく暗記している人のこと。
彼らの知識が書に認められたものが『クルアーン』となります。

（＊09）アラビア半島の中央部。パネルでいうと（B-3）あたり。

（＊10）本来的に言えば、「結集」というのは、「仏典を編纂する事業」のこと。
しかし、広義においては、他宗教の教典の編纂事業に用いられることもあります。

Column 「ムハンマドが目撃したもの」

ムハンマドがヒラー山の麓《ふもと》の洞窟で目撃した、という「天使」の正体はいったい何だったのでしょうか。

ここでは「信仰」ではなく「科学的」に推論してみてみましょう。

いちばん最初に思いつくのが「ムハンマドがウソをついた」ですが、これを言っては身も蓋《ふた》もないので、ここは「本当に見た」と仮定します。

だとすると、何を「見た」のか。

じつは、20 世紀初頭、イギリスのある考古学者が、古今東西、世界中の古代遺跡・聖地・教会・心霊スポットが、一直線上に並んで存在していることに気づきました。（レイライン）

しかし、なぜ「直線上に存在するのか」がわからない。

しばらくして、これを見た別の地質学者が「このレイラインは活断層のラインと一致する」ことに気づきます。

そうすると、次の新たな疑問が湧いてきます。

「では、なぜ活断層の上に、聖地や心霊スポットが並ぶのか？」

最後に、脳科学の分野から「人間の脳（側頭葉）は、電磁場の影響で幻聴・幻覚を見てしまうことがある」という研究成果が知られるようになるにおよび、この考古学・地質学・脳科学の研究が結びつき、ひとつの事実が導き出されました。すなわち、

（1）活断層が「圧電効果」によって強い電磁場を発生させることがある

（2）たまに側頭葉に欠陥があり異常に電磁場の影響を受けやすい人がいる

（3）そういう人が活断層地帯に近づくと、幻覚・幻聴となって発現する

（4）そこが聖地や心霊スポットとなって語り継がれていく

…というわけです。

ちなみに、ムハンマドがこもった洞窟というのも、ヒラー山の麓。

みごとに活断層の真上でした。

とはいえ、これもあくまで推測。結局のところ、ムハンマドが見たものが何であったのかは、まさしく「神のみぞ知る」といったところ。

第２章 正統カリフ時代

第２幕

そして「聖戦」が始まる

第2代正統カリフ

アラビア半島の再統一は成った。しかし、ムハンマド様が亡くなられてから、まだ2年と経たないというのに、早くも初代カリフ・アブー＝バクル様も亡くなられてしまう。まだ地盤の固まっていないウンマにふたたび動揺が走る。そのうえ、統一戦争で膨らみ切った軍をどうするのか。第２代カリフ・ウマールの悩みは尽きない。

「クルアーンか、貢納か、それとも剣か！」
こっちはたった3万5千で臨んだが、大勝！
アッラーのご加護がある
我らが負けるはずがな～い！
右手にクルアーン
左手に剣

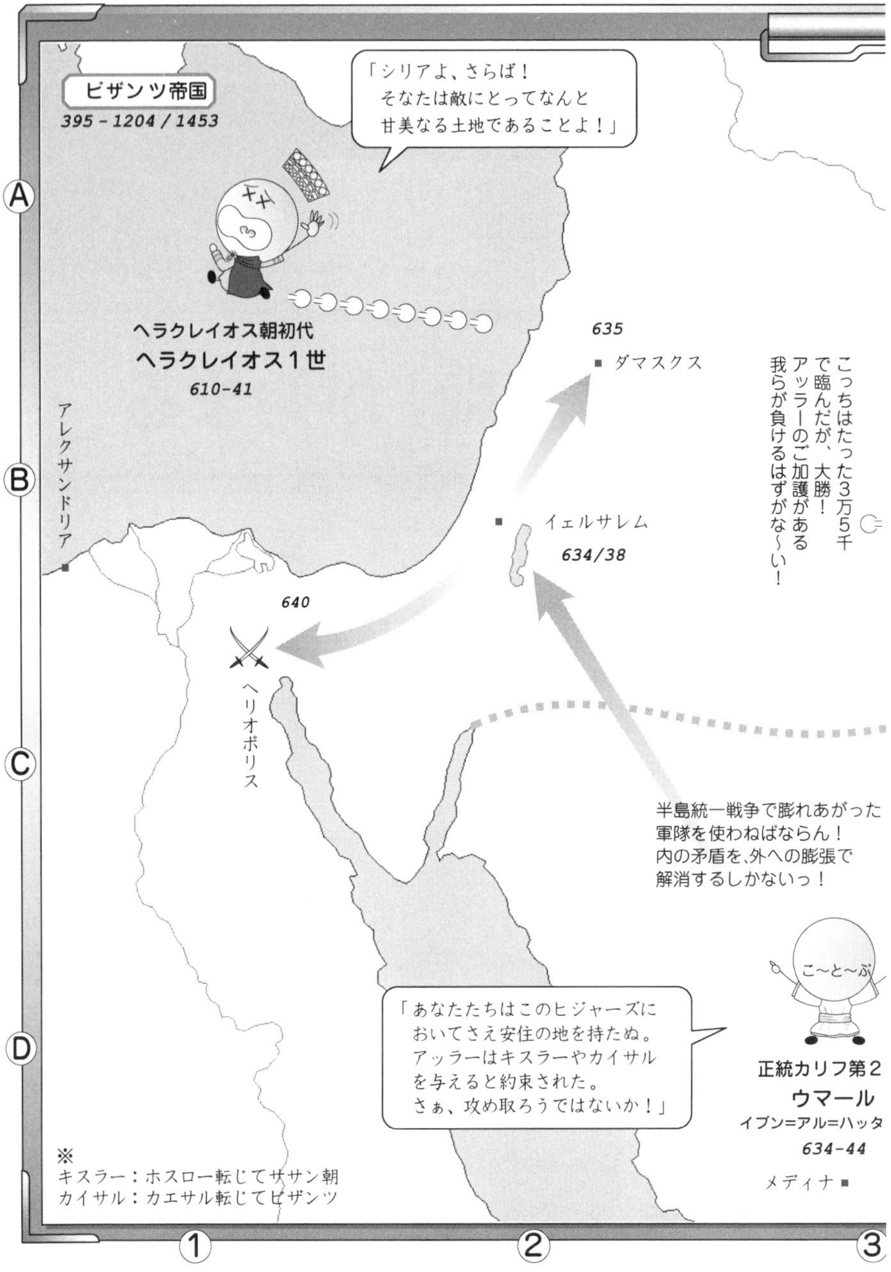

ビザンツ帝国
395－1204／1453
「シリアよ、さらば！
そなたは敵にとってなんと
甘美なる土地であることよ！」
A
ヘラクレイオス朝初代
ヘラクレイオス１世
610-41
635
ダマスクス
こっちはたった3万5千
で臨んだが、大勝！
アッラーのご加護がある
我らが負けるはずがな〜い！
アレクサンドリア
B
イェルサレム
634/38
640
ヘリオポリス
C
半島統一戦争で膨れあがった
軍隊を使わねばならん！
内の矛盾を、外への膨張で
解消するしかないっ！
こ〜と〜ぶ
「あなたたちはこのヒジャーズに
おいてさえ安住の地を持たぬ。
アッラーはキスラーやカイサル
を与えると約束された。
さぁ、攻め取ろうではないか！」
D
正統カリフ第２
ウマール
イブン=アル=ハッタ
634-44
※
キスラー：ホスロー転じてササン朝
カイサル：カエサル転じてビザンツ
メディナ
1
2
3

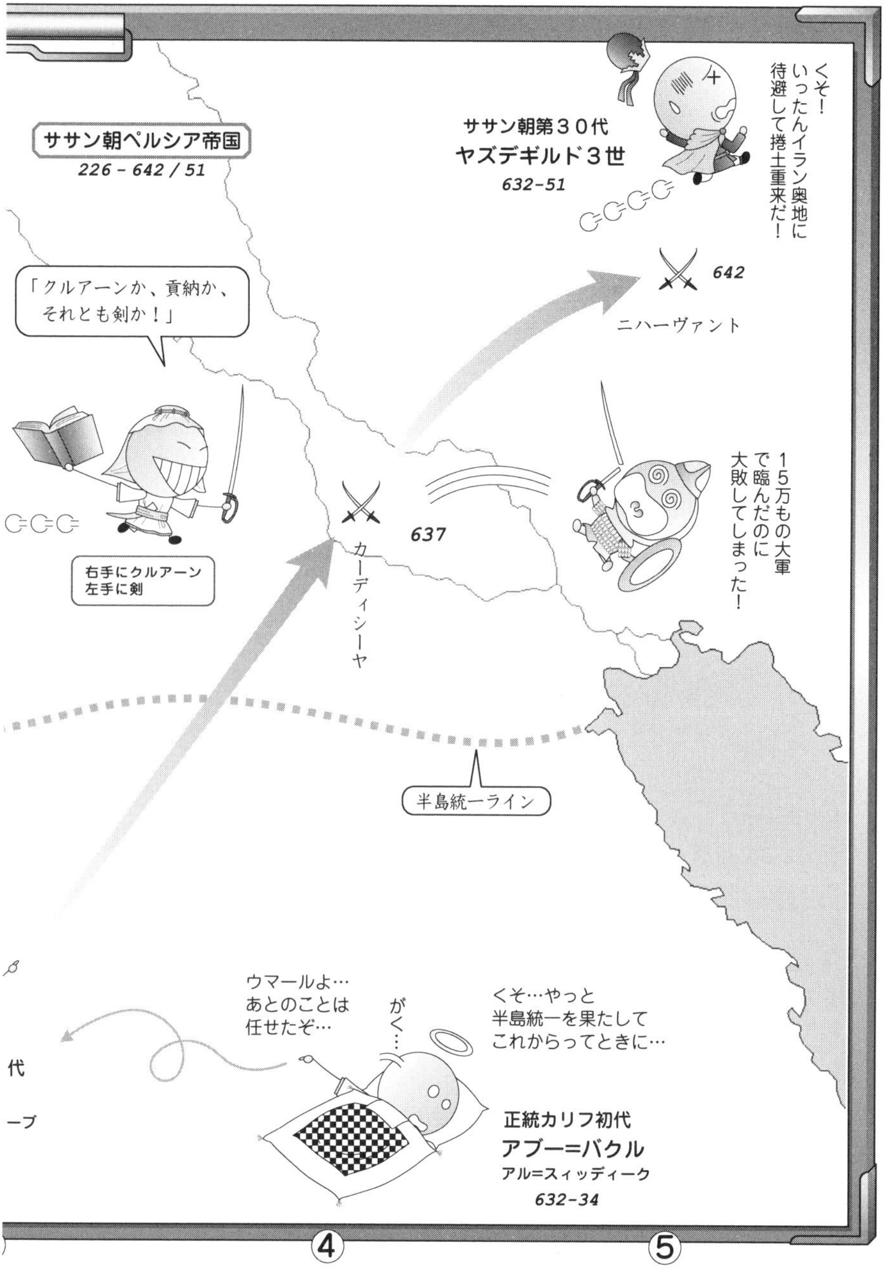
ササン朝ペルシア帝国
226 - 642 / 51
ササン朝第３０代
ヤズデギルド３世
632-51
くそ！
いったんイラン奥地に
待避して捲土重来だ！
642
ニハーヴァント
「クルアーンか、貢納か、
それとも剣か！」
右手にクルアーン
左手に剣
637
カーディシーヤ
15万もの大軍
で臨んだのに
大敗してしまった！
半島統一ライン
ウマールよ…
あとのことは
任せたぞ…
がく…
くそ…やっと
半島統一を果たして
これからってときに…
代
ーブ
正統カリフ初代
アブー=バクル
アル=スィッディーク
632-34
④
⑤

教祖の死後、ウンマ（教団）の解体を食い止めるべく粉《ふん》骨砕身《こつさいしん》、滅私奉公で臨んだアブー＝バクルでしたが、寄る年波には勝てなかったのか、はたまた心労のためか（＊01）、在位たった２年で世を去ります。(D-4)

ウマールよ…
あとのことは
任せたぞ…
がく…
くそ…やっと
半島統一を果たして
これからってときに…
正統カリフ初代
アブー=バクル
アル=スィッディーク
632-34

　彼の跡を継ぎ、第２代正統カリフとなったのは、**ウマール**（＊02）でした。
「悪魔をも畏れて道を譲る剛勇の騎士」と謳われるほど腕っぷしの立つ人。
　でも、きわめて真面目な人柄。
　しかし、そんな彼の前途もまた多難でした。
　ムハンマドが亡くなられてからまだ２年しか経っておらず、まだ地盤も固まっていないというのに、早くも２人目の指導者を失ってしまいました。
　当然、ウンマ（教団）に動揺が走ります。
　しかも、半島再統一を成し遂げるため、軍は膨らみ切っています。
　すでに「統一という目的」を達成し、用済みになったからといって、彼らをリストラすることはできません。（＊03）
　そんなことをすれば、たちまち軍乱が起こり、アッという間に共同体（ウンマ）は解体するでしょう。
　ウンマの解体を防ぐためにも、肥大化した軍隊を養うためにも、ウマールに残された道はひとつしかありません。

（＊01）とはいえ、即位したときすでに59歳、享年61歳なので、当時としては十分天寿と言ってよいでしょう。

（＊02）クライシュ族アディー家出身。ムハンマドが布教を始めたころは、迫害者側に立って、ムハンマドの命を狙ったこともありました。
入信後、彼の娘ハフサをムハンマドに嫁がせているので、ムハンマドの義父でもあります。

（＊03）長きにわたる分裂状態の中から統一を達成した王朝が、いつも抱える難題でした。
統一戦争を勝ち抜くためには必要だった軍。
しかし、統一達成後は用済みとなった肥大化した軍を、どうやって養っていくのか。
豊臣秀吉が天下統一をしたあと、「無謀」と言われる朝鮮出兵に乗り出したのも、そこに大きな理由がありました。時代が違い、民族は違い、国は違えど、抱える悩みは同じです。

　それは、「外」に強大な敵を持ちつづけることです。[*04]
「敵」は強大であればあるほどよい。[*05]
「敵」と闘いつづけることで、「内なる結束」が生まれ、同時に「軍を使用」することができます。
　まさに一石二鳥。これしかありません。
　彼の望むと望まざるとにかかわらず、アラビア半島を乗り越えて、対外膨張戦争を行わなければなりませんでした。
「アッラーは、キスラー[*06]やカイサル[*07]を与えると約束された！
　さぁ！　攻め取ろうではないか！」(D-2/3)
　ウマールは「外敵」として、ビザンツ帝国とササン朝を設定し、ただちに、侵攻を始めます。

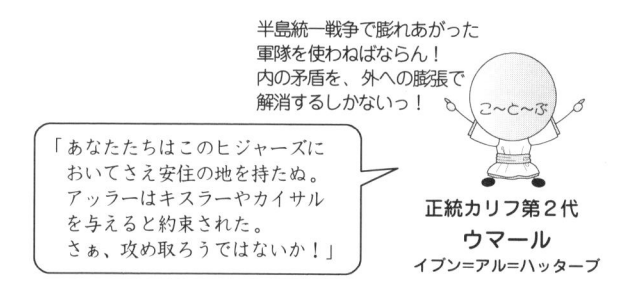

半島統一戦争で膨れあがった
軍隊を使わねばならん！
内の矛盾を、外への膨張で
解消するしかないっ！

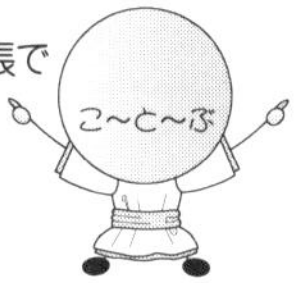

「あなたたちはこのヒジャーズに
おいてさえ安住の地を持たぬ。
アッラーはキスラーやカイサル
を与えると約束された。
さぁ、攻め取ろうではないか！」

正統カリフ第２代
ウマール
イブン=アル=ハッターブ

(＊04) 内なる分裂や崩壊を抑えるため、「外敵」を設定し（いないときには捏造し）、内部結束を図るというのは、古今東西、組織の常套手段です。
「外敵」扱いされた側はいい迷惑ですが、これがもっとも安易で、もっとも効果的。
中国や韓国などが日本を目の仇にしているのは、まさにその典型です。
じつは、日本は、かの国の内部崩壊するのを防ぐために利用されているだけ。
歴史を学ぶことで、現在の状況が理解できるようになります。

(＊05) でも、ホントに敵が「強大」だと戦に敗れる可能性が高くなるので、「見せかけだけは強大に見えるため、内なる結束力を高めるには効果的だが、実際に戦ってみると弱くて大勝利できる敵」というのがいちばんよい。
まさに「ビザンツ帝国」と「ササン朝」がこの条件にピッタリでした。
中国や韓国にとっては、日本のような弱腰政府は、「外敵」として利用するのに最適なのです。

(＊06) ササン朝の皇帝「ホスロー」が転じて「ササン朝」のこと。

(＊07) ローマの独裁者ユリウス＝カエサルが転じて「ビザンツ帝国」のこと。

「イスラームを世界に広めるため！」などというのは、あくまで大義名分。

ホントは、自己崩壊を食い止めるためには、隣国を滅ぼすことなど顧みず、「侵攻せざるを得なかった」と言うべきでしょう。

イナゴの大群が、畑を食い尽くして移動するのに似ています。

イナゴは、自分自身が食いつなぐために、人間が丹精込めて育てた農作物を食い尽くし、それにより人間が飢え死にしようがしまいが、知ったこっちゃありません。

637
カーディシーヤ
15万もの大軍で臨んだのに大敗してしまった！

イスラームの征服戦争は「**聖戦**(＊08)」と呼ばれ、「聖戦で戦死すれば、その日、天国にいる自分を見い出すだろう」と訓《おし》えられます。

この言葉を耳にするたび、筆者は信仰の恐ろしさを感じます。

信仰にある者は、どんな罪深いことも、なんの罪悪感もなく、いやむしろ、正義感をもって実行に移します。(＊09)

なんにせよ、「死を怖れぬ軍隊」ほど強い軍はありません。

（＊08）アラビア語で「ジハード」。
「9･11事件」で人口に膾炙するようになった言葉でもありますので、ご存知の方も多いでしょう。

（＊09）1990年代、オウム真理教は「殺人」のことを「ポア」という隠語で呼び、これを奨励していました。
「悪行を積む者をこのまま生かしておくと、来世、地獄の苦しみを味わうことになる。だから、一刻も早く殺してあげる（ポアする）ことは、彼らを救ってあげることにつながる。よって殺人（ポア）は善行である」という、聞くに堪えないおぞましい理論でしたが、信者はこれを信じて、〝善意をもって〟殺戮をつづけました。

聖地イェルサレムから始まり（B-2）、商業拠点のダマスクス（A/B-2）、穀倉地帯のメソポタミア（A/B-4）と快進撃がつづき、10 年としないうちに「肥沃《ひよく》なる三日月地帯（＊10）」はアッという間にイスラームの支配下に組み込まれます。

「シリアよ、さらば！
そなたは敵にとってなんと
甘美なる土地であることよ！」

ヘラクレイオス朝初代
ヘラクレイオス１世

この際、イスラーム軍は、右手にクルアーンを携え、左手に剣を持ち（＊11）、「**クルアーンか？　それとも剣か！**」(B-3/4)

すなわち、「イスラームに改宗するか、それとも、今すぐここで死ぬか、どっちでも好きな方を選べ！」と迫ってきた —— というのがありますが、あれは、のちのヨーロッパ人が捏造《ねつぞう》した都市伝説にすぎません。

イスラームは、征服した土地にイスラームを強制することはなく、貢納を強制してきただけでした。（＊12）

（＊10）アメリカ人のオリエント史家ブレステッドによる命名で、現在の「イラク～シリア～レバノン～イスラエル～ヨルダン」一帯の地域を指す言葉。
命名者のブレステッド自身は、これに「エジプト」を含めていませんでしたが、のちに、言葉が独り歩きしはじめ、やがて「エジプト」が加えられるようになります。

（＊11）よく「あれ？　剣は利き手（右）で持つんじゃないの？」というツッコミがあり、また、実際に、左右を逆に書いてある書物も散見されますが、ありえません。
イスラームでは左手は不浄の手（ウンコを拭く手）なので、神聖なる『クルアーン』を不浄の左手で持つということはしません。

（＊12）ここに、イスラームの膨張戦争の本質が隠れています。
表向き、「イスラームを広めるため！」という「宗教上の理由」を掲げながら、じつは、あくまで「経済上の理由」だったということにすぎません。
じつは、「聖戦（ジハード）」でもなんでもない、単なるゼニ儲けのための征服戦争にすぎなかった、ということです。

これにより、「強制改宗」させられるのではないか、と戦々恐々だった被征服民たちは、「税金を払うだけで、今までどおりの信仰を守れるなら」と比較的スムーズに、イスラームの支配に甘んじていくことになります。

「クルアーンか、貢納か、
それとも剣か！」
こっちはたった3万5千
で臨んだが、大勝！
アッラーのご加護がある
我らが負けるはずがな〜い！
右手にクルアーン
左手に剣

しかし。

イスラームは、あまりにも短期間のうちに、あまりにも大きくなりすぎました。

歴史を紐解《ひもと》きますと、短期間のうちの巨大化した組織（国家）は、短期間のうちに崩壊、消滅していくものです。

しかも、アラビア人たちは、これまで異民族を支配した経験がありません。

今までのような、「同じ遊牧民に対する統治ノウハウ」はまったく通用しないでしょう。

一難去ってまた一難。

ここで一歩間違えれば、ふたたび崩壊の危機がおとずれます。

この新たに手に入れた領土をどうやって統治、運営していけばよいのか。

第2章 正統カリフ時代

第3幕

「郷に入っては郷に従え」

イスラームの異民族統治

第2代正統カリフ・ウマールによる対外膨張戦争は連戦連勝、大成功であった。しかし、それによって手に入れた広大な異民族地域をこれからどうやって支配していけばよいのか。彼らに異民族支配の経験はないのだ。これがイスラーム創成期、最後の試練と言ってよいだろう。彼らはこの試練をどのように乗り越えていくのか。

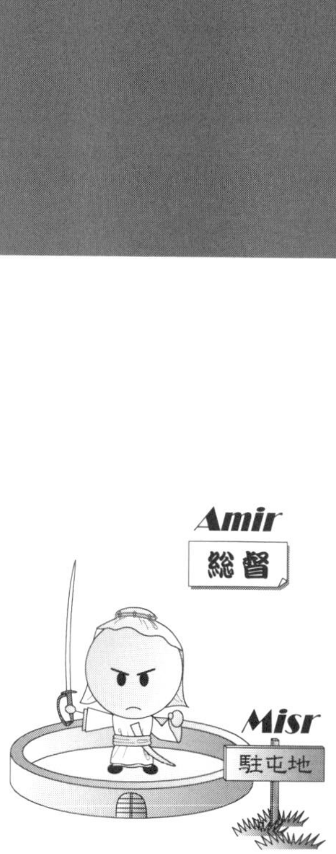

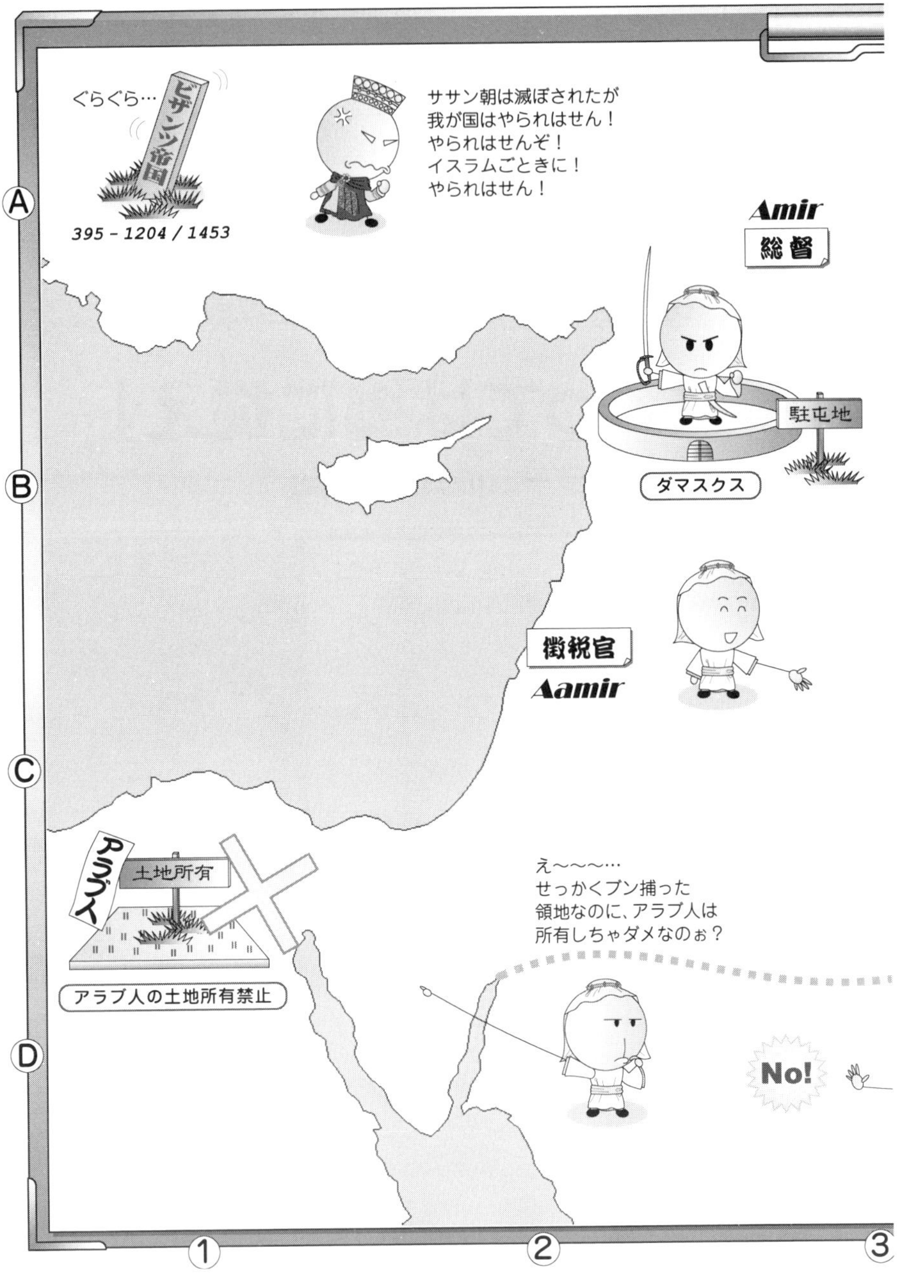
ぐらぐら…
ビザンツ帝国
395－1204／1453
ササン朝は滅ぼされたが
我が国はやられはせん！
やられはせんぞ！
イスラムごときに！
やられはせん！
Amir
総督
駐屯地
ダマスクス
徴税官
Aamir
アラブ人
土地所有
アラブ人の土地所有禁止
え～～～…
せっかくブン捕った
領地なのに、アラブ人は
所有しちゃダメなのぉ？
No!
A
B
C
D
1
2
3

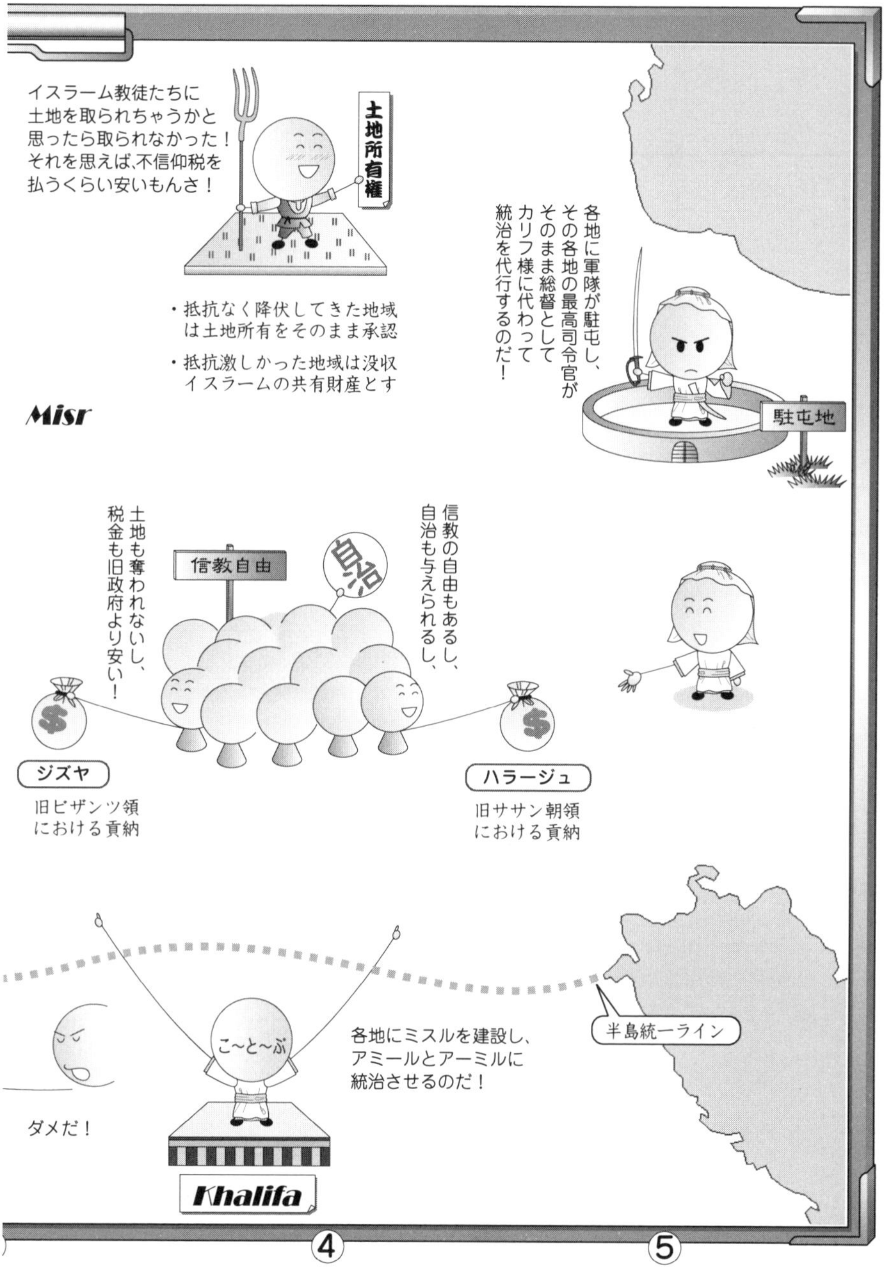
イスラーム教徒たちに
土地を取られちゃうかと
思ったら取られなかった！
それを思えば､不信仰税を
払うくらい安いもんさ！
土地所有権
・抵抗なく降伏してきた地域
は土地所有をそのまま承認
・抵抗激しかった地域は没収
イスラームの共有財産とす
Misr
各地に軍隊が駐屯し、
その各地の最高司令官が
そのまま総督として
カリフ様に代わって
統治を代行するのだ！
駐屯地
信教の自由もあるし、
自治も与えられるし、
自治
信教自由
土地も奪われないし、
税金も旧政府より安い！
ジズヤ
旧ビザンツ領
における貢納
ハラージュ
旧ササン朝領
における貢納
こ～と～ぶ
各地にミスルを建設し、
アミールとアーミルに
統治させるのだ！
半島統一ライン
ダメだ！
Khalifa
④
⑤

さて。
これまで見てまいりましたように、ほとんど「行きがかり上」でしたが、イスラームは膨大な土地を手に入れることになりました。

しかも、そこは、商業拠点（ダマスクス）(B-2/3) であり、宗教拠点（イェルサレム）(C-2) であり、農業拠点（エジプト・メソポタミア）(B-4) です。

ぐらぐら…
ビザンツ帝国
395 – 1204 / 1453
ササン朝は滅ぼされたが
我が国はやられはせん！
やられはせんぞ！
イスラムごときに！
やられはせん！

おいしいところ満載。(＊01)

とはいえ、そこは民族も、言葉も、価値観も、宗教も、文化も、経済も、社会も、なにもかもが自分たちとは隔絶して違う土地。

当然、いままでのようなアラビア半島の統治システムをそのまま持ち込んでうまくいくはずがありません。(＊02)

この新しい土地をどのように統治していけばよいのか。

「郷に入っては郷に従え」

彼らは、いっそのこと、被支配民族の統治システムをそっくりそのまま流用することにしました。

(＊01) これらの地区が「肥沃なる三日月地帯」と呼ばれることについては前述しました。

(＊02) こんな基本的なことが意外とわかっていない人が多い。
たとえば、日本企業が中国大陸に進出し、工場を建て、中国人労働者を雇ったりします。
当然、日本人と中国人では単に言葉が違うだけではなく、まったく文化も価値観も違いますので、「労働意識」も違います。
わかりきっていること…のハズなのに、日本人経営者は「日本式」経営で貫こうとします。
日本人経営者は、なんの差別意識もなく、日本人に対するのと同じように「日本式社員教育」を施そうとしているだけなのですが、労働意識の違う中国人には「虐待」「差別」「侮辱」「奴隷的使役」としか映りません。
こうして、憎しみだけを買って、経営に失敗していった事例がたくさんあります。
歴史に学ばない者というのは、かくも愚かな行動をとるのです。

すなわち、極力極力、現状に触れないようにする。

まず、征服した各地の拠点には、すでにその地を制圧した軍が駐屯していましたが、これを帰国させることなく、そのままそこに常駐させておくことにします。

こうした軍の駐屯地を「ミスル」(A/B-2/3）と呼びます。

各駐屯地《ミスル》には、ひとりずつ最高軍司令官が配備され、彼らは「**総督**（＊03）」と呼ばれ、その地区の行政を司る任が与えられます。（＊04）

とはいえ、なるべくその地域の支配体制をそのまま温存して変えないよう、心掛けます。

たとえば、各地にもともといた地主の所有地はそのまま安堵《あんど》させてあげます。

「いつ、先祖伝来の土地をイスラームに取りあげられるか」と戦々恐々だった被征服民の地主たちは、これで安心してぞくぞくと帰順していきます。(A-4)

しかし、まだ足りません。

「今だけは我々をなだめるため、土地所有を安堵しているが、ほとぼりが冷め、支配が安定したら、我々から土地を取り上げるつもりではないのか？」

地主の疑心暗鬼は、まだぬぐいきれません。

（＊03）アラビア語で「アミール」といいます。「アミーゴ」ではありません、念のため。

（＊04）日本の歴史の中で近いものを譬えるなら、「各地に駐屯する軍の長官が行政を代行する」という点において、戦国大名がイメージに近いでしょうか。
その際、中央の「カリフ」は、日本で言えば、「天皇」に相当します。

人の「土地に対する執着心」はすさまじい。

これを護るためには、命をも賭けて闘います。

いつの時代もどこの国でも、新しい領地を手に入れたとき、その支配が円滑にいくかどうかは、土着の地主を味方につけることができるかどうかにかかっている、と言っても過言ではないほど。

そこで、さらに地主を安心させるため、「今」取り上げないだけではなく、「将来」も恒久的に安堵させ、それによって、土着地主を味方に付けんと、**アラブ人が土地所有することを禁止**します。(C/D-1)(＊05)

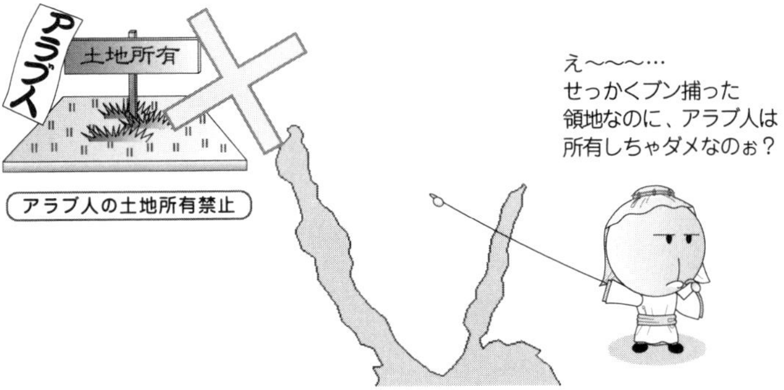
アラブ人
土地所有
アラブ人の土地所有禁止
え〜〜〜…
せっかくブン捕った
領地なのに、アラブ人は
所有しちゃダメなのぉ？

さらに、旧来どおりの統治をそのまま認め、自治まで与えます。

さらに、さらに。

(＊05) これはたいへん賢明な措置ですが、ふつうなかなかできません。
占領した土地から掠奪の限りを尽くすのは、洋の東西に関係なく「常識的」に行われます。
実際、イスラームの兵たちは、当然「支配者階級」として土地の剥奪から始まり、掠奪の限りが尽くせるもの、と期待していました。
そこにこの措置です。当然、兵から不満の声が上がります。
「先を見据えた大局的政策」を考えれば、理にかなった当然の措置ではあります。
しかしながら兵には「目の前の富」が掠奪品にしか見えませんから。
ふつうはこうした兵の声を無視できず、掠奪を看過するもの。
その不満を抑えることができたのは、やはり「イスラーム」たる所以でしょう。
「アッラーのご意志である！」――このひとことで兵は黙ります。
他の国ではこうはいかない、イスラームの利点ではあります。
ちなみに、占領後の掠奪をほとんど行わないのは、世界でも日本人くらいのものです。

先にも触れましたように、イスラームを強制しません。

その代わり、信仰しない者には、税金をかけます。(＊06)

この税のことを、旧ビザンツ帝国領では「**ジズヤ**」、旧ササン朝領では「**ハラージュ**」と呼びます。(＊07)

徴税官
Aamir
信教の自由もあるし、
自治も与えられるし、
自治
信教自由
土地も奪われないし、
税金も旧政府より安い！

「な〜んだ、信仰の自由を与えるとは言っても、不信仰税はかけるのか」などと言ってはなりません。

税と言っても、旧王朝のビザンツ帝国やササン朝が取っていた税金より安いのです。

しかも、イスラームに改宗すれば、それすら免除され、無税に近くなります。

こんなおいしい話があるでしょうか。

「そんなにも理解ある、寛容な、何と言っても税金のかからない宗教なら！」とばかりに、「強制」などしなくても、自発的に改宗すら進みます。

こうして、この広大な領地は、すんなりとイスラーム圏内に組み込まれていくことになります。

（＊06）信仰しない者にだけかけられる税金なので「不信仰税」と呼ばれることもあります。
その徴税官のことを、アラビア語で「アーミル」といいます。
「アミール（総督）」とまぎらわしい。
もともとは、ムハンマドの時代からあり、ザカート（救貧税）を徴収するための官職でした。

（＊07）大学受験では「人頭税をジズヤ、土地税をハラージュと言います」と教えますが、それはずっとのち、アッバース朝第２代カリフ以降のこと。このころはそのような区別はありません。

Column 「奇蹟とは」

「啓典宗教」における「奇蹟」とはいったいなんでしょうか。

我々が日常生活でよく耳にするのは、TVなどで「奇跡の救出劇！」など「ちょっと運がよかった」「少し珍しいかな？」程度のものに濫用されています。

しかし、宗教上の「奇蹟」とは、「人間がどんな浅知恵・小細工を弄しても絶対に再現不可能な、神から与えられた超常現象」のことです。

（そこで、これを厳に区別するために、前者を「奇跡」、後者を「奇蹟」と表記し分けることもあり、本書では区別して表記しています）

よくキリスト教徒が「イエス様は数々の奇蹟を起こされた」と主張しますが、イエスは上記の意味において、一度たりとも「奇蹟」を行っていません。一度たりとも、です。

ここでは、紙面制約上、いちいち列挙してそのタネ明かしはいたしませんが、信者たちの主張する「イエスの奇蹟」と称するものは、ひとつの例外もなく、哀しいまでに基本的な手品で再現できます。

繰り返しますが、手品で再現可能なものは、たとえそれがほんとうに神の力から発したものであったとしても「奇蹟」とは呼ばないのです。

しかしそれでもキリスト教徒は、それを「奇蹟」と強弁する。

なぜなら、宗教学的に言って、奇蹟を起こせない者は、すなわち「偽預言者」であることが明々白々となるからです。

そこにキリスト教徒のコンプレックスがあり、その反動が、虚言と欺《ぎ》瞞《まん》、そして「イエスの神格化」を生む所以《ゆえん》となります。

ところで、イスラーム開祖のムハンマドも「奇蹟」をまったく起こしていません。

しかし、ムスリムは、キリスト教徒のように詭弁《きべん》・虚言を並べることなくすなおに「ムハンマド様は奇蹟を起こしていません」と認めています。筆者はムスリムではありませんが、「事実は事実として認める」「ウソ・詭弁・捏造《ねつぞう》でごまかさない」という信仰態度は好感が持てます。

第2章 正統カリフ時代

第4幕

ウマール凶刃に斃れる！
後継者騒動勃発

イスラームの権力闘争

ここに至るまで、２人のカリフの尽力のおかげもあってイスラームは創業期の試練をことごとく乗り越えることに成功してきた。しかし、その安堵《あんど》は、内なる結束を緩ませ、内部分裂を誘引することになる。さっそく第3代カリフの地位をめぐって事態は紛糾、一枚岩でありつづけたイスラームに、ついに分裂の兆しが生まれる。

私の不義密通が疑われたとき、
ムハンマド様に「離婚しろ」
と進言したアリーは大っ嫌い！

対立

ハーシム家
カリフ選考が行われるたびいつも私は有力候補になるが、そのたびいつもアーイシャが強硬に反対しやがる…
ムハンマドの従弟義兄弟
アリー
イブン=アブー=ターリブ

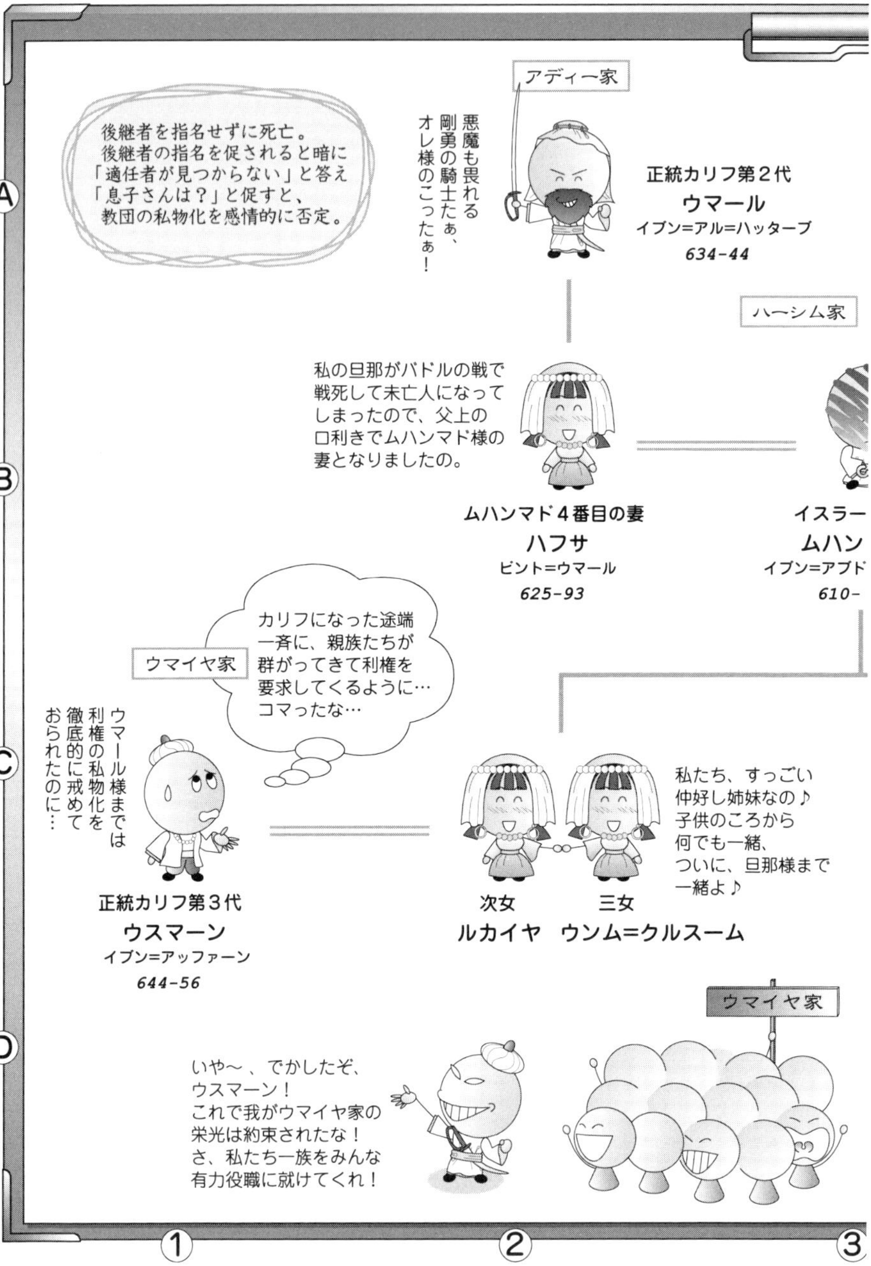

A
B
C
D
1
2
3
アディー家
悪魔も畏れる剛勇の騎士たぁ、オレ様のこったぁ！
正統カリフ第２代
ウマール
イブン=アル=ハッターブ
634-44
後継者を指名せずに死亡。
後継者の指名を促されると暗に「適任者が見つからない」と答え「息子さんは？」と促すと、
教団の私物化を感情的に否定。
ハーシム家
私の旦那がバドルの戦で戦死して未亡人になってしまったので、父上の口利きでムハンマド様の妻となりましたの。
ムハンマド４番目の妻
ハフサ
ビント=ウマール
625-93
イスラー
ムハン
イブン=アブド
610-
ウマイヤ家
カリフになった途端一斉に、親族たちが群がってきて利権を要求してくるように…コマったな…
ウマール様までは利権の私物化を徹底的に戒めておられたのに…
正統カリフ第３代
ウスマーン
イブン=アッファーン
644-56
私たち、すっごい仲好し姉妹なの♪
子供のころから何でも一緒、ついに、旦那様まで一緒よ♪
次女
ルカイヤ
三女
ウンム=クルスーム
ウマイヤ家
いや～、でかしたぞ、ウスマーン！
これで我がウマイヤ家の栄光は約束されたな！
さ、私たち一族をみんな有力役職に就けてくれ！

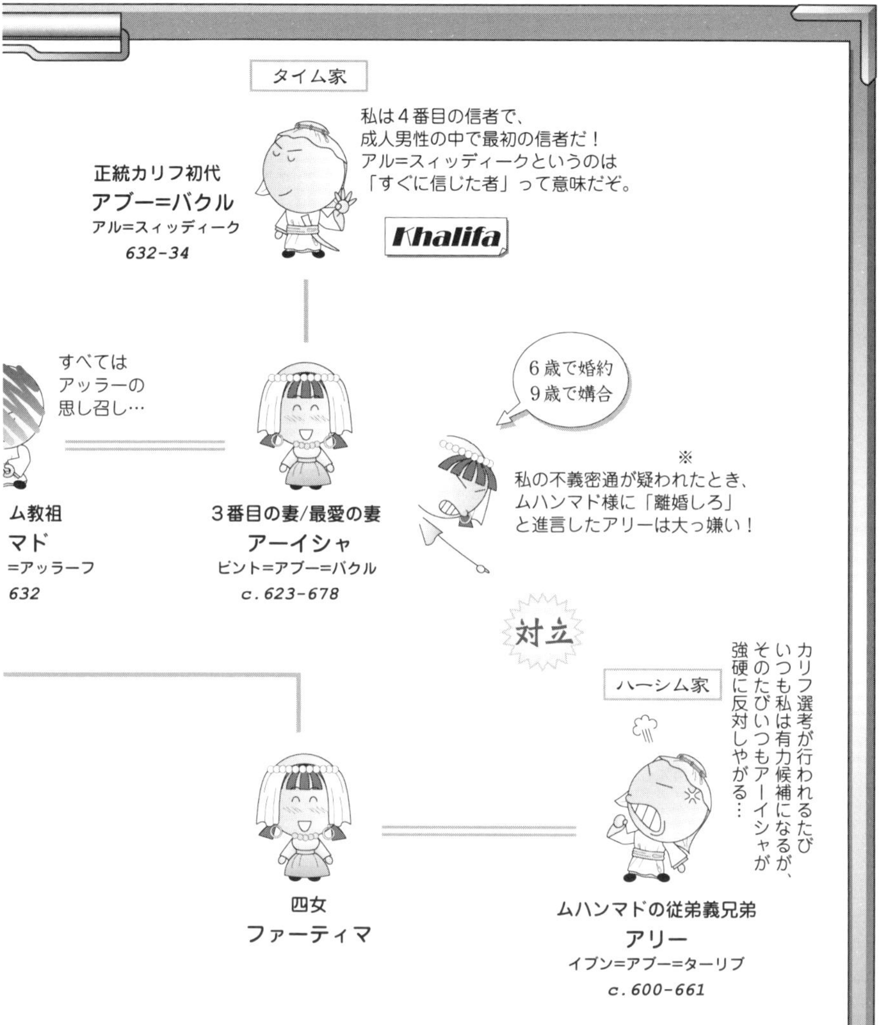
タイム家
私は４番目の信者で、
成人男性の中で最初の信者だ！
アル=スィッディークというのは
「すぐに信じた者」って意味だぞ。
正統カリフ初代
アブー=バクル
アル=スィッディーク
632-34
Khalifa
すべては
アッラーの
思し召し…
6歳で婚約
9歳で媾合
※
私の不義密通が疑われたとき、
ムハンマド様に「離婚しろ」
と進言したアリーは大っ嫌い！
ム教祖
マド
=アッラーフ
632
3番目の妻/最愛の妻
アーイシャ
ビント=アブー=バクル
c.623-678
対立
ハーシム家
カリフ選考が行われるたび
いつも私は有力候補になるが、
そのたびいつもアーイシャが
強硬に反対しやがる…
四女
ファーティマ
ムハンマドの従弟義兄弟
アリー
イブン=アブー=ターリブ
c.600-661

※ アーイシャの首飾り事件

アーイシャが13歳くらいのころ、彼女は首飾りを紛失し、
これを探すため、砂漠の中にはぐれてしまったことがあった。
翌日、１人のハンサムな青年に送り届けられるようにして帰宅。
当時、砂漠で男と一夜を過ごせば、それだけで妻は離別。
不義があれば、石を打ちつけての処刑であった。
有力者アブーバクルの娘が被疑者だけに事態は紛糾したが、
直後、ムハンマドが「不義はなかった」との天啓を得、事態は収拾した。

④　⑤

ムハンマドには22人の妻（＊01）がいたと言われます。
その3番目の妻アーイシャの父親が、初代カリフのアブー＝バクル（A-4）、その4番目の妻ハフサの父親が、第2代カリフのウマールです（A-2）。

そのウマールが凶刃に倒れます。

自宅に担ぎ込まれたものの、もはや余命いくばくもないと悟ったとき、あまりに突然の出来事に、次期カリフの座をめぐり、ウンマ（共同体）が動揺しはじめます。

「ウマール様、後継者をご指名なさってはいかがでしょうか？」(A-1)

―― 適任者が見つからない…。

どうにも煮えきらない返答。そこで、誘導尋問。

「あなた様のご子息などはいかがでしょう？」

すると、すでにムシの息のウマールは、声を荒げて言う。

―― たわけが！
ウンマを私物化しようなどと、頭のスミをよぎったこともないわ！
そのことについては、息子にもよく言い聞かせてある！
下衆《げす》なこと申すでないわ！

お～、すばらしい。パチパチ。

のちの簒奪《さんだつ》者ムアーウィア（＊02）とは大違い！

公正無私なこと、この上なし！

しかし、後継者を指名せずに亡くなったことは、ひと悶着《もんちゃく》生むことに。

（＊01）この「22」という数字は一説。正確な人数は不明。
クルアーンには「4人まで」とありますが、「ムハンマド様は別格」とか「公平な愛が注げるなら4人以上も可」とか、まぁ、いろいろな遁辞がささやかれます。
しかしながら、そもそもムハンマドは、すべての妻たちに「公平な愛」を注いでいません。
中には離婚させられた女性も複数いますし、何と言ってもアーイシャが「最愛」ですし。
それに、個人的には「自らの口で神の言葉を語り、“4”と言ったなら、4人以上は問答無用でアウトでしょ」と思います。
「クルアーンは“ムハンマドの教え”ではなく、“神の御言葉”そのものなんだから、ただの人間にすぎないムハンマドも当然、従わなければならないハズでしょうに？」と。

（＊02）のちに、カリフ位を世襲化させ、ウンマを私物化した人物。
形だけはムスリムを装ってはいるが、心の底ではアッラーなど信じていなかったと思われる。
もし、真にアッラーを畏れる者なら、「ウンマを私物化する」などという神をも畏れぬ行為をするはずもありませんから。

通常なら、次期カリフこそ、アリーでよさそうなもの。

そもそもムハンマド本人が、亡くなる際、後継者にアリーを指名したとの噂まで流れていたほど。

ところが、これにはアーイシャが強硬に反対します。(C-5)

あの一件（＊03）以来、アーイシャはアリーが大っ嫌い。

このままアリーがカリフに就任したのでは、ウンマが分裂しそうな勢いで大反対します。

何と言っても、アーイシャはムハンマド様にもっとも愛された妻で「信徒の母」的存在。

まさに秀吉没後の茶々のようなもの。（＊04）

彼女の意向は無下にできません。

そこで、アリーと同じく、ムハンマドの娘婿であり、人望もあり、最年長でもあったウスマーンが第３代正統カリフに就任することになりました。

しかし。

彼は敬虔なムスリムだったかもしれませんが、如何《いかん》せん、意志が弱かった。

それがウンマ分裂の遠因となっていきます。

ハーシム家

ムハンマドの従弟義兄弟
アリー
イブン=アブー=ターリブ

いや～、でかしたぞ、
ウスマーン！
これで我がウマイヤ家の
栄光は約束されたな！
さ、私たち一族をみんな
有力役職に就けてくれ！
ウマイヤ家

（＊03）あの一件とは「アーイシャの首飾り」事件のこと。詳しくは次ページのコラム参照。

（＊04）茶々も秀吉にもっとも愛された妾だったし、鶴松・秀頼出産後は「おふくろ様」と呼ばれていましたし、気の強い女で、政治に口を挟んで、要らぬ混乱を招いたところまで、ほんとうにアーイシャとそっくり。

Column 「アーイシャ首飾り事件」

アーイシャは、彼女の意思とはまったく関係なく、６歳で初老の男と婚約させられ、９歳で「女」にさせられたかわいそうな女の子。

その女の子もやがて、恋愛のひとつもしたい多感なお年ごろになります。そんなある日、ムハンマド率いる一団がメディナに帰還した折、アーイシャがいなくなっていることに気づいて大騒ぎになったことがあります。

「おい！　アーイシャ様がお輿《こし》にいらっしゃらないぞ！」

何らかの事情で砂漠に取り残されたのなら、それは「死」を意味します。

ところが、周囲の心配をよそに、翌日になって、アーイシャはひょっこり帰ってきました。イケメン青年に送られて。

「首飾りがなくなってるのに気づいて探しにいってたの。そしたら、みんなとはぐれちゃって。そこをこの方に助けていただいたのよ」

う～む…。この言葉はどこまで信じてよいものやら。

「首飾りをなくして」というのもものすごくウソくさいし、幼な妻が若い男性と一夜を過ごした、という限りなくあやしい事実。

当時、妻が夫以外の男性と砂漠で一夜を過ごしただけで離婚当然。

万が一、不義密通の証拠でも見つかろうものなら、死刑でした。

これには、ムハンマドも狼狽します。

このとき、アリーがムハンマドに耳打ちしました。

「今のうちに離婚しなさい。モタモタしているうちに不義密通の証拠が見つかれば、アーイシャを石で打って殺さねばならなくなりますよ？」

でも、ムハンマドはどうしてもアーイシャと別れたくない。コマった。

ところが、この大スキャンダルは、一気に解決します。

なんとなれば、「アーイシャに不義密通はなかった。以後、この点、ゆめゆめ疑ごうべからず！」というアッラーのご神託が下ったから。

（このご神託に露骨な恣意《しい》を感じるのは筆者だけではないでしょう）

こうして、今回は事なきを得ましたが、以後、アーイシャはアリーのことを深く恨むようになり、それが歴史を動かす原動力になっていきます。

第2章 正統カリフ時代

第5幕

ウンマの私物化、ここに至れり

第3代正統カリフ

ムハンマドが存命中は、ウンマが分裂することはなかった。「ムハンマドが優秀だったから」というより、最終兵器「アッラーのご意志である」と一言いえばよかったから。しかし、すでに預言者はこの世にいない。そして権力の集まるところ、富が集まり、富が集まるところ、腐敗の温床となる。イスラームとて例外ではなかった。

一族からの頼みとあらば、断りきれん…ま、いっか…
おらおら～っ！エジプト総督も今日からオレたちウマイヤ家のものになったんだ！テメェら、サッサと出てけ～っ！
ウマイヤ家

正統カリフ第３代
ウスマーン
イブン＝アッファーン

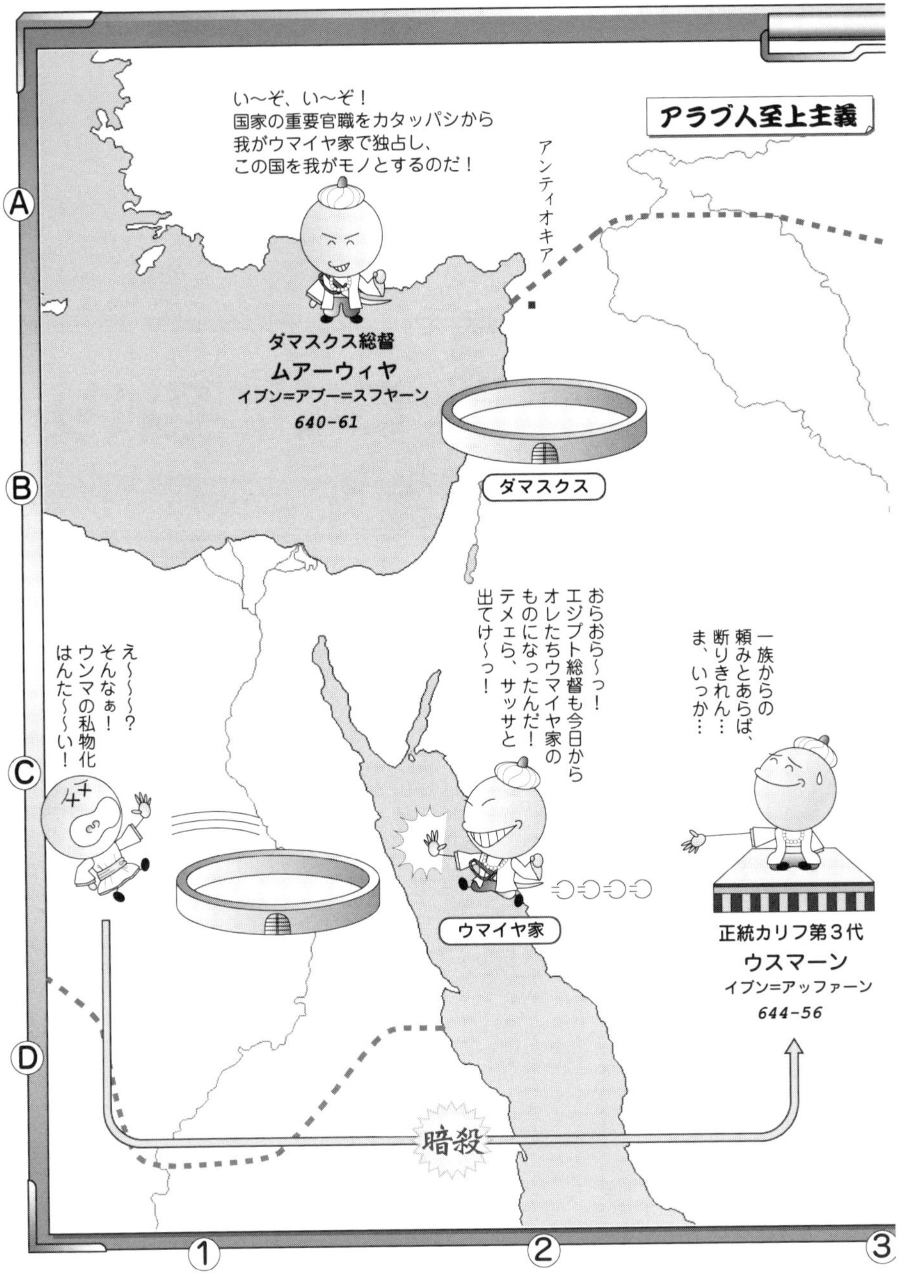

アラブ人至上主義
い〜ぞ、い〜ぞ！
国家の重要官職をカタッパシから
我がウマイヤ家で独占し、
この国を我がモノとするのだ！
ダマスクス総督
ムアーウィヤ
イブン=アブー=スフヤーン
640-61
アンティオキア
ダマスクス
一族からの頼みとあらば、断りきれん…ま、いっか…
おらおら〜っ！エジプト総督も今日からオレたちウマイヤ家のものになったんだ！テメェら、サッサと出てけ〜っ！
え〜〜〜？そんなぁ！ウンマの私物化はんた〜〜い！
ウマイヤ家
正統カリフ第3代
ウスマーン
イブン=アッファーン
644-56
暗殺
A
B
C
D
1
2
3

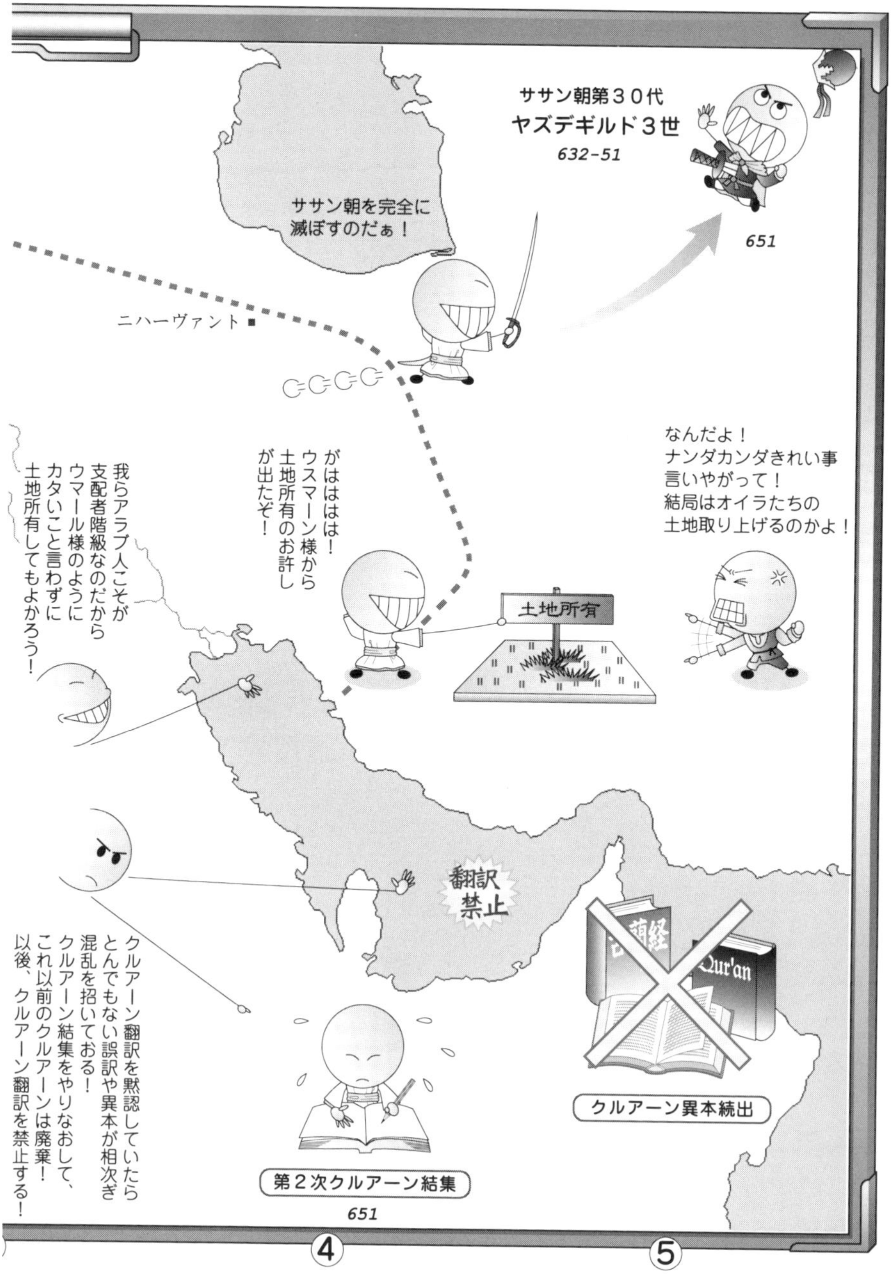
ササン朝第３０代
ヤズデギルド３世
632-51
ササン朝を完全に
滅ぼすのだぁ！
651
ニハーヴァント
がはははは！
ウスマーン様から
土地所有のお許し
が出たぞ！
土地所有
なんだよ！
ナンダカンダきれい事
言いやがって！
結局はオイラたちの
土地取り上げるのかよ！
我らアラブ人こそが
支配者階級なのだから
ウマール様のように
カタいこと言わずに
土地所有してもよかろう！
翻訳
禁止
クルアーン翻訳を黙認していたら
とんでもない誤訳や異本が相次ぎ
混乱を招いておる！
クルアーン結集をやりなおして、
これ以前のクルアーンは廃棄！
以後、クルアーン翻訳を禁止する！
Qur'an
クルアーン異本続出
第２次クルアーン結集
651
④
⑤

こうして、第３代正統カリフの座にウスマーン[＊01]が就く（C-3）や、腐った死体に集まるハイエナのごとく、わらわらと**ウマイヤ家**[＊02]の人間がウスマーンに接近してきます。

「カリフ就任おめでとうございます。いやぁ、めでたい、めでたい！

これで我がウマイヤ家の繁栄は約束されましたな！

我が一族で重職を独占してやりましょうぞ！　わっはっはっ！」

ウマイ汁を吸うべく集まったウマイヤ一族を前にして、ウスマーンは、「このバカモノどもが！　寝言を申すでないわ！　たしかに私はウマイヤ家の人間だ。しかし、こうして信徒の代表としてカリフの地位に就いた以上、全ムスリムの利益を公正公平に考えねばならぬ！　そんなこともわからぬか！　下がりおろう！」と一喝！

……するかと思いきや。

「う…うん、そうだね。もちろんだよ」と、ウマイヤ家の一族をつぎつぎと重職（おもに各地の総督）に就けていくことになります。

ウンマの私物化、ここに至れり。[＊03]

い〜ぞ、い〜ぞ！
国家の重要官職をカタッパシから
我がウマイヤ家で独占し、
この国を我がモノとするのだ！
ダマスクス総督
ムアーウィヤ
イブン=アブー=スフヤーン

（＊01）迫害派の中枢であったウマイヤ家出身ではあったものの、一族の中ではもっとも早くからムスリムに改宗した人物。ムハンマドは、彼に次女と三女の２人を降嫁させています。これにより、ウスマーンは「２つの光の所有者」などと言われました。
この事実からも、ムハンマドがいかに彼を信頼していたかが窺い知れます。
どうやらムハンマドは、ウスマーンが「教団を崩壊に導く元凶」になるとは、夢にも思わなかったらしいのです。どうして、そのことを「全智全能」のアッラーは忠告してくれなかったのでしょうか。不思議なことです。それとも、アッラーはウンマの崩壊とムスリム同士の殺戮を望み給うた、とでも言うのでしょうか？

（＊02）クライシュ族の名門のひとつ。ウマイヤ家といえば、当時の家長アブー＝スフヤーンは、イスラーム迫害派の中でも、最後の最後まで抵抗した中心人物でした。
ウマイヤ家は、メッカ占領の際になってやっと屈服、改宗しました。

（＊03）ところが、これについて「ウンマが巨大化したため、これを安定的に運営維持していくためには、もはや集権的な権力構造が必要不可欠となっており、そのために必要な措置だった」として、これを擁護する遁辞もあります。が、もちろん、詭弁にすぎません。

権力の集まるところ、かならず富が集まり、富の集まるところ、かならず腐敗の温床となります。(＊04)

それを防ぐためには、すぐれた指導者が、「魚《うお》も棲《す》まないほどの清廉潔白さ」と「どんな誘惑にも負けぬ強靭な意志の力」を携えること。

これしかありません。

しかし、そのどちらも、**ウスマーン**には欠けるものでした。(＊05)

たちまち各地の総督は、ウマイヤ家に独占され、これまで総督の地位にあった他家の者が排斥されていきます。

決定的だったのは、エジプトのフスタート総督。(C/D-1)

エジプト総督が更迭され、またしてもウマイヤ家の者が任命されると、クビになったエジプト総督は、怒り心頭、カリフに直接抗議に行きます。

おらおら～っ！
エジプト総督も今日から
オレたちウマイヤ家の
ものになったんだ！
テメェら、サッサと
出てけ～っ！
え～～～？
そんなぁ！
ウンマの私物化
はんた～～い！
ウマイヤ家

（＊04）古今を問わず、洋の東西を問わず、例外はありません。
何かとイスラームと比せられるキリスト教会も、健全だったのは権力を持たなかった弾圧時代だけ。
やがて国家の保護下に入り（4 世紀）、それにより権力を得たころから腐敗が始まり、10 世紀ごろ腐敗は極みに達し、現在に至っています。
「権力と腐敗」は表裏一体、２つでひとつなのです。

（＊05）とはいえ、その２つを有する者など、三千世界を探しても、めったにいるものではありませんので、それを以てウスマーンを責めるのは酷かもしれません。
もし、そういう方が現れ、権力者の座にいれば、その間だけ、組織の腐敗は免れます。
しかし、人の寿命は短い。そういう稀有な者が亡くなった途端、腐敗が始まります。

「うむ、そちらの申すことももっともだ。**よきにはからえ。**」

ウスマーンは、意外なほどあっさりとこれを撤回します。

なんとお心の広い、ものわかりのよいカリフ様？

ところが、それを知ったウマイヤ家の者がカリフのもとに殺到。

「なりませぬ！　なりませんぞ！　いちいち不平分子の申し出を認めて、いったん決定したものをアッサリ撤回したんでは、カリフの権威にキズがつきます！ただちに撤回の撤回を！」(＊06)

すると、ウスマーン、答えて曰《いわ》く。

「うむ、そちらの申すことももっともだ。**よきにはからえ。**」

なんじゃそりゃ。

カリフ就任時、ウマイヤ家の要求をあっさり受け入れたことといい、今回のことといい、このウスマーンというお方、どうも人から頼まれるとイヤと言えない性格だったようで。(＊07)

当然、いったん認められたと思って喜んでいたら、その舌の根も乾かぬうちに「やっぱし、や～めた！」では、そりゃあ、元エジプト総督もブチ切れるでしょう。

元エジプト総督は、連れてきた兵士をけしかけ、ウスマーンを襲撃、これにより彼は暗殺されることになります。(D-2)(＊08)

(＊06)「撤回」がカリフの権威をキズつけるのなら、「撤回の撤回」はハジの上塗りになるんじゃないの？とツッコみたくなるところです。

(＊07) 一個の人間としては「おやさしい方」と言えなくもありませんが、為政者として、組織のトップに立つ者としては、最悪。
臨機応変に下々の意見を聞くことは、為政者として大切な資質ですが、ナンでもカンでも聞き入れるようでは、組織は混乱を招くだけで、「無能」の烙印を押されてしかるべきです。
だいたい歴史を鑑みますと、「無能な者」が組織の頂点に立ったとき、「理解ある為政者」を演出し「おのれの無能」を隠すために、こういう態度に出ることが多いものです。
ウスマーンは、「敬虔なるムスリム」で「たいへんマジメなお方」だったのかもしれません。
しかし、為政者としての「器」はまったくなかったことがわかります。

(＊08) 第２代カリフにつづき、連続の暗殺劇による政権交代。
しかしながら、前回が、あくまで「ズィンミーによる犯行」だったのに対し、今回は「同じムスリムによる犯行」であったことは、ウンマ全体に大きなショックを与えました。
以後、カリフ周辺の警備が強固なものになっていきます。

こうして、彼の節操のなさが、それまで「一枚岩」でありつづけたウンマを「ムスリム同士が憎しみ合い、殺し合う」分裂状態へ向かわせ、それだけではなく、自分の命をも奪う結果となります。

しかも、彼はもうひとつ、致命的失態を演じています。

先代まで「**アラブ人の土地所有は禁止**」だったことは、すでにご説明いたしました。

それこそが、「ウンマ安定の根源」だと。

ところが、ウスマーンの御世《みよ》になると、アラブ人たちが嘆願して言う。

「カリフ様。我々は支配者たる民族ですよ。その支配者たる我々が土地所有ができなくて、我々に支配されている隷属民どもが土地を所有しているなんて、理不尽ではありませんか。どうか、我々アラブ人に土地所有を認めてくださいますよう」

ウスマーン、これに答えて申し渡した言葉が、

「たわけが！　アラブ人の土地所有禁止は、先代ウマール様が施政された、ウンマの秩序を保つ要《かなめ》となる掟《おきて》じゃ！　目先の利権に囚《とら》われ、そのようなタワゴトを申す愚か者どもめが！　ただちに失せよ！」

……ではなくて、

「うむ、そちらの申すことももっともだ。**よきにはからえ**」(B/C-4/5) でした。

ここまでくると、もはや“バカ殿”状態。

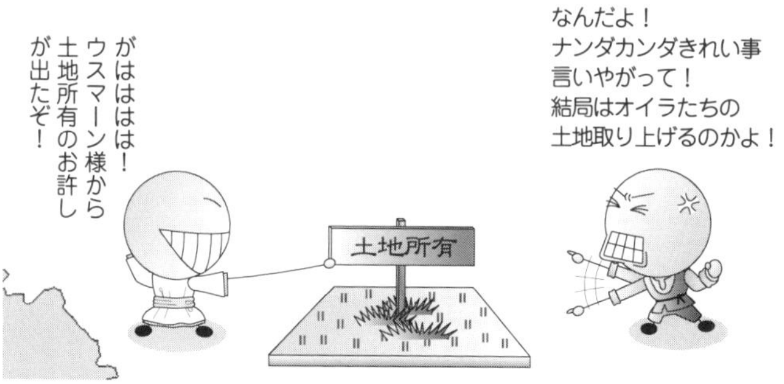
がははは！
ウスマーン様から
土地所有のお許し
が出たぞ！
土地所有
なんだよ！
ナンダカンダきれい事
言いやがって！
結局はオイラたちの
土地取り上げるのかよ！

このように、彼の治世は「**アラブ人至上主義**（A-3）(＊09)」と言われ、アラブ人の目先の利権を認めるものでした。

当然、被支配民族たちの怒りは募ります。

「土地を取り上げなかった」から、被支配民族たちはすんなりイスラームの支配に甘んじたのであって、それが剥奪《はくだつ》されるとなれば、その憤懣《ふんまん》は、反乱となって爆発することになります。

しかし、こんな無能ウスマーンにも「業績」がないわけではありません。

その筆頭に挙げられるのが「欽定《きんてい》(＊10) クルアーンの再編纂《へんさん》」(D-4)。

さきにご説明申し上げましたように、アブー＝バクルの時代にすでに欽定クルアーンは編纂されていました。

それをなぜ、もう一度「編纂し直す」必要があったのでしょうか。

じつは、ウマールの時代以降、異民族世界に領土は拡がっていくとともに、「マワーリー(＊11)」が現れはじめたことで、アブー＝バクルの時代には想定できなかった事態が生まれました。

クルアーンの「翻訳禁止」が徹底されていなかったため、マワーリーたちのための「翻訳クルアーン」が現れ、誤訳、改竄《かいざん》、異本などが続出しはじめたのです。(D-5)

クルアーン異本続出

(＊09) 別名「アラブ人第一主義」。ウンマを分裂に追い込んだ元凶となります。
アリーの時代に一時的に撤廃されますが、ウマイヤ朝の御世になって再開されます。
そして、結局は、この「アラブ人至上主義」がウマイヤ朝滅亡の原因となっていきます。

(＊10)「欽定」というのは、「君主の命令によって制定すること」を言います。
たとえば、大日本帝国憲法は、明治天皇による制定ですので「欽定憲法」と言われます。
ちなみに、日本国憲法は「民定憲法」という“設定”で、知識人階級まで含めてほとんどの日本人はそう騙されつづけていますが、真実は、アメリカによる“外圧憲法（押し付け憲法）”です。異民族によって強要された憲法を後生大事に理論武装してまで守りつづけている民族は世界史上、日本人だけです。
（このことについては、本書の本旨から外れますので、これ以上触れません。）

(＊11) 非アラブ人の中で、イスラームに改宗した人々（非アラブ系ムスリム）のこと。
断固として改宗しない人々は「ズィンミー」と呼ばれます。

第２次クルアーン結集
651

のみならず、「文字の統一化」を徹底していなかったため、「アラビア語原典」のクルアーンですら、抄録《しょうろく》、改竄《かいざん》、異本を生みました。

そこで、ウスマーンの時代、もう一度、「欽定クルアーン」を制定しなおすことになったわけです。

これを「**第２次クルアーン結集**」と言い、我々が現在読むことのできるクルアーンはこのときのものです。

これより、現在に至るまで、翻訳は一切禁止され（＊12）、クルアーンの聖句は一言一句違《たが》うことなく継承されてきています。（＊13）

もうひとつ、あえて彼の業績として挙げられるのは、ササン朝ペルシアの完全滅亡くらいでしょうか。(A-5)

しかし、すでにササン朝は、アブー＝バクルの代に“死に体”でしたし、業績というほどのものでもありませんが。

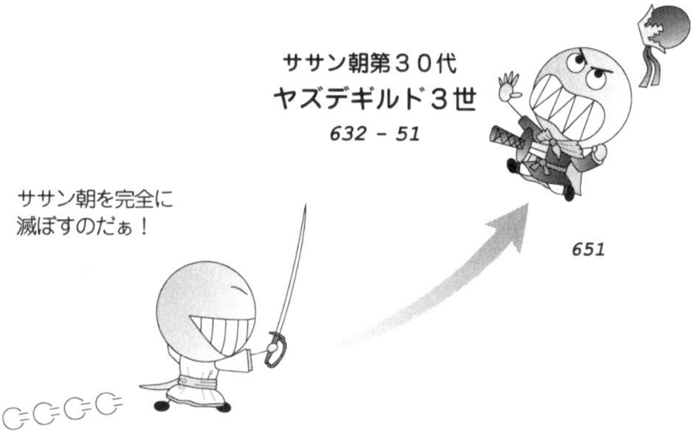
ササン朝第３０代
ヤズデギルド３世
632 – 51
ササン朝を完全に
滅ぼすのだぁ！
651

（＊12）「ん？　日本語訳クルアーンってあるじゃん？」と思われた方。あれは、あくまでも「入門書」「解説書」的な存在であって、厳密には、クルアーンとは認められていません。

（＊13）一応「信仰上」では、「大天使ジブリールが、使徒ムハンマドの前で発した言葉が、現在に至るまで、一言一句の違いもなくクルアーンにしたためられてある」ということになっています。しかし、「ウスマーン版」以前は、ずっと口伝、結集してみたら異本続出、散逸、混乱を経ているため、「現実的」「論理的」に考えれば、その間もずっと「一言一句違うことなく」継承されてきたとは考えにくい。

Column 「腐ってしまえの章」

前幕でも触れましたように、クルアーンというのは、100.0% 純潔混じりっ気ナシに一言一句「アッラーの御言葉《みことば》そのもの」だということになっています。

ところが、我々のようなズィンミー（異教徒）ならいざ知らず、じつは、ムスリムの間からですら、それを疑う聖句がいくつかあります。

本コラムでは、その有名な例をひとつ、挙げてみましょう。

すでに、ご説明いたしましたように、ムハンマド迫害者の筆頭格にアブー＝ラハブ（第 1 章第 4 幕参照）という人物がいました。

執拗《しつよう》ないやがらせや暗殺未遂を繰り返し、さしもの温厚な（？）ムハンマドも、ついに彼に対して、怒りが爆発したようです。

クルアーンの「第 111 章（腐ってしまえの章）」にその聖句はあります。

「腐ってしまえ！　アブー＝ラハブの手なんかすっかり腐ってしまえ！

体も腐ってしまえ！」

ありり？

これはいくらなんでも、「神の御言葉」ではないじゃん？

単なる「ムハンマドの個人的な感情」じゃん？と。

もし仮に、これがアッラーの御《ご》意志であるならば、「腐ってしまえ」という“神の命令”が下った瞬間、アブー＝ラハブの手が、体が、生きながらにしてみるみる腐りはじめなければならないハズ。

しかし、実際にはそうはならなかった。

明らかに「神の命令」ではない証拠ではないか、と。

しかし。

多少の物議を醸《かも》したとしても、それでもほとんどの信者《ムスリム》たちは「これも含めて、すべてアッラーの御言葉」と信じています。

さて、あなたはこの聖句、「神の御言葉」だと信じられますか？

信じられるなら、あなたも今日からムスリム？？？

第2章 正統カリフ時代

第6幕

大本命、ついにカリフの座に就くも…

第4代正統カリフ

ウスマーンは暗殺に散った。こうしてついに「アリー」が第4代カリフに選出される運びとなる。しかし、もはや「時代」は移り変わろうとしていた。正式な手続きを踏んで選ばれた「正統カリフ」であるにもかかわらず、これを認めようとしない勢力が公然と現れたのだ。そうしてそれは、ムスリム初の内乱へと発展していく。

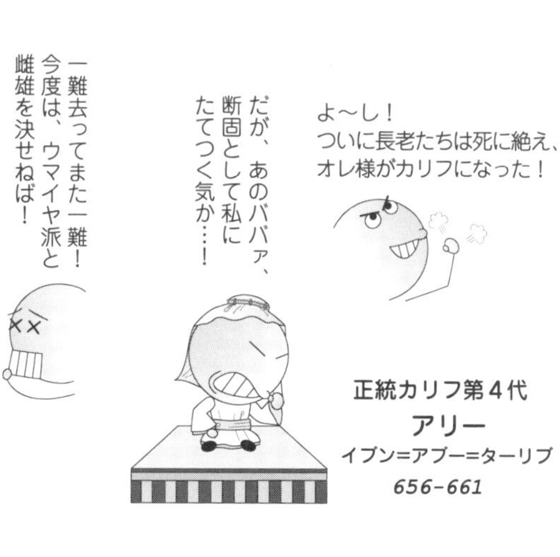
よ〜し！
ついに長老たちは死に絶え、
オレ様がカリフになった！
だが、あのババァ、
断固として私に
たてつく気か…！
一難去ってまた一難！
今度は、ウマイヤ派と
雌雄を決せねば！

正統カリフ第4代
アリー
イブン=アブー=ターリブ
656-661

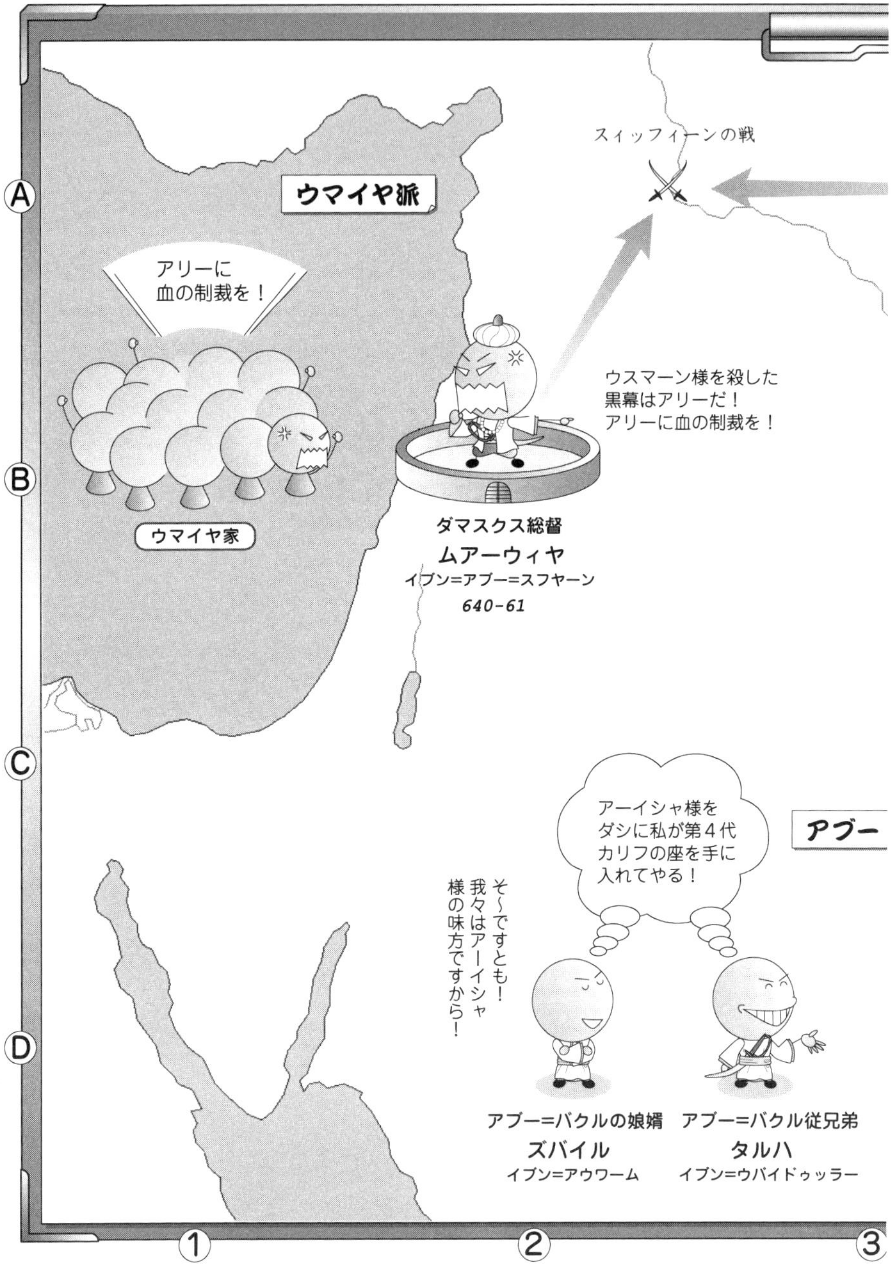
A
B
C
D
1
2
3
ウマイヤ派
アリーに
血の制裁を！
ウマイヤ家
スィッフィーンの戦
ウスマーン様を殺した
黒幕はアリーだ！
アリーに血の制裁を！
ダマスクス総督
ムアーウィヤ
イブン=アブー=スフヤーン
640-61
アブー
アーイシャ様を
ダシに私が第４代
カリフの座を手に
入れてやる！
そ〜ですとも！
我々はアーイシャ
様の味方ですから！
アブー=バクルの娘婿
ズバイル
イブン=アウワーム
アブー=バクル従兄弟
タルハ
イブン=ウバイドゥッラー

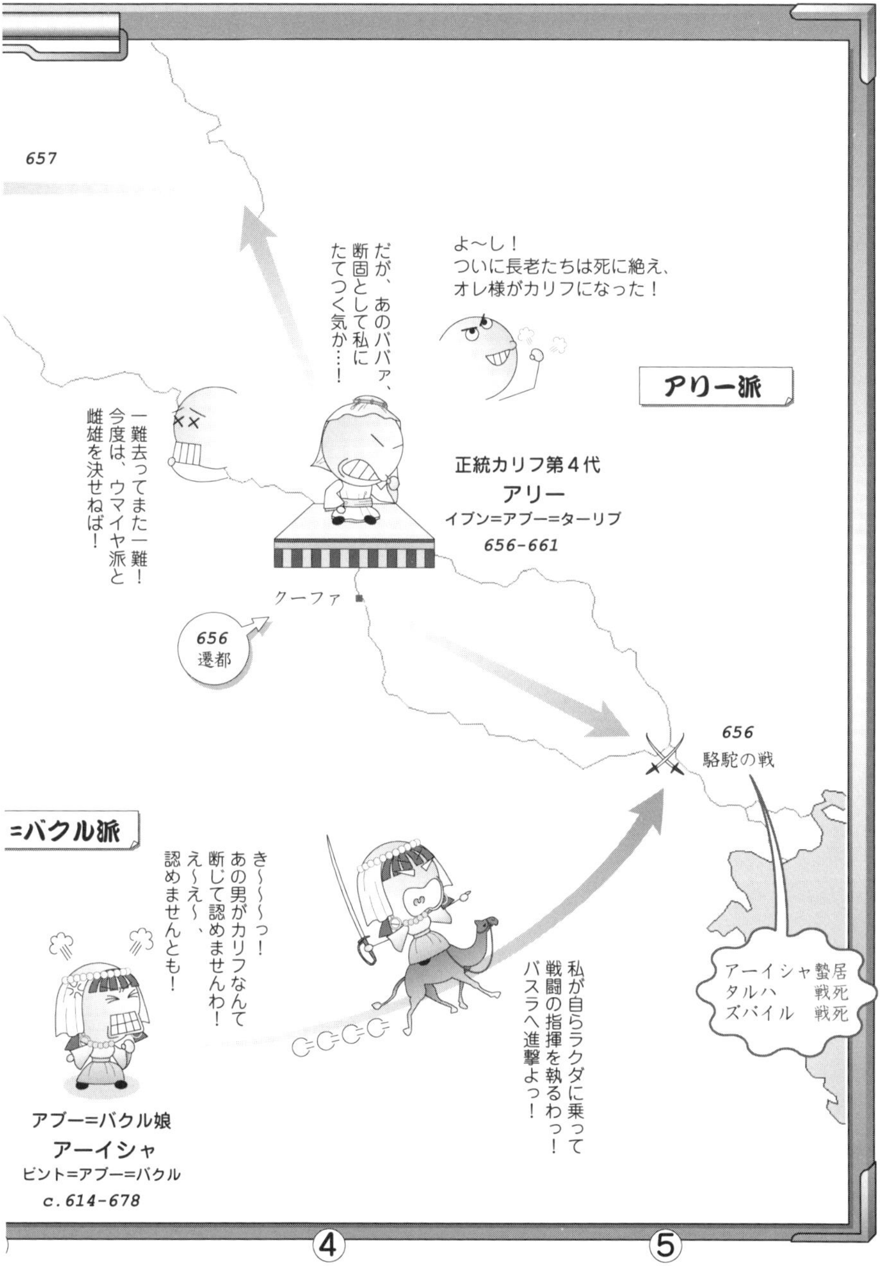
657
だが、あのババァ、断固として私にたてつく気か…！
よ〜し！
ついに長老たちは死に絶え、
オレ様がカリフになった！
アリー派
一難去ってまた一難！今度は、ウマイヤ派と雌雄を決せねば！
正統カリフ第４代
アリー
イブン=アブー=ターリブ
656-661
クーファ
656
遷都
656
駱駝の戦
=バクル派
き〜〜〜っ！あの男がカリフなんて断じて認めませんわ！え〜え〜、認めませんとも！
私が自らラクダに乗って戦闘の指揮を執るわっ！バスラへ進撃よっ！
アーイシャ　蟄居
タルハ　戦死
ズバイル　戦死
アブー=バクル娘
アーイシャ
ビント=アブー=バクル
c.614-678
4
5

さて。

「ムハンマドは彼を後継者に指名した」とも言われ、初代カリフの選出のときも、第３代カリフの選出のときも、いつも候補の筆頭に挙がりながら、つねにその後塵《こうじん》を拝してきたアリー。

しかし、ついに長老格は死に絶え、今度こそ、４度目の正直、**アリー**がカリフの座に就くことになりました。(B-4)(＊01)

すでに50代半ばを超え、苦節云《うん》十年、その歓びや、如何《いか》ばかりか。

しかし、アッラーは、彼に、喜びに浸る時間すらお与えになりませんでした。

「アリーなんぞ、第４代カリフとは認めん！」

公然と、カリフへの反逆勢力が跋扈《ばっこ》しはじめたからです。(＊02)

アブー＝バクル派
アーイシャ様をダシに私が第４代カリフの座を手に入れてやる！
そ〜ですとも！我々はアーイシャ様の味方ですから！
き〜〜〜っ！あの男がカリフなんて断じて認めませんわ！え〜え〜、認めませんとも！

アブー＝バクルの娘婿
ズバイル
イブン＝アウワーム

アブー＝バクル従兄弟
タルハ
イブン＝ウバイドゥッラー

アブー＝バクル娘
アーイシャ
ビント＝アブー＝バクル
c.614-678

(＊01) まるで家康。家康は、自分が逆立ちしても勝てない相手（織田・豊臣）とは敢えて対峙せず、彼らが死ぬのを待ってから天下獲りに乗り出しました。
ちょうどそのころ、家康もアリーと同じ50代半ばを超えたころでした。

(＊02) これは、前代未聞のことでした。これまで、カリフ選出にモメたことはあっても、ひとたび選ばれたなら、みなカリフに忠誠を誓ったものです。
これを歴史学的に紐解けば「旧来の“常識”が通用しなくなった」すなわち「今まさに時代が切り替わろうとしている」ことを意味しています。
人は「艱難を共にできるとも栄華を共にできず」と言います。
苦しいとき、どれほど“強き紐帯”で結ばれた組織も、「利権と富」を得た途端、たちまち仲間割れを始めます。「旧き良き時代」は終わりを遂げ、いよいよ「風雲急を告げ」はじめた、ということを意味しています。

しかも、2つも。

ひとつは、どうしてもアリーがカリフになることを許せないアーイシャを中心とする「**アブー＝バクル派**」。(D-2/3)

アーイシャは、アリーを倒すべく、女だてらに(＊03)みずからラクダに跨《またが》り、戦《いくさ》を指揮します。(＊04)

これを、彼女の勇姿から「駱駝《らくだ》の戦い(＊05)」(C-5) と言います。

しかし、いくら気負ってみても、アーイシャなど、所詮《しょせん》は戦など知らぬ、ただ気が強いだけの女。

イスラーム創成時代からず～っと戦の前線で戦いつづけてきた、戦上手のアリーの前に、敵ではありません。

アリーは、アッという間にこれを撃破。

主要人物を全員戦死に追い込んだものの、主犯のアーイシャだけは蟄居《ちっきょ》させるにとどめました。(＊06)

(＊03) 筆者が「女性蔑視発言」してると思わないように。
イスラームの価値観を代弁しているにすぎませんので。

(＊04) さきほど、アーイシャを「茶々」に譬えましたが、茶々もまた大坂の陣にあたって、鎧をまとい、戦を指揮しましたので、こういう男勝りで勝ち気な性格まで、ふたりはよく似ています。

(＊05) 戦場は、現在のバスラ郊外なので、その地名から「バスラの戦い」とも言います。

(＊06)「国家反逆罪」はいつの時代でもどこの国でも死刑ですが、さすがにアーイシャを処刑することはできませんでした。何と言っても、ムハンマド“最愛の妻”でしたから。
そこで、蟄居させることで決着。アーイシャも、以後22年間、死ぬまで蟄居に甘んじ、ムハンマドの言行を人々に伝えることに専心しました。享年64歳。

そして、もうひとつの反逆勢力。

それが、先代ウスマーンの再従弟《またいとこ》（＊07）でもあった、ダマスクス総督ムアーウィアを中心とする「**ウマイヤ派**」。(B-2)

ムアーウィアは、ダマスクスにおいて演説します。

「ウスマーン様暗殺の黒幕はアリーだ！（＊08）一族の仇《かたき》は一族を挙げて討つ！
それが昔からの我らの掟だ！　ウマイヤ派 12 万は団結してアリーと戦おうぞ！」

アリーは和平交渉を試みるも、すでに臨戦態勢のムアーウィアは、聞く耳を持たず。

いよいよ、両軍（＊09）はスィッフィーン（A-2/3）（＊10）で決戦を迎えることになります。

ウマイヤ派
アリーに
血の制裁を！
ウスマーン様を殺した
黒幕はアリーだ！
アリーに血の制裁を！
ウマイヤ家
ダマスクス総督
ムアーウィヤ

（＊07）ウスマーンの祖父の兄弟の孫。

（＊08）アリーは、ウスマーン暗殺の黒幕ではなかった（らしい）が、ウスマーン暗殺を果たした兵は、次期カリフにアリーを擁立しました。
なんとなれば、アリーは、ウスマーンの「アラブ人至上主義」政策を非難していたから。
したがって、彼ら「暗殺者」たちがアリーの権力基盤となってしまっていたため、彼らの処断、追及は緩められました。
これがウマイヤ家らがアリーを「クロ」と認定する理由となったのでした。

（＊09）諸説ありますが、アリー軍が 5 万～ 9 万、ムアーウィア軍が 6 万～ 12 万。

（＊10）ユーフラテス川上流の荒野。

第2章 正統カリフ時代

第7幕

天下分け目のスッフィーン、神のご加護はどちらに！

正統カリフ時代の終焉

何人《なんぴと》たりとも「時代の流れ」に逆らうことはできない。「旧《ふる》き良き時代」を守らんとして、命と才を尽くして全身全霊をかけようとも、諸葛亮の才をもってしても。そうしてみれば、守旧派アリーの敗北は「必然」であったのかもしれない。しかし、たとえそうであったとしても、人は抗《あがら》うことをやめない。それが人間の魅力でもある。

暗殺
ぐおぉぉぉ！
息子よ！
あとを頼む…！
Khalifa
これで正式に
オレ様が
第5代カリフだ！

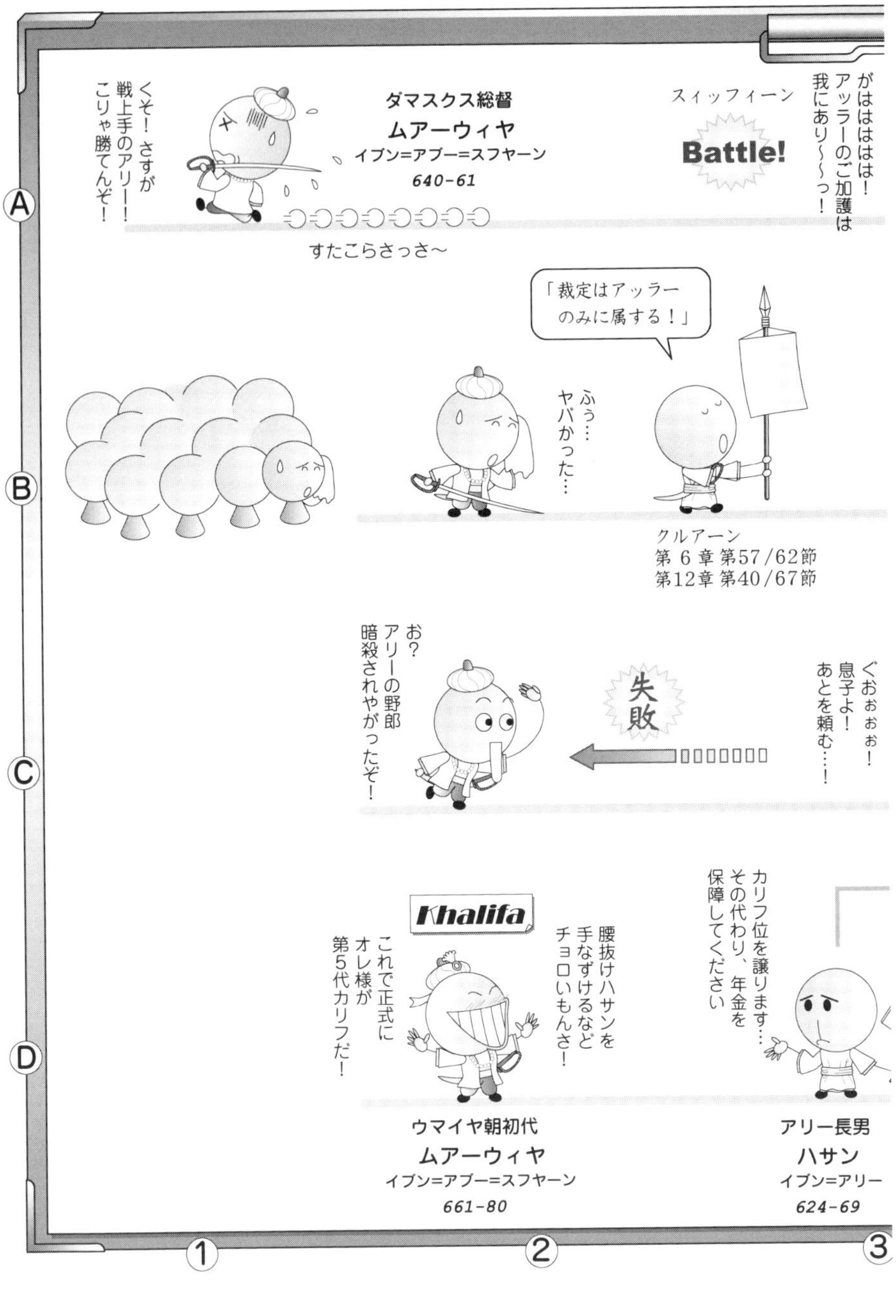

がはははは！
アッラーのご加護は
我にあり〜〜っ！
スィッフィーン
Battle!
ダマスクス総督
ムアーウィヤ
イブン=アブー=スフヤーン
640-61
すたこらさっさ〜
くそ！さすが
戦上手のアリー！！
こりゃ勝てんぞ！
「裁定はアッラーのみに属する！」
クルアーン
第6章第57/62節
第12章第40/67節
ふぅ…
ヤバかった…
ぐおぉぉぉ！
息子よ！
あとを頼む…！
失敗
お？
アリーの野郎
暗殺されやがったぞ！
カリフ位を譲ります…
その代わり、年金を
保障してください
アリー長男
ハサン
イブン=アリー
624-69
腰抜けハサンを
手なずけるなど
チョロいもんさ！
Khalifa
これで正式に
オレ様が
第5代カリフだ！
ウマイヤ朝初代
ムアーウィヤ
イブン=アブー=スフヤーン
661-80
A
B
C
D
1
2
3

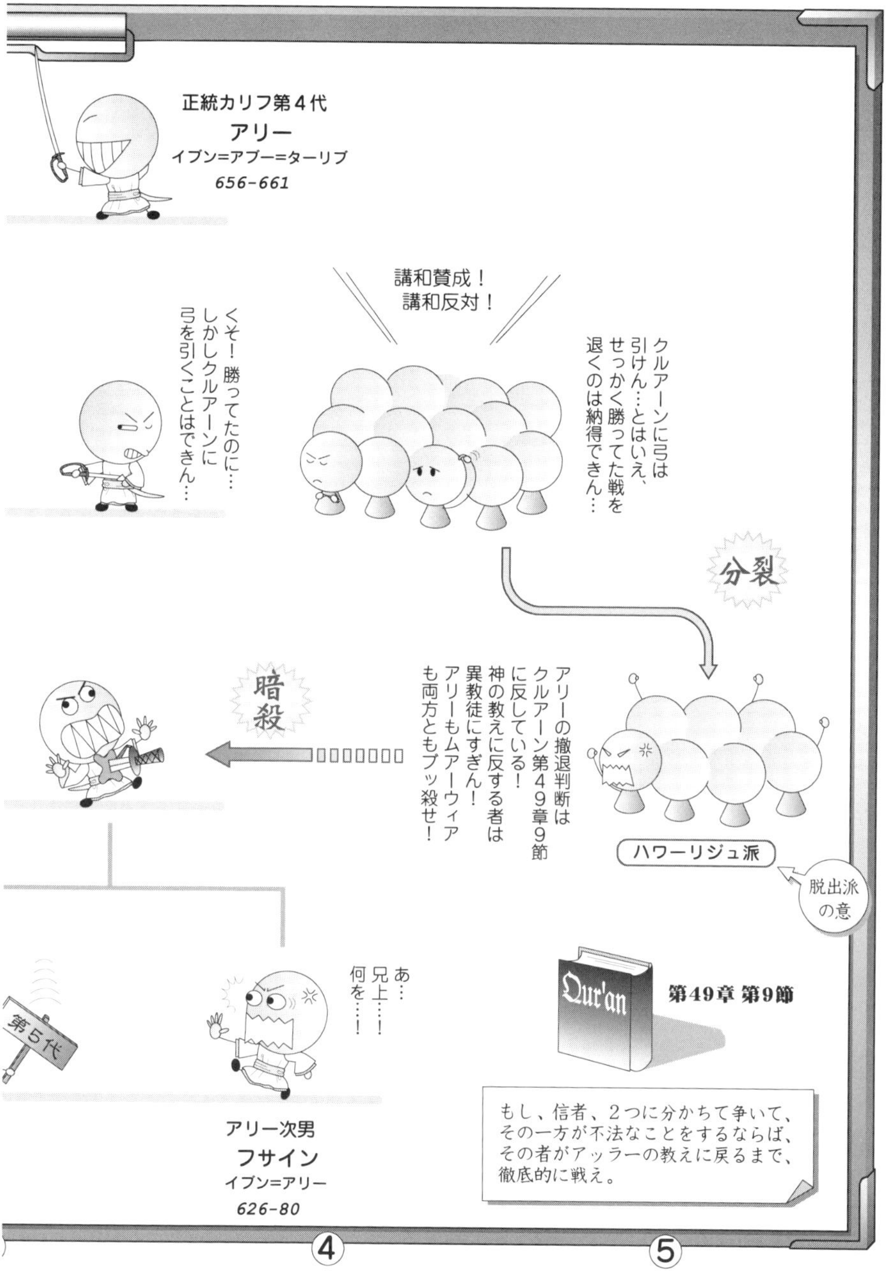
正統カリフ第４代
アリー
イブン=アブー=ターリブ
656-661
講和賛成！
講和反対！
くそ！勝ってたのに…しかしクルアーンに弓を引くことはできん…
クルアーンに弓は引けん…とはいえ、せっかく勝ってた戦を退くのは納得できん…
分裂
ハワーリジュ派
脱出派の意
アリーの撤退判断はクルアーン第４９章９節に反している！神の教えに反する者は異教徒にすぎん！アリーもムアーウィアも両方ともブッ殺せ！
暗殺
第５代
あ…兄上…！何を…！
アリー次男
フサイン
イブン=アリー
626-80
Qur'an
第49章 第9節
もし、信者、2つに分かちて争いて、その一方が不法なことをするならば、その者がアッラーの教えに戻るまで、徹底的に戦え。
④
⑤

さぁ、こうして両雄はスィッフィーンにて相まみえます。
西軍の総大将がムアーウィア、東軍の総大将がアリー。
“天下分け目”の**スィッフィーン**。
勝った方が天下を獲る。
まさに、日本の「関ヶ原」(＊01) を彷彿《ほうふつ》とさせる一戦が始まります。
数の上でも、関ヶ原同様、西軍（ムアーウィア）の方がやや優勢 (＊02) だった

ものの、フタを開けてみたら、戦の駆け引きに長けた東軍（アリー）がジリジリと優勢になり、やがて西軍は敗走しはじめます。(A-2) (＊03)
後退しながら、ムアーウィアは焦りはじめます。
「くそ！　マズイぞ！　このままでは西軍は総崩れだ。このまま我が軍が敗れようものなら、ウマイヤ家はすべての“正当性”を失い (＊04)、二度と日の目を見ることができないほどの致命傷を負ってしまう！ (＊05)」

(＊01) ムアーウィアはシリアからエジプトの西半を、イラクからイランの東半を勢力圏下に置きその真ん中あたりのスィッフィーンにて一大決戦に臨んだため、まさに西軍ムアーウィアが「石田三成」、東軍アリーが「徳川家康」、スィッフィーンが「関ヶ原」という構図になります。

(＊02) ちなみに、関ヶ原の両軍の兵力は諸説紛々で、どちらが兵力が大きかったのか、よくわかっていません。ただ、「西軍がやや優勢」という史料が多いようです。

(＊03)「西軍敗走」の展開まで、関ヶ原と同じパターン。

(＊04) 当時も今も、イスラームにとって、「戦争＝神裁裁判」だという想いが強い。
なんとなれば、クルアーンに「アッラーは公正な者を愛される」とあり、いつでも「正しい者」に御加護をお与えになり、「邪なる者」には神罰をお与えになるはずで、だとすると、戦争に勝った方は、必然的に「アッラーの御加護を得た者」すなわち「正義」であり、敗れた方は、「アッラーに神罰を与えられた者」すなわち「邪」となります。
戦争結果こそが「アッラーの御意志」となるわけです。

そこで、敗色濃厚となった西軍ムアーウィアは、奇策に出ます。

なんと、突然、クルアーンのページを破って槍《やり》の上に掲げ、その中の聖句を連呼しながらこちらに向かって歩きはじめたのです。

「裁定はアッラーのみに属する」(＊06)

「裁定はアッラーのみに属する」と。(B-2/3)

イスラームをよく知らない人からすると、「これ、なんか意味ある？」と思ってしまいがちですが、これが効果絶大。

このクルアーンを目にするや否や、東軍（アリー軍）では一瞬のうちに動揺と狼狽が拡がります。

これは、鳥羽・伏見の戦いで「錦の御旗《みはた》」を目の前にした途端、たちまち潰走《かいそう》しはじめる幕府軍(＊07)を彷彿とさせます。

（＊05）日本で近い概念を挙げると、「勝てば官軍、負ければ賊軍」。
戦に勝てば、「官軍」として正当性を得ることになりますが、負ければ、「賊軍」の烙印が押され、単に「戦に敗れた」というだけでなく、そもそも戦争に至った立場・主義・主張など、すべての正当性が全否定されます。
そのため、いったん「賊軍」の烙印が押されると、もはや再起を図ることも困難になってしまいます。

（＊06）クルアーンの「第６章第57/62節」や「第12章第40/67節」などに何度も繰り返し現れる有名な聖句。「この世で“権威”を持つ者はアッラーだけである」という意味。
ムアーウィアはこの聖句を盾に、負け戦をウヤムヤにしようとしました。
しかし、今まさにその「アッラーの裁定」を得るために、戦争をしているのであって、これは完全なムアーウィアの詭弁。
しかし、アリー軍の中には、それを理解できない者が続出し、効果は絶大でした。

（＊07）このことには、すでに本書「第１章第６幕」でも触れました。

「クルアーンに弓を引くことはできない！」(＊08)

士気は下がり、軍は「攻戦派」と「停戦派」に分裂。(B-4)

勝利目前だというのに、なんたることか！

アリーは必死に軍へ督戦《とくせん》を促しますが、もはや軍は浮足立ち、規律を失い、これ以上戦闘をつづけるのが困難となってしまいます。

しかたなく、アリーは剣を鞘《さや》におさめ、いったん兵を引くことに。(B-3/4)

どの国においても、その社会において「権威(＊09)」となっているものを掲げられたが最後、相手はただただ跪《ひざまず》くか、逃げることしかできません。

しかし。

撤退を始めたアリー軍の中から「攻戦派」の連中が騒ぎはじめます。

「せっかく勝っていたのに、なぜ撤退するのだ？？？

まさにその“裁定”を神に委ねるために戦っていたのではなかったか！

我々が勝っていたという“結果”こそ、神の裁定そのものではないか！

せっかく神が我々を支持しておられるのに神の裁定を無視し、話し合いに応じることこそ、神への反逆行為である！」

ハワーリジュ派

彼らの主張内容は、いちいちごもっとも。

アリーにしたところで、停戦したくてしたのではありません。

(＊08)「ただの紙キレじゃん、アホらし」と一笑に付すこともできません。
戦中戦前において、兵に配給される小銃（三八式歩兵銃）には「菊の御紋」があしらわれていました。そのために、弾もなくなり、ただ敗走するだけの状態になっても、重い小銃を抱え、棄てることが赦《ゆる》されず、そのために体力を奪われ、多くの日本兵がのたれ死んでいったといいます。
「ただの紙キレ」「ただの紋」も、時と場合により、命より大切にされることもあります。

(＊09)「権威」という言葉は、日常会話の中では「父親の権威」「権威主義者」など、「他者を服従させる目に見えない力」という程度の意味合いで使用されています。
しかし、ここで使用されている「権威」は、宗教学用語としての「権威」で、これは「正統性を有する存在」「正邪の判断の決定権を有する存在」を意味します。
イスラーム圏において「権威」はアッラー以外にありえません。
戦前までの日本では、天皇が「権威」でした。「権威」を犯そうとする者はかならず亡ぼされます。(例：蘇我氏、道鏡、足利義満、織田信長)

交戦をつづけたいのはヤマヤマでしたが、軍の分裂を抑えられなかったため、和睦《わぼく》を受諾せざるを得なかっただけです。

「アリーはクルアーン第 49 章第 9 節（D-5）(＊ 10) に違反している！
　クルアーンに背く者をカリフとして認めることはできない！」

　こうして、イスラーム初の分派である「**ハワーリジュ派** (＊ 11)」が派生してしまいます。(C-5)

　こうなると、アリーは、それからしばらくは「外」のムアーウィア討伐より、「内」なるハワーリジュ派の鎮圧に尽力するようになります。(＊ 12)

　そのため、ハワーリジュ派は、まもなくアリーとの戦闘で壊滅的打撃を食らい (＊ 13)、これ以上の戦闘継続は不可能な状態に。

　すると、ハワーリジュ派は、
「神の裁定にすべてを委ねる！」
と称して、ムアーウィアとアリーの両方に同時に暗殺者を送り込みます。

　生き残った方に「アッラーの御加護」を認める、というわけです。

暗殺
ぐおぉぉぉ！
息子よ！
あとを頼む…！
失敗
お？
アリーの野郎
暗殺されやがったぞ

(＊ 10) クルアーンの第 49 章第 9 節にはこう書いてあります。
「もし、信者、ふたつに分かちて争いて、その一方が不法なことをするならば、その者がアッラーの教えに戻るまで徹底的に戦え。アッラーは正しい者に御加護を与えるであろう」

(＊ 11) アラビア語で「脱退派」「分離派」の意。

(＊ 12) 内憂と外患が同時発生した場合、たいてい、内憂の措置が優先されます。
蒋介石が「外患の日本軍」と「内憂の共産党軍」を比較して、「日本軍など“皮膚の病”にすぎぬ。ツバでも付けとけばじきに治る。しかし、共産党は“重い心臓疾患”だ。ただちに処置を施さねば手遅れになる」と言ったのは有名な話。

(＊ 13) 658 年ナフラワーンの戦い。

すると、アリー暗殺はアッケなく成功（C-4）しましたが、ムアーウィアへの暗殺は失敗に終わります（C-2）。

これにより、初代以外のすべての正統カリフは、「暗殺による凶刃」に倒れたことになり、いかにウンマが混迷してたかがわかります。

アリーのカリフ位は、長男の**ハサン**（＊14）に継がれますが、この男は野心も度量もなく、ただ女と戯れることができればそれでよい、という腰ヌケでした。（＊15）

「年金さえ保障してくれれば、カリフ位を譲る」(D-3)（＊16）

こうしてムアーウィアは、正式にハサンより禅譲《ぜんじょう》（＊17）を受け、「第５代カリフ」となることができました。(D-2)

しかし、それで事が丸く収まるわけもなく……。

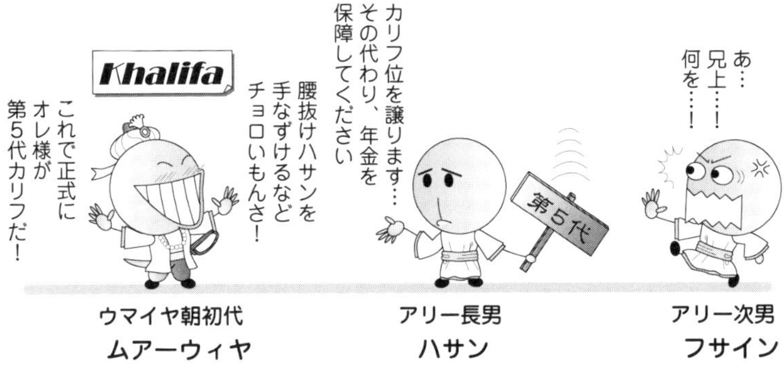

あ…
兄上…！
何を…！
カリフ位を譲ります…
その代わり、年金を保障してください
第5代
腰抜けハサンを手なずけるなどチョロいもんさ！
Khalifa
これで正式にオレ様が第5代カリフだ！
ウマイヤ朝初代
ムアーウィヤ
アリー長男
ハサン
アリー次男
フサイン

（＊14）預言者ムハンマドの初孫でもあります。
名の意味は「凛々しい」だが、完全に名前負けしています。

（＊15）歴史上、どんな劣悪な人物に対してでも彼らを擁護する意見はあるものです。
劉禅や西太后に対してすら「じつは名君」などと世迷い言があるように。
彼に対してもまた「ウンマに混乱を及ぼしたくなかっただけ」「無駄な戦いや死者を増やしたくなかっただけ」などと弁明が語られることはあります。

（＊16）天下よりも身の保全を優先する。
三国志の「劉禅」か、戦国時代の「秀頼」を思い起こさせます。

（＊17）王朝交代の際、旧王朝の最後の帝が、平和的に、自分の意志をもって、新王朝に政権を譲ることを「禅譲」と言います。逆に、武力をもって、旧王朝を打倒することを「放伐」と言います。

第3章 ウマイヤ朝時代

第1幕

世襲カリフ時代の幕開け、そして「カーバの呪い」

ウマイヤ朝の成立

ムアーウィアは、国家を簒奪《さんだつ》した。これにより、選挙によってカリフが選出される「正統カリフ時代」は終わりを遂げ、以降、親から子へと継承される「世襲カリフ時代」へと突入する。しかし、旧《ふる》いシステムから新しいシステムへと移行するとき「生みの苦しみ」は避けられない。ウマイヤ朝はこの試練をどう乗り越えていくのか。

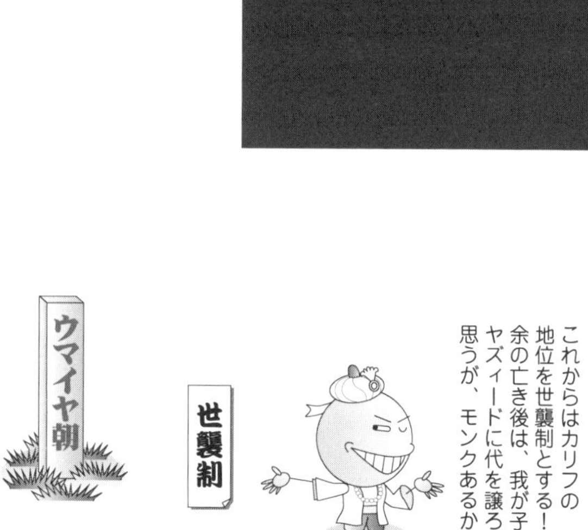
ウマイヤ朝
世襲制
これからはカリフの地位を世襲制とする！余の亡き後は、我が子のヤズィードに代を譲ろうと思うが、モンクあるか？

ウマイヤ朝初代
ムアーウィヤ1世

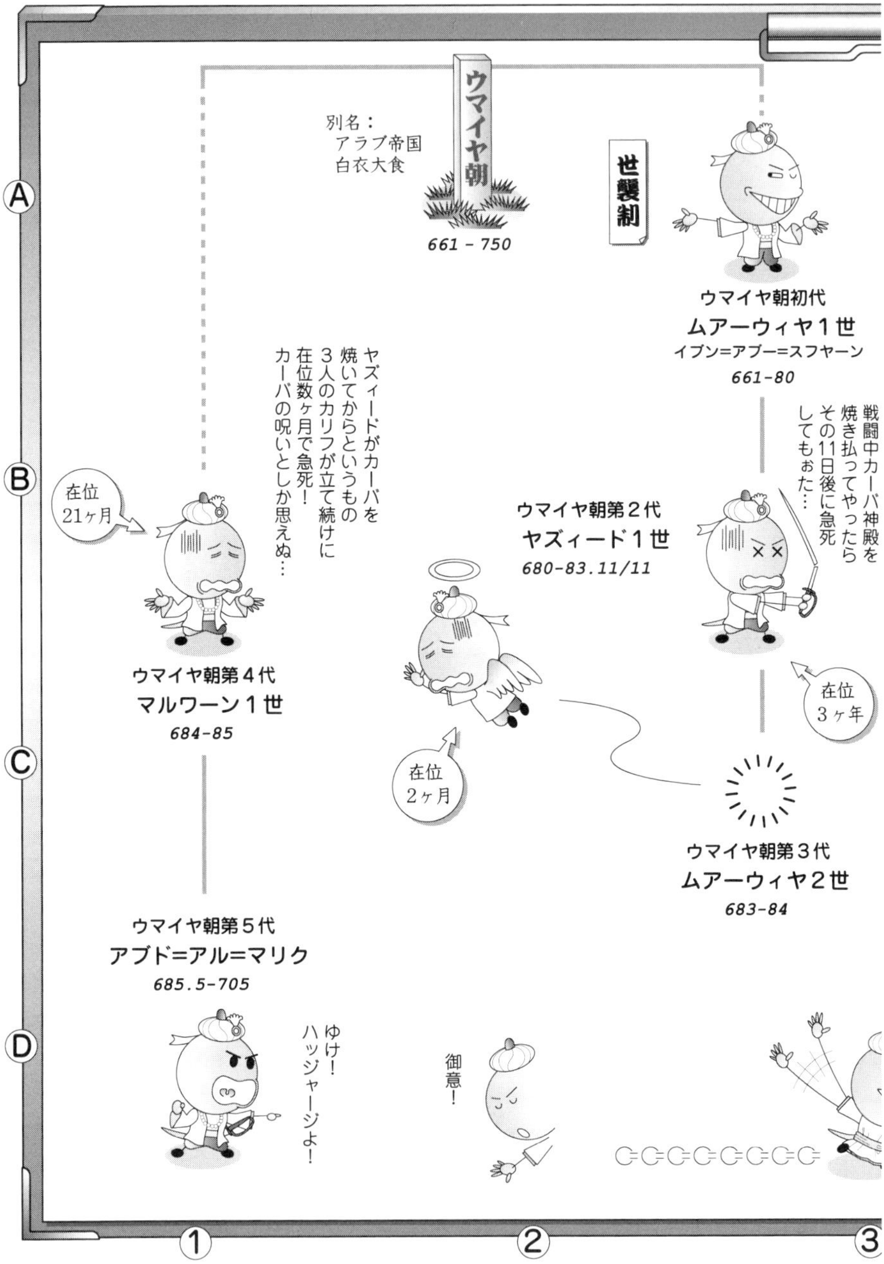
ウマイヤ朝
661 - 750
別名：
アラブ帝国
白衣大食
世襲制
ウマイヤ朝初代
ムアーウィヤ１世
イブン=アブー=スフヤーン
661-80
戦闘中カーバ神殿を焼き払ってやったらその11日後に急死してもぉた…
在位3ヶ年
ウマイヤ朝第２代
ヤズィード１世
680-83.11/11
在位2ヶ月
ウマイヤ朝第３代
ムアーウィヤ2世
683-84
ヤズィードがカーバを焼いてからというもの３人のカリフが立て続けに在位数ヶ月で急死！カーバの呪いとしか思えぬ…
在位21ヶ月
ウマイヤ朝第４代
マルワーン１世
684-85
ウマイヤ朝第５代
アブド=アル=マリク
685.5-705
ゆけ！ハッジャージよ！
御意！
A
B
C
D
1
2
3

これからはカリフの
地位を世襲制とする！
余の亡き後は、我が子の
ヤズィードに代を譲ろうと
思うが、モンクあるか？
ムアーウィヤが死んだのを
チャンスとばかりに
立ち上がろうとした矢先、
先手を取られてもぉた！
カルバラーの惨劇
アリー次男
フサイン
イブン=アリー
626-80
683.10/31
カーバ神殿
アリーの次男を誅殺
したまではよかったが…
第２次内乱
683 - 92
カーバの呪いで
ヤズィードが死んだ！
今こそ立ち上がる時だ！
い〜〜〜っ！
やつらカーバ神殿に
火を放ちやがったぞ！
アブー=バクルの孫/ズバイルの子
アブドゥッラー
イブン=アル=ズバイル
622-92
混乱に乗じて反旗を翻し、
一時イラク一帯にシーア派
独立政権をうち立てたぞ！
ムフタールの乱
685.10 - 87.4
メッカを包囲して
兵糧攻めにせよ！
投石機で雨アラレと
石を打ち込め！
ヒジャーズ総督
アル=ハッジャージ
イブン=ユースフ=アル=サカフィ
692-94
692
戦死
④
⑤

こうして、カリフの地位はとうとう**ムアーウィア**の手に落ちました。
一度はカリフ位を手に入れたウマイヤ家(＊01)でしたが、アリーにその地位を奪われ、やっとの思いでこれを取り返したわけです。

ひとたび特権階級となり、「私腹を肥やす旨味《うまみ》」を知った人間ほど、おそろしいものはありません。

彼らは、それを護るため、ないしは奪還するためなら、なんのためらいもなく己《おの》が命をも賭《か》けます。(＊02)

いつの世も、特権階級とはそれほどの旨味なのです。(＊03)

第３代正統カリフ・ウスマーンは、ウマイヤ家を「特権階級」扱いし、私腹を肥やさせましたが、あれがすべての元凶の始まりでした。

そのとき、ウマイヤ家はその“蜜の味”をたっぷりと味わってしまいました。

一度味わったあの甘露《かんろ》を、二度と忘れることなどできようものか。

己が命を賭《と》し、一族の命運を賭《か》けてでも取り返すべし！

その目的達成のためなら、どんな悪逆非道も正当化される！

それを平然と行い、なんの痛痒《つうよう》も感じぬ！

それが「特権階級」というものです。

本幕では、ウマイヤ家がどのようにして、この「旨味」を世襲に組み込んでいったか、その過程でどれほどの悪逆三昧を行ったか、を詳《つまび》らかに見ていくことにいたします。

(＊01) 第３代正統カリフのウスマーンのことです。

(＊02) したがって、歴史的に見て、特権階級が「合法的ないしは話し合いによって、自発的にその特権を手放す」ということは、まったくと言っていいほど例がありません。
有無をも言わせぬ強制か、彼らを族滅（一族郎党皆殺し）するしかないのです。
現代日本にも（名指しは避けますが）「特権階級」は厳然として存在します。
彼らは今現在も私腹を肥やしつづけており、国家のガンとなっていますが、これを合法的に排斥するのはまったくムリです。歴史がそれを証明しています。
非合法に彼らを滅ぼすか、国そのものが亡びるか、二者択一となります。
きれいごとは効きません。

(＊03) 彼らは国家財政が傾くほど“私腹の限り”を尽くします。
その中で、吸い尽くされる下々の者は、もがき苦しみ、怨嗟の声を上げますが、それが特権階級の耳にも心にも届くことはいっさいありません。
やがてついに、民衆の怒りが爆発したとき、それが反乱、革命となります。
それでも彼らの目が覚めることはありません。
自らが滅ぼされるまで、命を賭けて特権を護ろうと戦いつづけます。

一応、ムアーウィアが正統カリフのアリーを倒し、第５代カリフの座に納まったとはいえ、まだ不安材料はあります。

まず、先代カリフ・アリーの次男**フサイン**(＊04)の存在。

長男ハサンは、女たらしの上、腰ヌケでしたので、女を与え、カネを握らせておけば済みましたが、次男にその手は効きません。

いつ何時、アリー派によって担ぎ出され、反旗を翻《ひるがえ》してくるやも知れない。

また、ムアーウィアもこのときすでに還暦が近かった。

老い先短い自分が死んだとき、ふたたびアリー派が勢いを取り戻し、政権を奪われてしまうのではないか？(＊05)

そうなったら、ウマイヤ家は「特権階級」でなくなるどころか、亡ぼされてしまうかもしれない。

そこで、自分の目の黒いうちに全国の総督《アミール》たちの前で「世襲」を認めさせておかなければ！

彼は、全国の総督《アミール》たちをダマスクスに集め、こう宣言しました。(A-3)

ウマイヤ朝
世襲制
これからはカリフの
地位を世襲制とする！
余の亡き後は、我が子の
ヤズィードに代を譲ろうと
思うが、モンクあるか？

ウマイヤ朝初代
ムアーウィヤ１世

(＊04) 母は、ムハンマドの娘ファーティマ。
のち、彼の子孫の中から「ファーティマ朝」の宗室が現れます。

(＊05) このあたりの歴史の流れは、豊臣政権から徳川政権への過渡期を彷彿とさせます。

・正統カリフ政権	＝	豊臣政権	・ウマイヤ朝	＝	徳川幕府
・アリー	＝	豊臣秀吉	・ムアーウィア	＝	徳川家康
・フサイン	＝	豊臣秀頼	・ヤズィード	＝	徳川秀忠

このころの日本史の動きを思い浮かべながら、以降のイスラームの歴史を紐解くと理解しやすい。時代も国も宗教も文化も価値観も違いながら「人間の行動パターンはおんなじだなぁ」と実感できます。

「皆の者、よぉく聞け！
　わしの跡は、我が子**ヤズィード**に継がせようと思うておる！
　異議ある者はおるか？　おらば、遠慮は要らん、いますぐ申し出よ！」
「遠慮は要らん」というのをマに受けてはいけません。
「異議あり。歴代、カリフの地位は長老会議の合意に拠《よ》るものと決まっている。世襲など、国家《ウンマ》の簒奪以外の何物でもない！　寝言は寝てから言ってもらおうか」などと“遠慮なく”言おうものなら、まちがいなく抹殺《まっさつ》されます。
　諸総督《アミール》は、「はは～っ！」と頭を下げるしかありません。(＊06)
　こうして、諸総督に世襲を認めさせました。
　しかし、それでもまだ安心はできません。
　アリーが、第４代正統カリフに就任したときのことを思い出してください。
　クーファ（イラク）を拠点としていたのが、アリー派。
　メッカ・メディナ（アラビア）を拠点としていたのが、アブー＝バクル派。
　ダマスクス（シリア）を拠点としていたのが、ウマイヤ派。
　この三つ巴《どもえ》を制したのがウマイヤ派だったわけですが、他の２派が消滅したわけではなく、まだ捲《けん》土《ど》重来《ちょうらい》を期し、燻《くす》ぶりつづけています。
　自分が死んだあと、ほんとうに全国の総督たちが息子のカリフ世襲を認めてくれるかどうか、情勢は予断を許さない。
　それに、ここぞとばかり、アリー派はフサイン(＊07)を、アブー＝バクル派はアブドゥッラー(＊08)を担ぎ出してくるだろう。
　しかし、かといって、ムアーウィアもこれ以上の有効な手立てを講じることも叶わぬまま、680年、この世を去ります。
　享年77歳。

(＊06) これは、家康が、将軍職の地位を譲る際、自分の死んだ後ではなく、自分の目の黒いうちに息子（秀忠）に譲位し、これにより、全国の諸大名（とくに豊臣）に対して「将軍職は徳川で世襲する」ことを認めさせた出来事を彷彿とさせます。
ちなみに、このときの家康も、ムアーウィアと同世代で還暦でした。

(＊07) アリーの長男ハサンは腰ヌケだったので、当時のアリー派からも信望なく、しかも、このときすでに死亡していたため、次男のフサインに期待が集まっていた。

(＊08) ハディージャの甥の子（ズバイル）を父に、アブー＝バクルの娘（アスマー）を母に持つ人物。
彼は、ヒジュラ後、初めて信徒の中から生まれた子供。
ムアーウィアの死後、アブー＝バクル派に担ぎ出されて、反乱を起こすことになります。

「ムアーウィア死す！」

この報は、イスラーム世界を駆け巡ります。

アリー派は、色めき立ち、ただちにアリーの次男フサインをクーファに招致し、決起を促します。

フサインもこれに応じ、わずか 80 名前後の側近・兵士を伴い、クーファを目指しました。(＊09)

ところが、この動きをいち早く察知した(＊10)ヤズィードが、先手必勝、3000 の軍を派兵すると、カルバラー(＊11)において、クーファへ進軍中のフサイン一行を発見、ただちにこれを殲滅《せんめつ》します。

じつは、これこそがあの悪名高き「**カルバラーの惨劇**」です。(＊12)

しかし、これはあまりにもひどい。

フサインと言えば、父はアリー、母はファーティマ、祖父がムハンマドという、イスラーム世界において並びなき高貴な血筋のお方。

ムアーウィヤが死んだのを
チャンスとばかりに
立ち上がろうとした矢先、
先手を取られてもぉた！
カルバラーの惨劇
アリー次男
フサイン
イブン=アリー

(＊09) 当時、フサインはウマイヤ家の手を逃れ、メッカに亡命中だったため、ここからクーファに向かうことになりました。

(＊10) いつでも「情報戦」を制した者が勝ちます。
今川軍が、2 万 5000 とも 4 万 5000 とも言われる大軍をもって尾張に押し寄せたときも、動揺が走る織田勢の中、唯一、信長だけが、冷静沈着に各方面に忍びを派遣し、情報収集に徹していました。それが桶狭間の勝利に結びつきます。
逆に、太平洋戦争中は、情報戦にまったく無頓着で、開戦前から終戦に至るまで、日本の暗号は解読されており、ダダ漏れ。しかも、日本は終戦までそれに気づかず、一度も暗号を変えなかったというお粗末ぶり。これで勝てるわけがありません。
すぐれた情報を手に入れること、こちらの情報を漏らさないことが、戦艦大和を何十隻保有することより“強力な兵器”となることすら理解できていませんでした。
「歴史に学ばない者は亡びる」という好例です。

(＊11) 現在のバグダード南西 100km のユーフラテス川中流域にある地名。

(＊12) ものの本によっては、「カルバラーの戦い」などと表記されていますが、これは「戦い」と呼べるような代物ではありませんでした。わずか 80 名前後の部隊に 3000 もの兵力で殲滅攻撃をしかける。これは、「なぶり殺し」「虐殺」と呼ぶべきものです。

　預言者ムハンマドが、生前、目の中に入れても痛くないほどかわいがっていたお孫さん。
　それをいくら政敵だったからと言っても、“一方的に惨殺”するなど、あまりにもひどすぎる、と味方陣営からすら非難が噴出したほど。(＊13)
　アリー派は、この惨劇の日(＊14)になると、彼の死を悼《いた》む殉教追悼祭(＊15)を現在に至るまで行っています。
　さて。
　こうして、アリー派は片づきました。
　つぎは、アブー＝バクル派の番です。
　ヤズィードは、さっそく**アブドゥッラー**に「銀貨の鎖」を贈ります。
　これは、「我に従え」という意味ですが、当然、アブドゥッラーは、この受け取りを拒否します。

ウマイヤ朝第２代
ヤズィード１世

(＊13) 筆者には、このヤズィードが、心の底ではイスラームなどまったく信じていなかったとしか思えません。
もし、信じていたなら、使徒ムハンマドがあれほどかわいがっていたお孫さんを惨殺しておいて、死後、あの世でどう言い訳する気だったのでしょうか。
怒り狂ったムハンマドによって、未来永劫の地獄行きの沙汰が出される、と恐れなかったのでしょうか。
ズィンミーならいざ知らず、ムスリムなら恐れおののくと思うのですが。

(＊14) イスラーム暦のムハッラム10日(ムハッラムというのはイスラーム暦の月の名)。
我々が使用しているグレゴリウス暦だと、この惨劇が起こった日は680年10月10日ですが、イスラーム暦は「純太陰暦」のため、グレゴリウス暦とは毎年10～11日ほどずつズレていきます。
したがって、彼の命日は、グレゴリウス暦では毎年10月10日にはなりません。

(＊15) アラビア語で「タァズィーヤ」または、月の名から「ムハッラム」と言います。
フサインが惨殺されたときの苦しみ、無念さを分かち合うため、喪服を着、泣き叫びながら、先にナイフが付いたチェーンなどを自分の体（おもに背中）に叩きつけ、血だらけになりながら街をねり歩く行事。
理由を知らない人が見ると、ブキミな行事ですが、じつは、その恨みを忘れないようにするための重要な宗教儀式。
1300年を超えてもなお、恨みを忘れまいとする執念深さには、正直、驚かされますが、その何千倍、何万倍もの惨劇である原爆を２つも落とさながら、アッという間にその恨みを忘れ去る日本人にも問題あり、と筆者は思います。

交渉決裂。

そこで、ヤズィード率いるウマイヤ朝軍は、ついに聖地メッカを襲撃！（＊16）

聖地を襲撃するだけでも十分バチ当たりなのですが、その上にもってきて、カーバ神殿に火を放つという暴挙に出ます。（＊17）

カーバ神殿

アブーバクルの孫/ズバイルの子
アブドゥッラー
イブン=アル=ズバイル

これには、両軍ともに動揺が走り、神罰を畏れましたが、カーバ放火からわずか 11 日後、ヤズィードが急死します。

人々は、「**カーバの呪い**」であると噂し合い、これにはウマイヤ朝軍も動揺、撤退を余儀なくされました。

それからというもの、まるでホンモノの呪いにかかったがごとく、次から次へウマイヤ家に災難が降りかかります。

ヤズィードの跡を継いだ第 3 代ムアーウィア 2 世は、在位 2 ヶ月で急死。

さらに次の第 4 代マルワーン 1 世も、わずか在位 1 年 9 ヶ月で逝去。

3 代たてつづけに短期政権がつづいたことで、「カーバを焼き払ったアッラーの怒りである」とまことしやかに噂され、それとともに、イラク・エジプトなど主要な各地総督がぞくぞくとウマイヤ朝から離反。

ウマイヤ朝の支配地域はわずかシリア周辺だけとなり、窮地に陥ります。

ウマイヤ朝の命脈も、もはやここまでか !?

（＊16）アル＝ハッラーの戦い。

（＊17）ただ、メッカ軍もウマイヤ朝軍も、どちらも「火を放ったのは敵方だ」と主張し、責任をなすりつけ合っているため、どちらが犯人かは不明。
しかしながら、状況的に言って、メッカを攻めたウマイヤ朝軍の可能性が高い。

そんなときに現れた英主、それこそが、**アブド＝アル＝マリク**（＊18）です。
事態の打開のためには、メッカ征服しかありません。

ゆけ！ハッジャージよ！

ウマイヤ朝第５代
アブド=アル=マリク

しかし、今までのような力押しではダメです。

何と言ってもメッカは聖地。

それを、投石器で雨あられ、カーバ神殿に放火、というヤズィード１世の戦略はたしかにやりすぎ。

それは、全国の総督の反発と離反を誘い、あたかも天にツバするようなものでした。

そこで、秀吉の備中《びっちゅう》高松攻めよろしく、メッカ自体には極力手を出さず、ただ包囲するのみで、兵糧《ひょうろう》を絶つ。

空腹で討って出てきた敵のみを討つ。
包囲半年、飢餓に陥ったアブドゥッラーはついに打って出てきました！（＊19）
「傷口から血はしたたれども、進みゆく足にかかることはなし！　進め！」
しかし、その気概も闘志も、猛将ハッジャージには通用しませんでした。

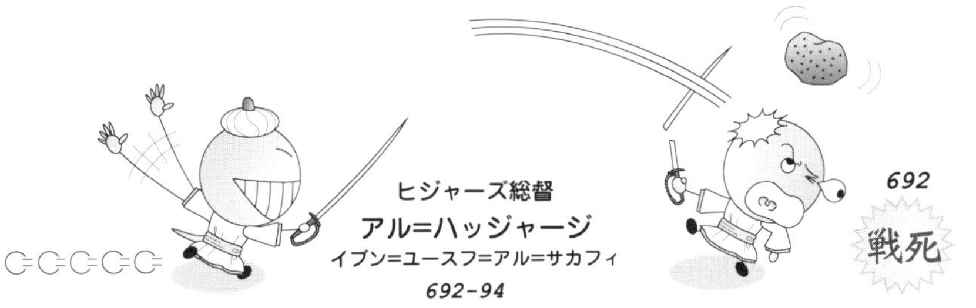
ヒジャーズ総督
アル=ハッジャージ
イブン=ユースフ=アル=サカフィ
692-94
692
戦死

（＊18）先代マルワーン１世の子。初代ムアーウィアの死後、たった５年で崩壊の危機に陥ったウマイヤ朝を安定に導いた英主。彼の代にウマイヤ朝の地盤が固まりました。
もし、第５代が“彼”でなければ、ウマイヤ朝は豊臣政権のように、事実上１代で終わっていたでしょう。

（＊19）このとき、アブドゥッラー（68歳）は、降伏か決戦かを母アスマー（100歳）に相談したと言います。その時の母の答えはこうでした。
「正しいと信ずる道を歩みなさい。今、命乞いをして生き永らえたとして、そなた、この先何年生きるとお思いか。ときに、生よりも大切なものがあるのですよ」
この言葉を聞いたアブドゥッラーは、死を覚悟して出撃します。母は強し。

第３章　ウマイヤ朝時代

第２幕

「岩のドーム」の真相

ウマイヤ朝の文化事業

ようやく政敵の一掃に成功したウマイヤ朝であったが、目の前には次なる問題がはだかっていた。異民族の統治問題である。ウマイヤ朝はあくまでも「アラブ人至上主義」を貫こうとしたため、非アラブ系ムスリムが猛反発。これは、あきらかにクルアーンの教え「アッラーを御前にしてムスリムは皆平等」に反していたからである。

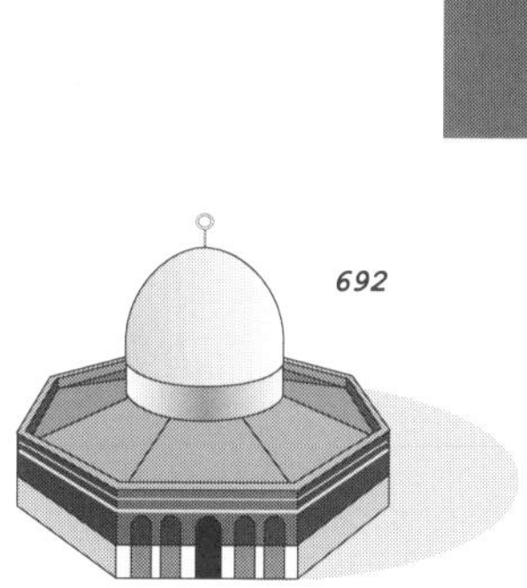
692

ならば、我々も
ペルシア文明に劣らぬ
立派な建造物を
建てればよい！
ムハンマド様が天馬に
乗って昇天した「岩」
とはコレに違いない！
ここにドームを造れ！

ムハンマドは、ある日、一夜にして
メッカからイェルサレムまでを旅した。
さらに、大天使ガブリエルの導きにより、
ある岩から天馬に乗って昇天、天界を旅し、
アッラーと対面した…と語っている。
岩のドームは、その「岩」を覆うように
建設されたもの。
ミウラージュの奇蹟
ローマ文明
692
岩のドーム
エジプト文明
…だが、
アラブ人第一主義
…をヤメるつもりはない
ムハンマド様が天馬に乗って昇天した「岩」とはコレに違いない！ここにドームを造れ！
さらに！
公用語もアラビア語にする！
الله أعلم
（アッラーのみぞ知る）
ふん！
テントに住んでる蛮族がふんぞり返りやがって！
こちとら伝統あるエジプト文明人だぞ！
てめぇらの低俗な文明とは格が違うんだ、格が！
アッラーの他に神なし
表面
ディナール金貨
ディルハム銀貨
ファルス　銅貨
カーバ神殿再建
A
B
C
D
1
2
3

俺たちはペルシア人は
きわめて高度で
伝統あるペルシア文明
の担い手なのだ！
アラブ人なんぞの
野蛮民族と一緒に
すんじゃねぇ！
くそ…
だいたいそもそも！
「神を御前にして
信者は皆平等」
ちゃうんけ～っ！
ペルシア文明
う～～～む…
イタいとこ
突かれたな…
ウマイヤ朝第５代
アブド=アル=マリク
685-705
神を御前にして
信者は皆平等なり
クルアーン
ならば、我々も
ペルシア文明に劣らぬ
立派な建造物を
建てればよい！
アラブ人第一主義
むき～～っ
文明レベルが低かろうが
イスラームの教えに反しようが
今は俺たちが支配者なんだ！
特権階級としてガッポリ
利権を行使するのが当然だ！
イスラーム独自の
金貨銀貨も発行する！
だが肖像画はなし！
クルアーンの言葉を
刻んだのだ！
ムハンマド
はアッラーの
使徒なり
裏面
：旧ノミスマ金貨を模倣
：旧ペルシア銀貨の名称を継承
：旧ビザンツ銅貨の名称を継承
④
⑤

こうして、最後の最後まで抵抗したアブドゥッラーも投石器から放たれた石が顔面に直撃して戦死、これでようやく内乱は治まりました。(＊01)

しかし、**アブド＝アル＝マリク**の前には、次なる問題がはだかります。

彼ももちろんウマイヤ家の人間ですから、当然、統治の基本政策は「アラブ人至上主義」であり、これを譲るつもりは毛頭ありません。

このためだけに、つまり支配者階級として私腹を肥やすためだけに、王朝を創建したようなものですから、ここは絶対に譲りません。

「我々アラブ人は支配者階級である。よって、特権階級として、おまえたち被支配民族(＊02)を搾取《さくしゅ》するのは当然の権利である！」と。

しかし、これが被支配民のムスリムから猛烈な反発を買うことになります。

なんとなれば、クルアーンには、

クルアーン

…とあるではないか！と。(B-4/5)(＊03)

支配者階級として異教徒《ズインミー》に特権を振りかざして搾取するのはよかろう。

しかし、信者《ムスリム》同士であるならば、アラブ人であろうが異民族であろうが、すべて平等に扱われなければならないはず。

(＊01) ちなみに、アリーが第4代正統カリフに就任したときに起こった内乱を「第1次内乱」、今回のアブドゥッラーが起こした内乱を「第2次内乱」と呼びます。

(＊02) ここでは、ペルシア人、シリア人、エジプト人たちのことです。
彼らは、それぞれペルシア文明（A-5)、ローマ文明（A-2/3)、エジプト文明（B/C-1）という、いずれも世界に冠たる高度文明の担い手で、誇り高き民族でした。

(＊03) 正確に言うと、じつは、この聖句がそのものズバリ書いてあるわけではありません。
しかし、いろいろな聖句を総合的に解釈するとかならずそうなる、ということです。
信者となれば、老いも若きも、男も女も、アラブ人も非アラブ人も平等であり、そこには何ひとつとして差別はない、と。
だから、イスラームにはモスク（教会）はあっても、そこに聖職者（神父）はいません。
信者の平等性を徹底させるためです。

にもかかわらず、異教徒《ズインミー》も改宗者《マワーリー》（＊04）もごった煮に扱うなど、神の教えに反するであろう！と。

これはもう、まったくもって議論の余地のない正論。

もし本当にクルアーンの聖句が一言一句正しいなら、ウマイヤ家の人間は、今ごろ地獄の劫火《こうか》で灼《や》かれているはずです。

さらに、彼らの反発心を助長したのが、アラブ人たちの文明レベルの低さ。

被支配民族たちの高度文明（エジプト文明・ローマ文明・ペルシア文明）に比べて、なんとアラブ文明のみすぼらしいことか。（＊05）

当然、被支配民族はアラブ人たちをこう見下します。

「この、テント暮らしのラクダ臭ぇ蛮族どもが！」(D-1)（＊06）

それが、ある日突然、その“蛮族ども”に「被支配民族」とされてしまった口惜しさ。

アラブ人第一主義
むき～～っ
文明レベルが低かろうが
イスラームの教えに反しようが
今は俺たちが支配者なんだ！
特権階級としてガッポリ
利権を行使するのが当然だ！
ふん！
テントに住んでる蛮族が
ふんぞり返りやがって！
こちとら伝統ある
エジプト文明人だぞ！
てめぇらの低俗な文明とは
格が違うんだ、格が！

（＊04）アラビア語で「マワーリー」と言います。
非アラブ人でイスラームに改宗した人たちをこう呼んで、アラブ人のムスリムと区別しようとしました。
わざわざ別の言葉を作った時点で「差別」する気満々なのがわかります。

（＊05）遊牧民は、つねに貧困と戦いつつ、移動生活を強いられるため、日々を生きていくのが精いっぱいでした。そのため、富の蓄積だの、壮健な建築物の建設だの、芸術・文学などの文化活動だのにはなかなか手が回らず、どうしても文明を高めることが困難な環境にありました。

（＊06）筆者がそう言っているのはありませんので、念のため。
当時のペルシア人やエジプト人たちが、アラブ人のことをそのように侮蔑していた、ということです。
ちなみに、ラクダはとても臭い。ラクダにとって臭さ自体が牙・爪に代わる武器だから。

このように、
「理念」の上では、高らかに「信者は皆平等である」と謳《うた》っているのに、
「政治」の上では、アラブ人だけが特権を保有し、被支配民族は虐《しいた》げられ、
「現実」を見れば、どう贔屓《ひいき》めに見ても被支配民族の方が高度文明。

まったく３つが３つともバラバラという「事実」。（＊07）

このチグハグさが混乱を助長させます。

そこで、アブド＝アル＝マリクは考えます。

「アラブ人至上主義を改めるつもりは毛頭ない。しかし、せめて、我々の文明レベルを高め、ヤツらに負けない高度文明を築くことで、少しはバランスを保とう」と。

こうして、ぞくぞくと**文化事業**が行われました。

まずは、公用語はアラビア文字とします。(C-2)

また、通貨は独自通貨を発行します。（＊08）

ただ、貨幣の刻印はふつう人の顔であることが多い中、ただ告白文を刻むのみ、というところが、いかにもイスラームらしいところ。(C/D-3)

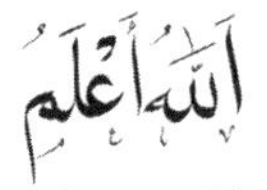
（アッラーのみぞ知る）

アッラーの他に神なし
表面
裏面
ムハンマドはアッラーの使徒なり

（＊07）このように「理念」と「政治」が乖離する国家は、どうしてもムリがあり、混乱に拍車をかけることになりますので、長続きすることはまずありません。
江戸時代、「理念」上は“士農工商”。でも「政治」上は“士商工農”。そして「現実」は“商士工農”。
現代日本でも、「理念」上は“国民が第一”、でも「現実」は……。
時代劇で、悪代官が「越後屋、そちもワルよのぉ…クックックッ…」というシーンがありますが、あれ、時代劇の中だけの絵空事だと思ってないでしょうね？

（＊08）ディナール金貨は、ビザンツ帝国のノミスマ金貨を模倣、銀貨は旧ペルシア帝国のディルハム銀貨を模倣。なんだかんだと背伸びしてみたところで、被支配民族の文明の“借り物”であるところがせつない。

そして、何と言っても“荘厳な建築物”の創建は欠かせない。

そこでアブド＝アル＝マリクが目を付けたのが、ひとつの「岩」。

この「岩」を取り囲むようにしてドームを建設します。

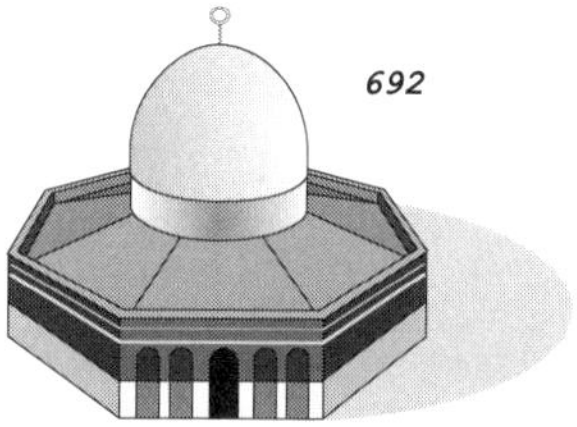

これがあの有名な「**岩のドーム**」です。

これについて、少し敷衍《ふえん》が必要でしょうか。

じつは、まだムハンマドがご存命であったある日のこと。

ムハンマドが朝起きてきて、こんなことをおっしゃったことがありました。

「いやぁ、じつはな、昨晩、私は天馬ペガサス（＊9）に跨《またが》り、ひとっとびに飛んで、聖地イェルサレムまで行って帰ってきたんだよ」と。（＊10）

まぁ、ここでふつうなら、「はぁ、そうですか。それはたのしい夢を見ましたね」で終わるところ。

ところが、そこがムスリム。

それを聞いたアブー＝バクルは、ただちに、「すべて“客観的事実”として信じます！」と言ったという。（＊11）

いやいやいやいや、そこは聞き流そうよ。

（＊9）読者がイメージしやすいように「ペガサス」と書きましたが、正確には「ブラーク」と呼ばれる天馬。「翼の生えた馬」という点はペガサスと似ていますが、ブラークの方は、胴は馬だが、顔は人間。それも、冠をかぶった女性。我々日本人が見ると、人面魚を見たときのような、ちょっとブキミさを感じます。ちなみに尾は孔雀。

（＊10）ムハンマドがひとっとびに飛んだという、メッカからイェルサレムまで、直線距離にして約1240km。ピンと来ない方のために日本列島で譬えると、直線距離で函館（北海道）から福岡（九州）を結んだくらいの距離です。新幹線が全速でブッ飛ばしても、往復10時間はかかろうかという距離になります。

（＊11）ちなみに、この奇蹟のことを「アル＝イスラー」と言います。
これにより、アブー＝バクルは、この荒唐無稽な話を「すぐに信じた者」という意味で、ムハンマドから「アル＝スィッディーク」という称号が与えられました。

それはそれとして。

その後、ムハンマドは、近くの岩から天馬に乗って、ピョ〜ンと天に向かって飛び立ち、天界に行ってきた、という。(＊12)

そこでは、天国や地獄を観光し、イエスやモーセなどの過去の預言者たちと会い、語らい、また、アッラーにも拝謁できた、と。

じつは、こうした背景があったため、第2代正統カリフ・ウマールがイェルサレムを征服したとき、彼が何よりも先に捜させたものが、ムハンマドが天に駆け昇ったという「岩」でした。

イェルサレム市街の中に、それらしい「岩」を“発見”すると、「これだっ！これこそが**ミウラージュ**の岩に違いないっ！」となりました。(＊13)

その「岩」に目をつけたアブド＝アル＝マリクが、この岩を覆うようにして築いた荘厳な建造物こそが「岩のドーム」(A/B-2) というわけです。

ならば、我々も
ペルシア文明に劣らぬ
立派な建造物を
建てればよい！
ムハンマド様が天馬に
乗って昇天した「岩」
とはコレに違いない！
ここにドームを造れ！

こうして、つぎつぎと文化事業を起こし、支配者階級としての面目を保とうとしたアブド＝アル＝マリク。

しかし、しかし。

ムハンマドが「信者《ムスリム》の貴重な財をムダにする」「その富あるならば、貧しき者に喜捨《ザカート》せよ」と豪華な建造物の建立を禁止していた、という事実を忘れてはなりません。

こうして、またひとつ、またひとつと、神の教えを破っていく彼らのゆく先に、ほんとうに天国は待っているのでしょうか。

(＊12) これを「ミウラージュの奇蹟」と言います。ただし、異教徒たちは「ただの夢」と言います。

(＊13) ちなみに、このとき、その岩を「ミウラージュの岩」だと断定した根拠、というのが「イェルサレムにあった“それらしい岩”だから」というもの。もう、その一点。
でも。コマったことに、当時、あのあたりは、あっちこっち、それこそ岩だらけだったんですけど…。

第３章　ウマイヤ朝時代

第３幕

激減する税収　そのワケは…

ウマイヤ朝の税制改革

こうして、体面のため、つぎつぎと文化事業を起こしたアブド＝アル＝マリク。もちろん、それには莫大な支出がいるのだが、じつはその反面、税収は激減しつつあった。財政破綻《はたん》から逃れるためには、税制改革は避けられないものとなっていたが、ここでも「アラブ人至上主義」が王朝の行く末に暗い影を落とすことになる。

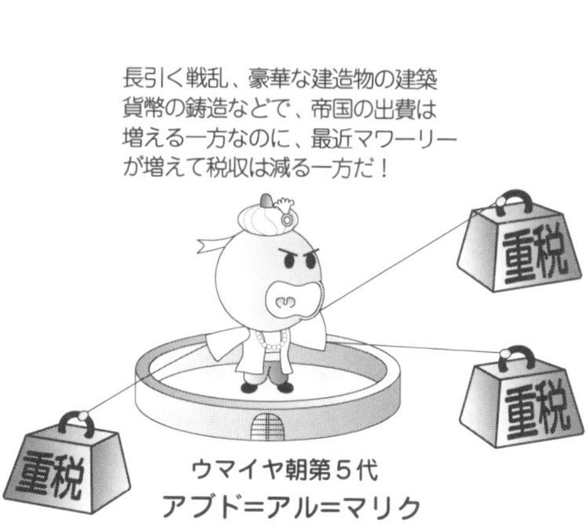
長引く戦乱、豪華な建造物の建築
貨幣の鋳造などで、帝国の出費は
増える一方なのに、最近マワーリー
が増えて税収は減る一方だ！
重税
重税
重税
ウマイヤ朝第５代
アブド=アル=マリク

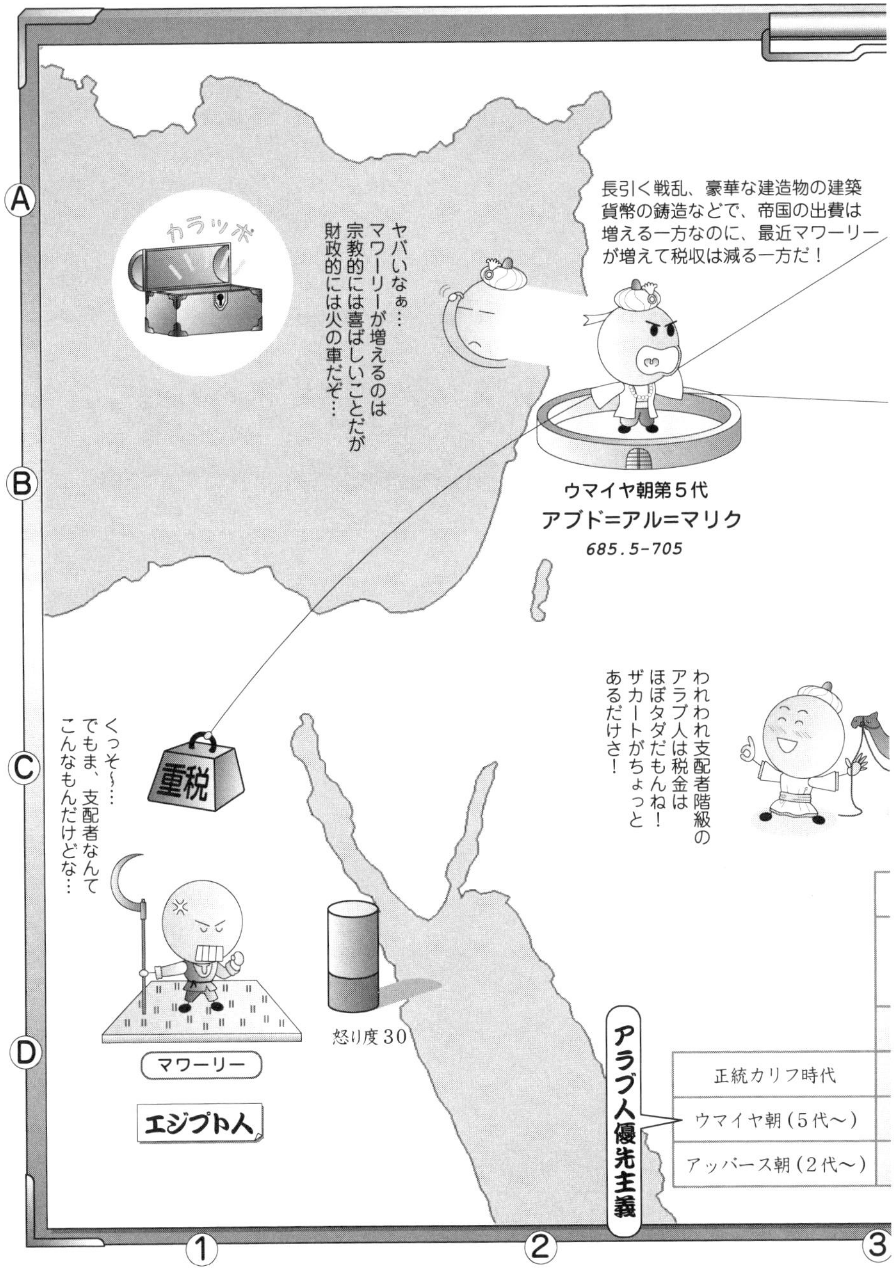
A
B
C
D
1
2
3
カラッポ
ヤバいなぁ…
マワーリーが増えるのは
宗教的には喜ばしいことだが
財政的には火の車だぞ…
長引く戦乱、豪華な建造物の建築
貨幣の鋳造などで、帝国の出費は
増える一方なのに、最近マワーリー
が増えて税収は減る一方だ！
ウマイヤ朝第５代
アブド=アル=マリク
685.5-705
われわれ支配者階級の
アラブ人は税金は
ほぼタダだもんね！
ザカートがちょっと
あるだけさ！
くっそ～…
でもま、支配者なんて
こんなもんだけどな…
重税
怒り度30
マワーリー
エジプト人
アラブ人優先主義
正統カリフ時代
ウマイヤ朝（5代～）
アッバース朝（2代～）

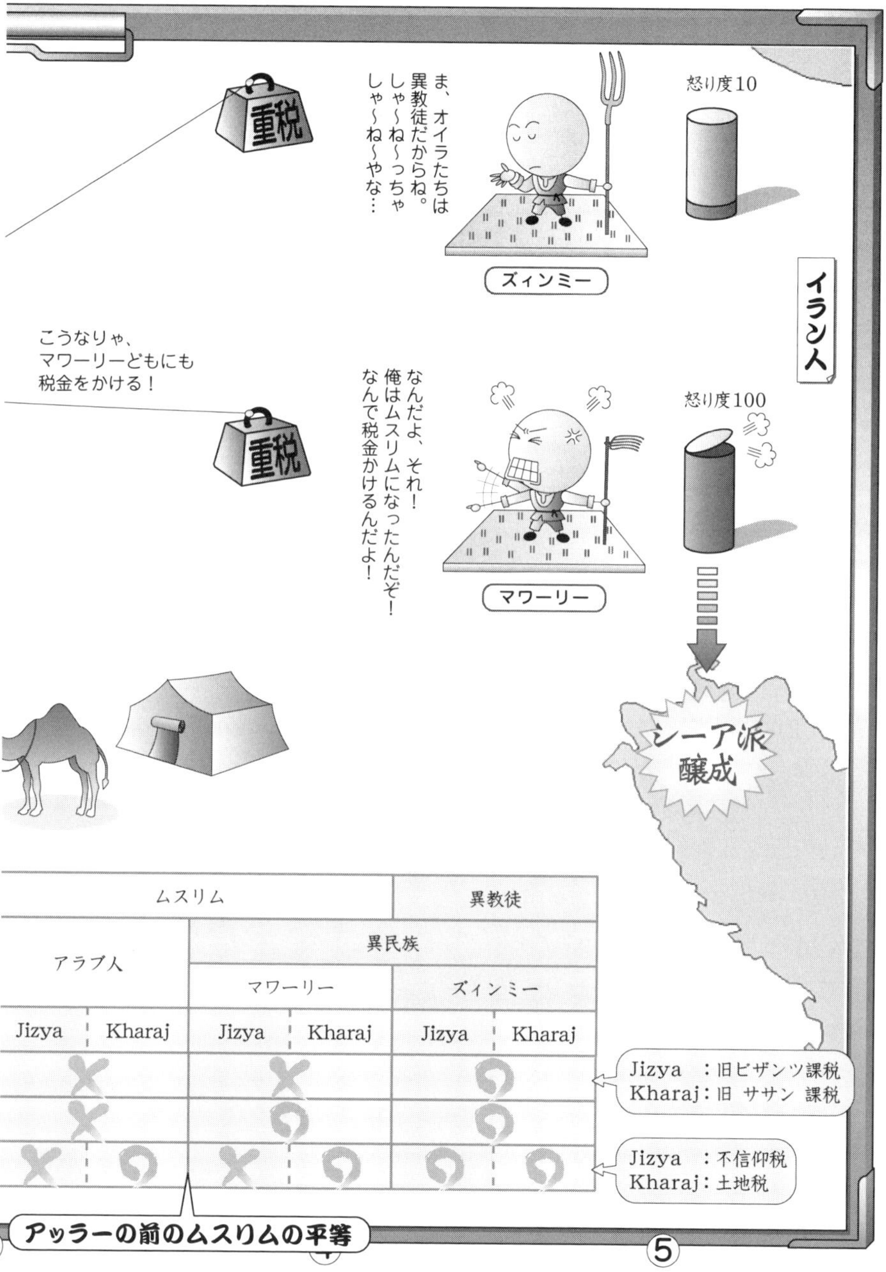
重税
ま、オイラたちは異教徒だからね。しゃ～ね～っちゃしゃ～ね～やな…
怒り度10
ズィンミー
イラン人
こうなりゃ、マワーリーどもにも税金をかける！
重税
なんだよ、それ！俺はムスリムになったんだぞ！なんで税金かけるんだよ！
怒り度100
マワーリー
シーア派醸成

ムスリム				異教徒	
アラブ人		異民族			
		マワーリー		ズィンミー	
Jizya	Kharaj	Jizya	Kharaj	Jizya	Kharaj
×		×		○	
×		○		○	
×	○	×	○	○	○

Jizya　：旧ビザンツ課税
Kharaj：旧 ササン 課税

Jizya　：不信仰税
Kharaj：土地税

アッラーの前のムスリムの平等

⑤

アブド＝アル＝マリクの文化事業は膨大な支出となっていましたが、じつは、税収は年々減ってきていました。

それは、イスラームの宗教的理由に根差していました。

彼らの分類では、人間には「信者」か「非信者」かの２種類しかいません。

そして、それをそれぞれ「ムスリム」「ズィンミー」と呼びます。

さらに細分化すると、ムスリムにも２種類あり、それが「アラブ人ムスリム」と「異民族ムスリム」。後者を「マワーリー」と呼びます。（下図参照）（D-3/4）

	ムスリム				異教徒	
	アラブ人		異民族			
			マワーリー		ズィンミー	
	Jizya	Kharaj	Jizya	Kharaj	Jizya	Kharaj
正統カリフ時代	×		×		○	
ウマイヤ朝（5代～）	×		○		○	
アッバース朝（2代～）	×	○	×	○	○	○

正統カリフ時代、まだムハンマドの教えは生きており、「**アッラーを御前《みまえ》にして信者《ムスリム》は皆平等**」という基本理念は正しく貫かれていたため、アラブ人であろうが、異民族であろうが、ムスリムであれば平等に扱われ、彼らにジズヤ・ハラージュ（＊01）の支払い義務はありませんでした。

もちろん、異教徒《ズィンミー》たちは払っています。

逆に言えば、国家《ウンマ》の運営費用はズィンミーの双肩にかかっているのであって、ムスリムたちは彼らに養ってもらっている状態でした。

しかし、イスラームがこの地（＊02）を支配するようになって半世紀が過ぎると情勢も変わってきます。

（＊01）前にもご説明いたしましたように、このころは「人頭税」「土地税」の意味はありません。
旧ビザンツ帝国領に課された税を「ジズヤ」、旧ササン朝領に課された税を「ハラージュ」と呼び分けていただけにすぎず、本質的な違いはありません。

（＊02）もちろん、旧ビザンツ帝国領と、旧ササン朝領のことです。

イスラームがこの地を支配したばかりのころは、その警戒心と反発から、「税金を払ってでもイスラームなんかに転んで(＊03)たまるか！」という者がほとんどでした。

そのうえ、イスラームの課す税金は、旧支配者(＊04)より安かったから、なおさらです。

ところが、それから時が過ぎ、半世紀もすると、イスラーム侵攻時に生きていた人たちはほとんど死に絶え、物心ついたときには「イスラームこそが正義」という環境の中で育った者たちばかりになり、自然と、イスラームに対する反発も和らいできます。

そうなれば、「ただムスリムに転ぶだけで“トラより恐い(＊05)”税金がタダ同然になる」(＊06)というのは、あまりにもおいしすぎます。

われわれ支配者階級の
アラブ人は税金は
ほぼタダだもんね！
ザカートがちょっと
あるだけさ！

そのような背景により、ちょうどこのころから、イスラームへの改宗者《マワーリー》が爆発的に増えはじめ、相対的に異教徒《ズインミー》の数が激減してきました。

(＊03)「改宗する」を意味する俗語。ただし、本人にとって不本意なもので、外からの圧力による強制的な改宗というニュアンスが込められます。

(＊04) ビザンツ帝国とササン朝のこと。

(＊05)「苛政は虎よりも猛し」という中国の故事より。
墓の前で泣き崩れている老婆に、孔子がワケを尋ねると「父・夫・子が虎に食い殺され、とうとう私一人ぽっちになってしまいました」という。
重ねて「なぜ町へ引っ越さぬ？」と問うと、「ここには重税がないですから」と答えたという故事。

(＊06) たとえジズヤ・ハラージュを払わなくてよくなったとしても、税金がまったくタダになるというわけではありませんでしたが、それでも「タダ同然」の格安になりました。

宗教的に見れば、ムスリムの数は激増するわけで、悦《よろこ》ばしいかぎりのはずですが、国家財政を鑑《かんが》みると、異教徒《ズインミー》が減ることは「税金を納める人口」が激減することに直結しますので、これは一大事です。

そこで、アブド＝アル＝マリクは、税制改革の決行を決意します。

当時、税金逃れのために急増していたマワーリーに、ズィンミー同様の税をかけることにします。(D-4)

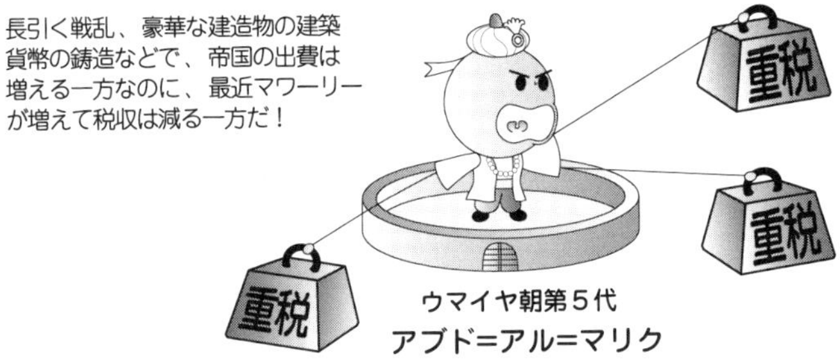
長引く戦乱、豪華な建造物の建築
貨幣の鋳造などで、帝国の出費は
増える一方なのに、最近マワーリー
が増えて税収は減る一方だ！
重税
重税
重税
ウマイヤ朝第５代
アブド=アル=マリク

またしても「神を御前にして信者は皆平等」のイスラーム原則は無視され、マワーリーたちは“差別待遇”を受けることになりました。

ところが、ここで不思議な現象が起こります。

同じマワーリーでも、イラン人とエジプト人では反応に相違が現れたのです。

じつは、イラン人が激怒した（B-4/5）とのとは対照的に、エジプト人からは思ったほどの反発も起きなかったのです。(D-1)

なぜか。

じつは、これには歴史的背景が絡んでいます。

エジプト人たちが異民族によって支配されるようになったのは、なにも今に始まったことではありません。

なんと、ここに至るまで、紀元前より 700 年以上の永きにわたって脈々とローマ人という異民族の支配下に甘んじてきたのでありました。

700 年という歳月は途方もなく長い。(＊07)

その700年という長い期間にわたり被支配民族でありつづけたエジプト人たちはもはや骨の髄まで“隷属根性”ともいうべきものが染み込んでしまっており、支配者の横暴・圧政には慣れっこになってしまっていました。

それにくらべて、イラン人は、有史以来、異民族の支配下に甘んじたことはほぼなく（＊08）、ついこの間までササン朝という、イラン人の独立王朝のもとにあり、高度文明を築きあげていた誇り高き民族でした。

要するに、エジプト人のように異民族に支配されることに慣れていません。

だから、理不尽な仕打ちを受けると、すぐにその怒りを爆発させます。

この怒りこそが、やがて、イスラームの大きな分裂を生むことになっていくわけですが、そのことについては、次幕にて。

（＊07）日本で700年以上前というと、鎌倉時代。まだ幕藩体制が始まったばかりのころ。

（＊08）「まったくない」というわけでもありません。紀元前4世紀半ばから前3世紀半ばごろまでの約100年間だけは、マケドニア人の支配下に甘んじていました。
具体的には、アレクサンドロス帝国からセレウコス朝まで。

Column 「もし初代カリフが…」

使徒ムハンマドが臨終の際、「アリーを後継者に」と遺言したという説があります。もし、それが本当なら、預言者の発言なのですから、当然、アッラーの御意志そのものに他ならないことになります。

にもかかわらず、アーイシャがそれを握りつぶした、とも。

アリーと言えば、ハディージャの次に信者となった敬虔《けいけん》なるムスリムであり、血統も申し分なく、ムハンマド様から絶大な信頼があり、武芸にすぐれ、智慧《ちえ》もあり、誠実で、人望も厚かった。

ムハンマドが彼を後継者に遺言したというのも、もっともなことです。

もし、彼が初代カリフだったなら、老人カリフが３代もつづくことで、国家創成期の不安定な中、コロコロとトップが入れ替わることもなかったし、それにより政策がブレることもなかったでしょう。

そうなれば、当然、ウスマーンが暗殺されることもなく、駱駝《らくだ》の戦いも、スィッフィーンの戦いも、ナフラワーンの戦いも起きることなく、ハワーリジュ派も、のちのスンニ派・シーア派の分裂も起こらず、ムスリム同士で大量殺戮《さつつく》が行われることもなかったでしょう。

さらに、アリーの治世は、40 年前後のかなりの長期政権になったはず。

国家というのは、その創成期の地盤固めが一番重要。

この重要な時期に、ムスリム最古参のアリーのもと、40 年にわたって、ブレない、一貫した統治が行われたなら、人類史上、例を見ない強大で強固な“地上の楽園”がごとき教団国家として安定を見たでしょう。

さて。そうして振り返って鑑《かんが》みるに。

それをすべて見越した上で、アッラーはムハンマドに啓示を与え、「アリーを後継者に」と遺言させたのでしょうか !?

だとしたら、なんたる慧眼《けいがん》！　いやいや、さすがは全智全能！

でも。もしそうだとすると、今度は。

アッラーは、自分の意志が一介の小娘アーイシャによって握りつぶされることを阻止できなかったことになってしまいますけど…。

第3章 ウマイヤ朝時代

第4幕

決定的な分裂、いったい何が違うのか？

スンニ派とシーア派

すでに第4代正統カリフ・アリーのころからその兆しはあった。しかし、その燻《くす》ぶりに、ウマイヤ朝の徹底した「アラブ人至上主義」政策が火を注ぎ、ついにイスラームに決定的に大きな分裂を生むに至った。その主流派を「スンニ派」、傍流派を「シーア派」と呼ぶ。本幕ではこの2派の特徴の違いを詳細に見ていくことにする。

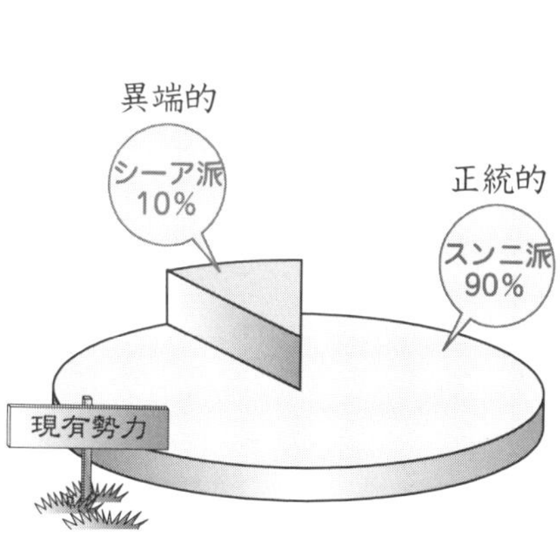

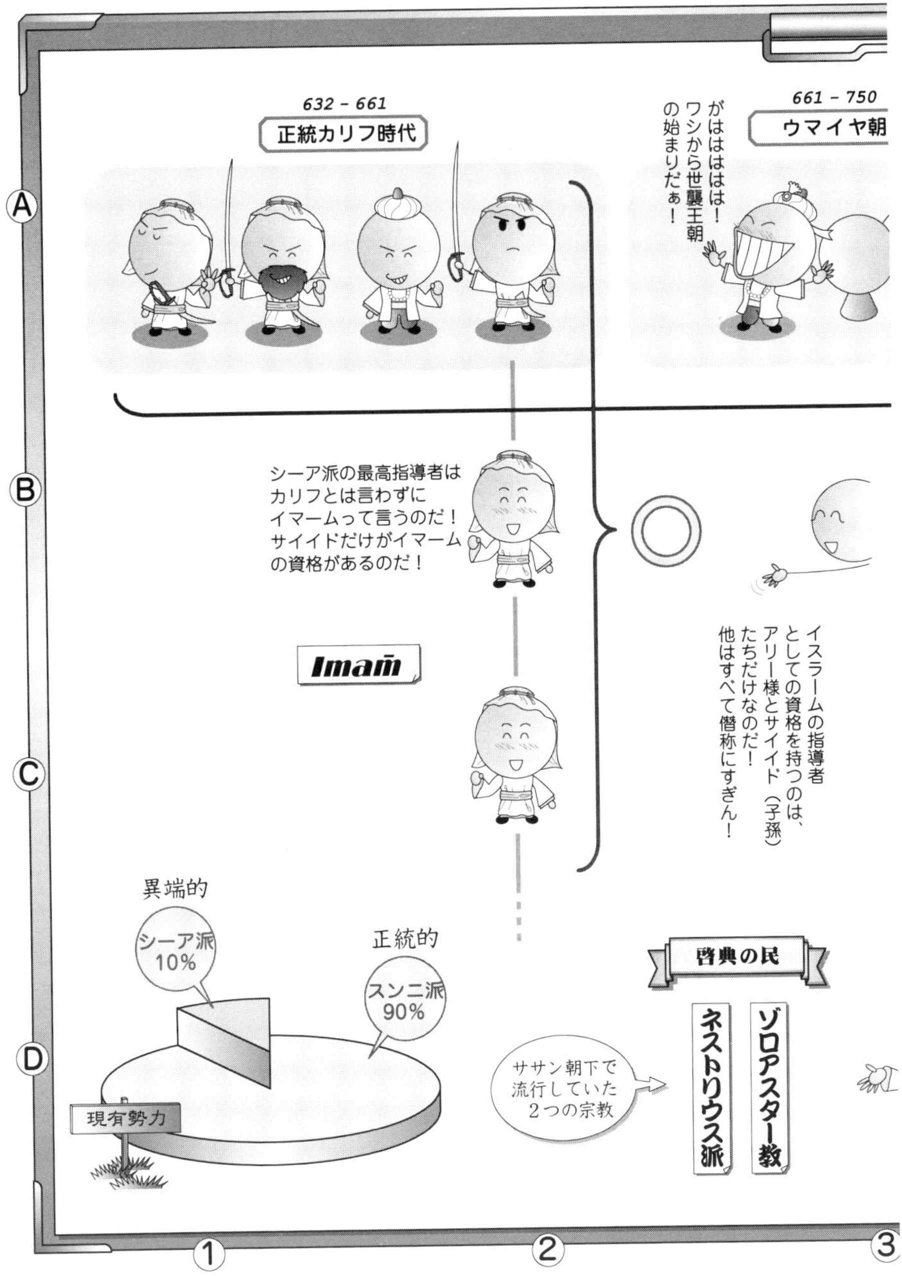
632 – 661
正統カリフ時代
661 – 750
ウマイヤ朝
がはははは！
ワシから世襲王朝
の始まりだぁ！
シーア派の最高指導者は
カリフとは言わずに
イマームって言うのだ！
サイイドだけがイマーム
の資格があるのだ！
Imam
イスラームの指導者
としての資格を持つのは、
アリー様とサイイド（子孫）
たちだけなのだ！
他はすべて僭称にすぎん！
異端的
シーア派
10%
正統的
スンニ派
90%
現有勢力
ササン朝下で
流行していた
２つの宗教
啓典の民
ゾロアスター教
ネストリウス派
A
B
C
D
1
2
3

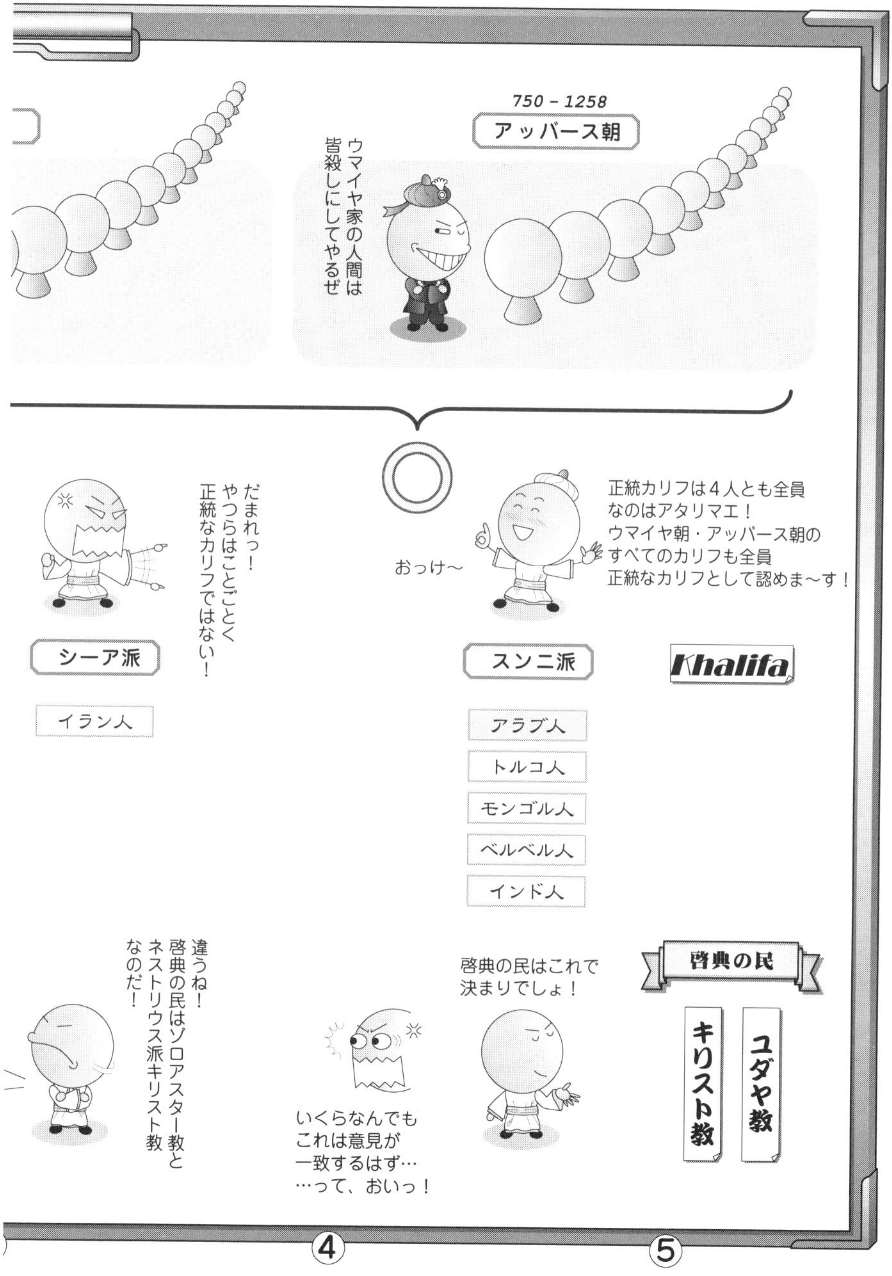
750－1258
アッバース朝
ウマイヤ家の人間は
皆殺しにしてやるぜ
だまれっ！
やつらはことごとく
正統なカリフではない！
おっけ～
正統カリフは４人とも全員
なのはアタリマエ！
ウマイヤ朝・アッバース朝の
すべてのカリフも全員
正統なカリフとして認めま～す！
シーア派
イラン人
スンニ派
アラブ人
トルコ人
モンゴル人
ベルベル人
インド人
Khalifa
違うね！
啓典の民はゾロアスター教と
ネストリウス派キリスト教
なのだ！
いくらなんでも
これは意見が
一致するはず…
…って、おいっ！
啓典の民はこれで
決まりでしょ！
啓典の民
ユダヤ教
キリスト教
④
⑤

組織というのは、強烈なカリスマ[＊01]を持つ創業者によって運営されたとき、常識はずれなほどの偉大な成果をもたらすことがあります。

「意見の多様性」を許さず、指導者の意志に統一され、組織全体に一糸乱れぬ整然とした動きが可能になるからです。

しかし、そのカリスマが亡くなったときが第一の試練となります。

そこに「意見の多様性」が萌芽《ほうが》するからです。

ただし、それも創業者の直弟子たちが生きている間は、まだなんとか持ちこたえることもたやすい。

「さにあらず！　創業者はこう言われた！　そなたたちの意見は間違いだ！」

と、創業者のカリスマを拝借して一喝、「意見の多様性」を封じ込めることが可能だからです。

問題は、直弟子たちが死に絶えたときです。

ちなみに、ウマイヤ朝の初代ムアーウィアは、まだムハンマドの直弟子でしたが、息子のヤズィードは、ムハンマドの死後生まれた子です。

いわば、ここがひとつの“境目”となっているわけですが、「分裂」の始まりと言ってもよい「カルバラーの惨劇」は、そのヤズィード1世が即位した、まさにその年（680年）に起こります。

その後は、アブドゥッラーの乱、ムフタールの乱、と反乱がつづき、その中から本流を除く最大派閥**「アリー派」**が生まれます。

（＊01）「予備校講師のカリスマ」だの「美容師のカリスマ」だの、最近、「カリスマ」という言葉が、単に「熟練者」程度の意味で濫用されています。

(筆者も、以前テレビ出演したとき「カリスマ予備校講師」と紹介されました)

「カリスマ」をあえて噛み砕いて説明すると、「その人がいるだけで、まわりの者に圧倒的な存在感・威圧感を与え、ひとたびその人が発言すれば、その内容の正邪にかかわらず、問答無用で平伏・納得せざるを得なくなるような、強烈な説得力・雰囲気をもつ性質、またはそういう人」のことを言います。

歴史を紐解けば、多くの教祖・独裁者が持つ資質で、カリスマがどんなに大ウソをついても、それを聞いた人は無検証・無条件に「この人の言っていることは正しい」と思い込まされてしまいます。

A. ヒトラーなどは好例で、彼の言っていることは冷静に論理的に解析すればメチャクチャなのですが、その演説をナマで聴かされた当時のドイツ国民は、一斉に無検証で盲信してしまったのです。ここがカリスマの恐ろしいところです。

では、本流の「スンニ派(＊02)」と、そこから枝分かれした傍流の「シーア派(＊03)」とは、何がどう違うのでしょうか。

カンタンに申し上げれば、シーア派は、「イラン人のイラン人によるイラン人のためのイスラーム派」という感じです。

だから、原則として、シーア派の支持民族はイラン系のみで、それ以外のすべての民族はスンニ派支持です。(C-4/5)(＊04)

さらに、もともとイスラームは、同じ神を信仰する(＊05)ユダヤ教徒とキリスト教徒を「**啓典の民**」として、その他の多神教徒と区別していましたが (D-5)、シーア派はこれをイラン人の信者が多い「ゾロアスター教とネストリウス派キリスト教」だと主張するようになります。(D-2/3)

(＊02)「スンナ派」とも言います。慣習的に「派」を付けて呼ばれていますが、あくまで「本流」であって、「派」という意味があるわけではありません。

(＊03) 元々は「アリー派（シーア・アリー）」と呼ばれた人たち。
やがて、それが略されて、単に「シーア」と言えば、「アリー派」を指すようになりました。
したがって、厳密に解釈すれば、「シーア派」というのは「派・派」となってしまい、誤表現となりますが、慣習的にこう呼ばれます。

(＊04) もちろん何事にも例外はあります。ファーティマ朝などは、支配者はアラブ系、国民はベルベル系でしたが、シーア派を国教としていました。

(＊05) ユダヤ教の信仰する「ヤハヴェ」、キリスト教の「ジーザス」、イスラームの「アッラー」は、呼び方が違うだけで、全員同じ神様です。

さらに、全ムスリムの指導者たる「**カリフ**(＊06)」は誰を正統として認めるか、についても相違があり、スンニ派の人々は、

① 正統カリフ時代の　　歴代 4 人のカリフ全員
② ウマイヤ朝時代の　　歴代 14 人のカリフ全員
③ アッバース朝時代の　歴代 55 人のカリフ全員

をすべて正統なカリフとして認めていますが（B-4/5）、シーア派は、第 4 代正統カリフのアリーとその子孫(＊07)以外を一切認めません。(B-2)

かように、シーア派は、「イラン人たちが自分たちの社会・価値観・文化にマッチさせた、イラン人専用イスラーム」と呼ぶべきもの(＊08)なので、現在、イランとその周辺（イラク・アゼルヴァイジャンなど）以外の人はほとんど信仰していません。

現有勢力で言うと、全ムスリムの 90% までがスンニ派、残りの 10% がシーア派、といった感じです。

(＊06) その後、スンニ派とシーア派に分裂すると、「カリフ」はスンニ派だけのトップとなり、シーア派のトップは「イマーム」と呼ばれるようになります。ただし、この「カリフ」「イマーム」の語義については、その時代や立場によって意味やニュアンスが複雑に変化するため、本書では単純化して、上の意味で用語を使用していると思ってください。

(＊07) 彼らのことを「サイイド」と言います。よく参考書などでも「サイード」と誤記されているものが多いですが「サイード」と「サイイド」はまったく別物です。
これについては、次幕にて後述します。

(＊08) イラン人は、仏教を取り入れたときも、これを「イラン流」に新解釈し、それが「大乗仏教」を生みました。どうやらイラン人は、異民族宗教を自分たちの社会・価値観にマッチさせるのが得意なようです。

第3章 ウマイヤ朝時代

第5幕

続々と生まれる派閥の論理

系図から見るシーア派

イスラーム本流から枝分かれしたシーア派。しかし、彼らは、アリー家の誰を「イマーム」とするかで意見が分かれ、分裂は避けられない宿命にあった。本家の十二イマーム派から、カイサーン派、ザイド派、イスマーイール派などがつぎつぎ枝分かれしていったが、これを理解するためには、アリー家の系図の理解が必須となる。

初代 イマーム
アリー1世
アリー妻
ファーティマ
ビント=ムハンマド
カリフ
第2代 イマーム
ハサン1世
第3代 イマーム
フサイン

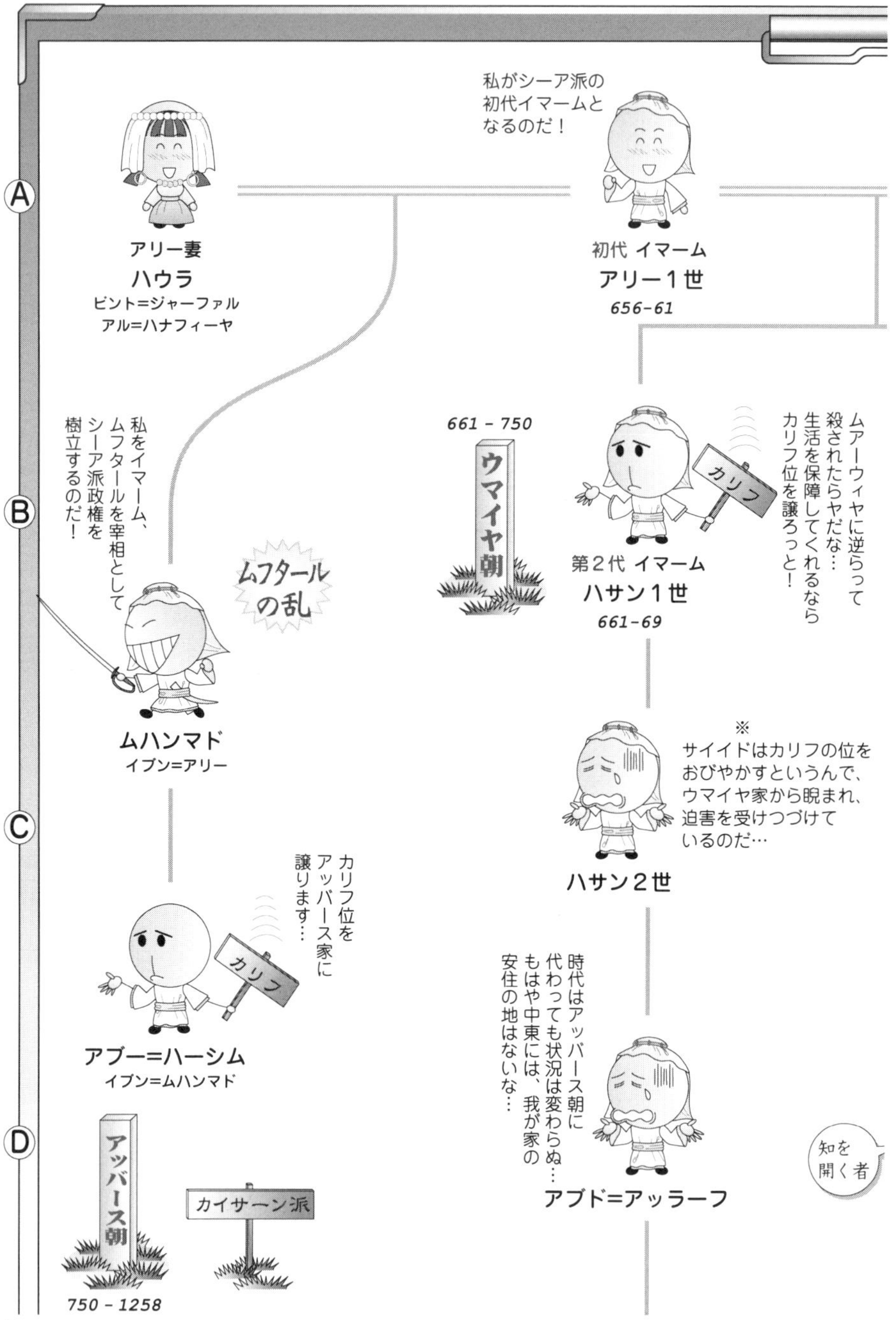

A
B
C
D
私がシーア派の初代イマームとなるのだ！
アリー妻
ハウラ
ビント=ジャーファル
アル=ハナフィーヤ
初代 イマーム
アリー1世
656-61
ムアーウィヤに逆らって殺されたらヤだな…生活を保障してくれるならカリフ位を譲ろっと！
カリフ
661 - 750
ウマイヤ朝
第2代 イマーム
ハサン1世
661-69
私をイマーム、ムフタールを宰相としてシーア派政権を樹立するのだ！
ムフタールの乱
ムハンマド
イブン=アリー
※
サイイドはカリフの位をおびやかすというんで、ウマイヤ家から睨まれ、迫害を受けつづけているのだ…
ハサン2世
カリフ位をアッバース家に譲ります…
カリフ
アブー=ハーシム
イブン=ムハンマド
時代はアッバース朝に代わっても状況は変わらぬ…もはや中東には、我が家の安住の地はないな…
アブド=アッラーフ
知を開く者
アッバース朝
カイサーン派
750 - 1258

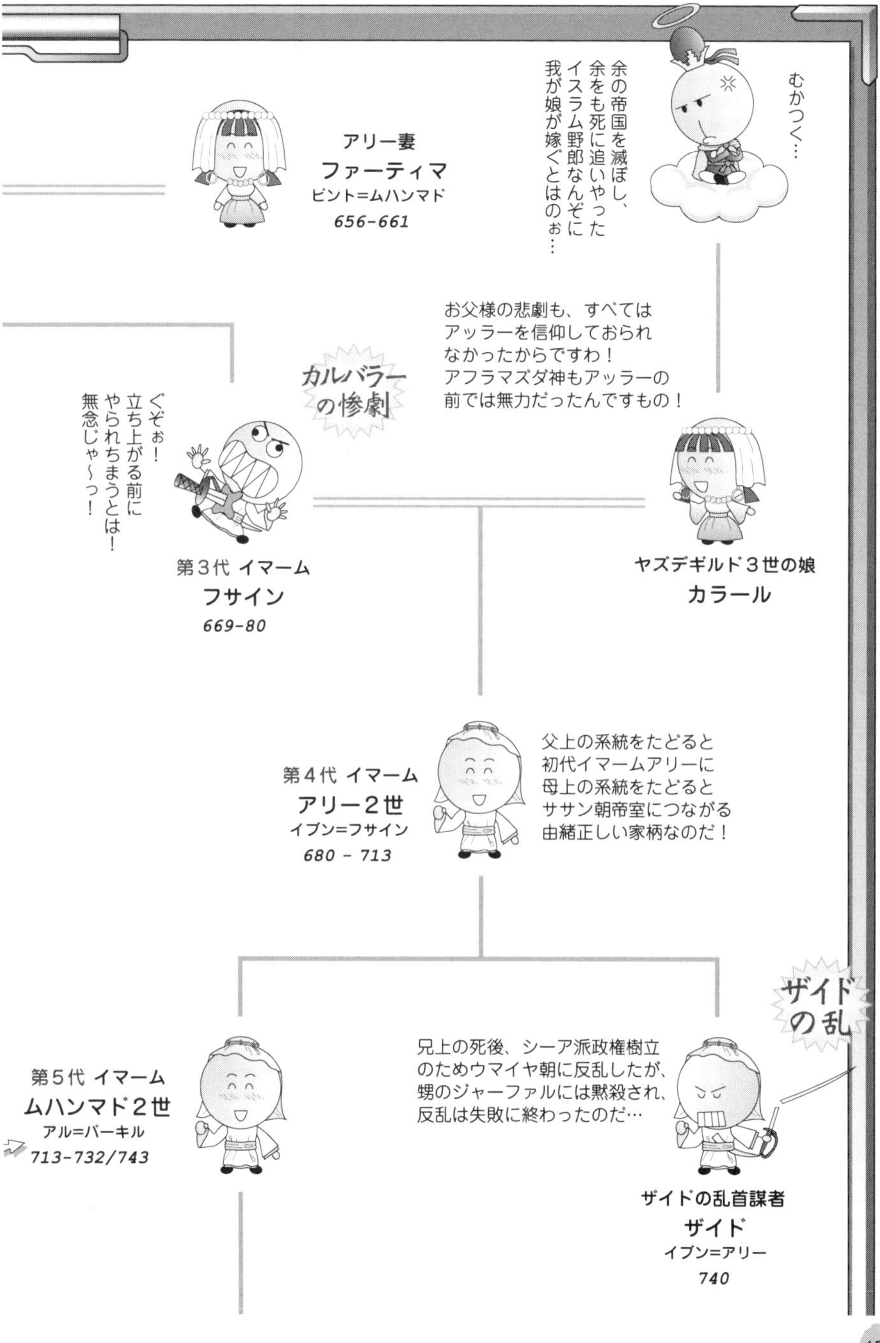
むかつく…
余の帝国を滅ぼし、余をも死に追いやったイスラム野郎なんぞに我が娘が嫁ぐとはのぉ…
アリー妻
ファーティマ
ビント=ムハンマド
656-661
お父様の悲劇も、すべてはアッラーを信仰しておられなかったからですわ！
アフラマズダ神もアッラーの前では無力だったんですもの！
カルバラーの惨劇
ぐぞぉ！
立ち上がる前にやられちまうとは！
無念じゃ～っ！
第３代 イマーム
フサイン
669-80
ヤズデギルド３世の娘
カラール
第４代 イマーム
アリー２世
イブン=フサイン
680 - 713
父上の系統をたどると初代イマームアリーに
母上の系統をたどるとササン朝帝室につながる由緒正しい家柄なのだ！
ザイドの乱
第５代 イマーム
ムハンマド２世
アル=バーキル
713-732/743
兄上の死後、シーア派政権樹立のためウマイヤ朝に反乱したが、甥のジャーファルには黙殺され、反乱は失敗に終わったのだ…
ザイドの乱首謀者
ザイド
イブン=アリー
740

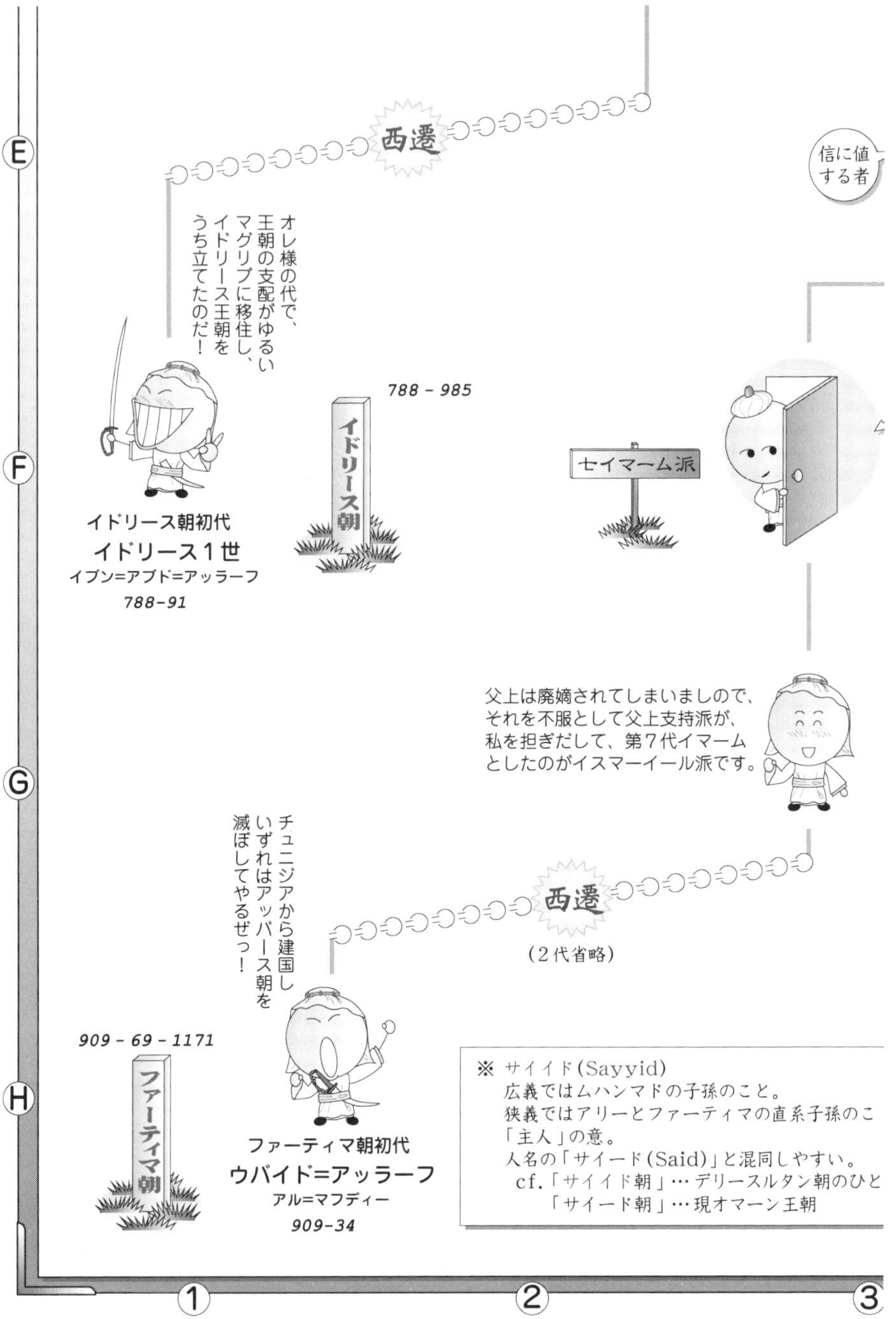
西遷
信に値する者
E
オレ様の代で、王朝の支配がゆるいマグリブに移住し、イドリース王朝をうち立てたのだ！
788 - 985
イドリース朝
セイマーム派
F
イドリース朝初代
イドリース１世
イブン=アブド=アッラーフ
788-91
父上は廃嫡されてしまいましので、
それを不服として父上支持派が、
私を担ぎだして、第７代イマーム
としたのがイスマーイール派です。
G
チュニジアから建国しいずれはアッバース朝を滅ぼしてやるぜっ！
西遷
（２代省略）
909 - 69 - 1171
ファーティマ朝
H
ファーティマ朝初代
ウバイド=アッラーフ
アル=マフディー
909-34
※ サイイド(Sayyid)
広義ではムハンマドの子孫のこと。
狭義ではアリーとファーティマの直系子孫のこ
「主人」の意。
人名の「サイード(Said)」と混同しやすい。
cf.「サイイド朝」…デリースルタン朝のひと
「サイード朝」…現オマーン王朝
1
2
3

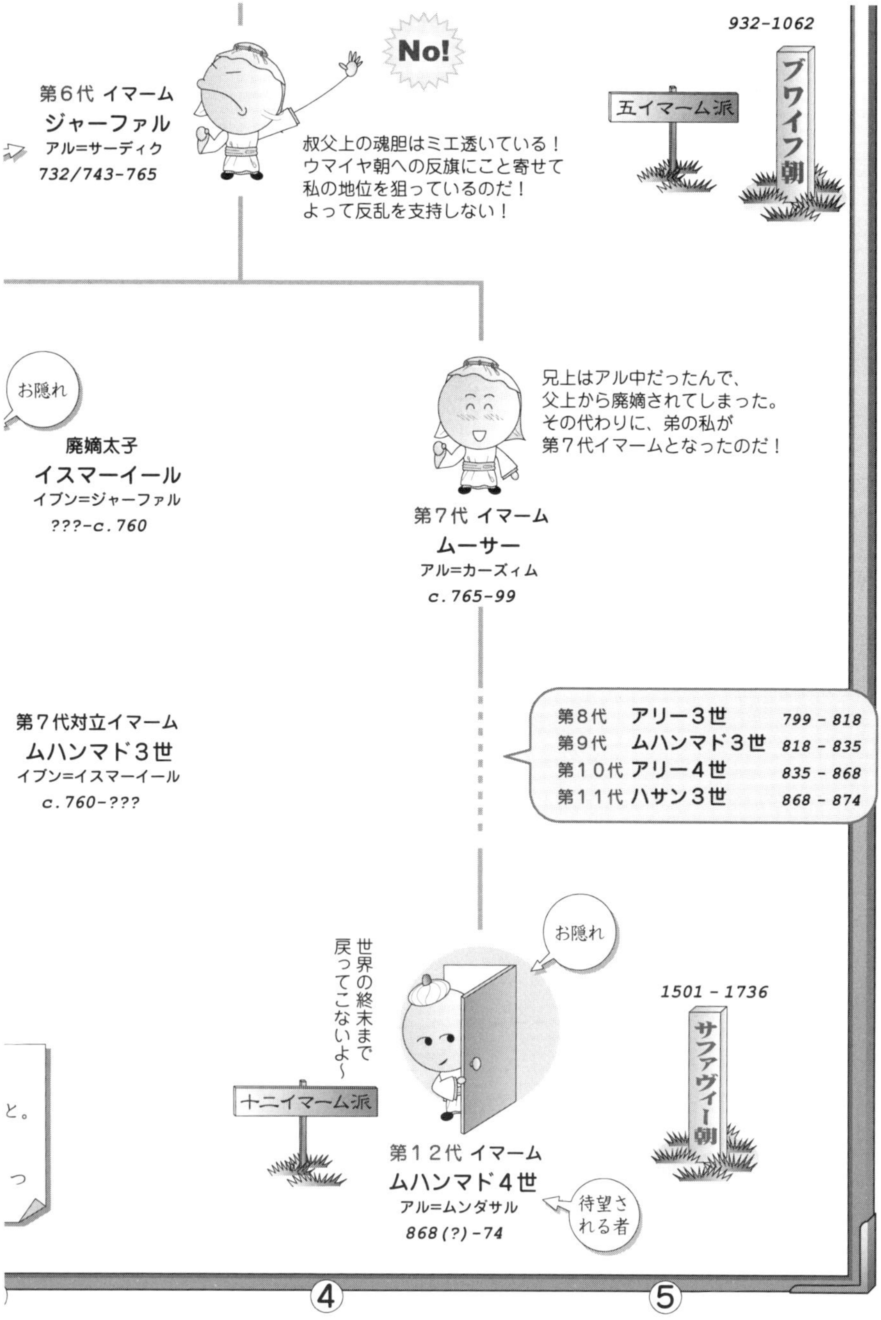

No!
第６代 イマーム
ジャーファル
アル=サーディク
732/743-765
叔父上の魂胆はミエ透いている！
ウマイヤ朝への反旗にこと寄せて
私の地位を狙っているのだ！
よって反乱を支持しない！
932-1062
五イマーム派
ブワイフ朝
お隠れ
廃嫡太子
イスマーイール
イブン=ジャーファル
???-c.760
兄上はアル中だったんで、
父上から廃嫡されてしまった。
その代わりに、弟の私が
第７代イマームとなったのだ！
第７代 イマーム
ムーサー
アル=カーズィム
c.765-99
第７代対立イマーム
ムハンマド３世
イブン=イスマーイール
c.760-???
第８代 アリー３世 799 - 818
第９代 ムハンマド３世 818 - 835
第１０代 アリー４世 835 - 868
第１１代 ハサン３世 868 - 874
お隠れ
世界の終末まで戻ってこないよ～
十二イマーム派
1501 - 1736
サファヴィー朝
と。
つ
第１２代 イマーム
ムハンマド４世
アル=ムンダサル
868(?)-74
待望される者
④
⑤

第１章 イスラームの成立
第２章 正統カリフ時代
第３章 ウマイヤ朝時代
第４章 アッバース朝時代
第５章 イスラーム分裂

さて、一夫多妻を認めるイスラームですから、アリーも何人かの妻を持っていましたが、その妻のうち、いちばんの有名人がファーティマ。

彼女は、何と言っても、教祖ムハンマド様の娘でしたから、アリーの後継者は、彼女との子が最有力候補でした。

しかし、その長男ハサンは、戦わずして早々に白旗を揚げるような腰ヌケ、次男のフサインは「カルバラーの惨劇」で虐殺されてしまいます。(B-3)

第2代 イマーム
ハサン1世

第3代 イマーム
フサイン

そこで、ファーティマの子孫たちには見切りをつけ、もうひとりの妻ハウラの子に希望を託す一派が生まれます。

これがカイサーン派(＊01)です。

ウマイヤ朝初期、メッカを中心にアブドゥッラーの乱が起こったお話はすでにいたしましたが、じつは、ちょうどそのころ、時を同じくして、まるでこの乱と呼応するように、彼らカイサーン派は、クーファを中心に反乱を起こしています。

これを「ムフタールの乱」と言います。

ウマイヤ朝の混乱の中、一時はイラク一帯に独立政権を築くまでになったものの、アブド＝アル＝マリクがウマイヤ朝を立て直すやいなや、鎮圧されてしまいます。

(＊01)「カイサーン」の名の由来は不明。現在は解散、消滅。かいさーん、だけに。

ここでいったんは潰《つい》えたカイサーン派ですが、このの ちまた「アッバース革命」のところで再登場しますので、覚えておいてください。

さて、カルバラーで惨殺されたフサインの跡を継いだのがアリー２世。(C-4/5)

彼は ――

父方の祖父が教祖の義兄弟アリー、

祖母が教祖の愛娘ファーティマ、

曾祖父が教祖ムハンマドその人。

そのうえ、

母はササン朝のラストエンペラー・

ヤズデギルド３世の娘・カラール、

―― という掛値なしの血統書付き。

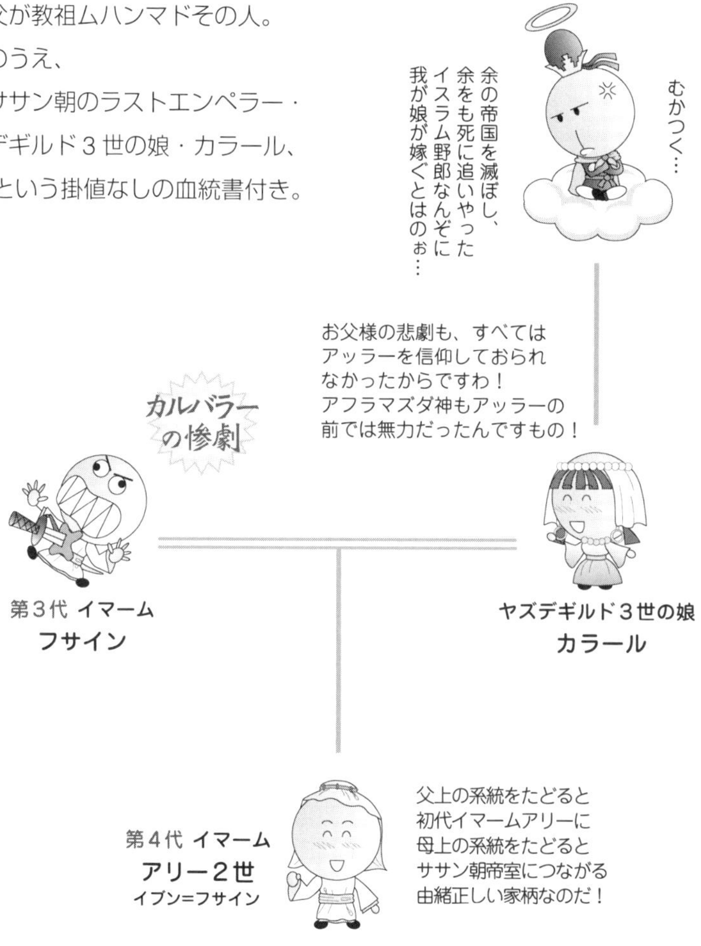
むかつく…
余の帝国を滅ぼし、
余をも死に追いやった
イスラム野郎なんぞに
我が娘が嫁ぐとはのぉ…
お父様の悲劇も、すべては
アッラーを信仰しておられ
なかったからですわ！
アフラマズダ神もアッラーの
前では無力だったんですもの！
カルバラーの惨劇
第３代 イマーム
フサイン
ヤズデギルド３世の娘
カラール
第４代 イマーム
アリー２世
イブン=フサイン
父上の系統をたどると
初代イマームアリーに
母上の系統をたどると
ササン朝帝室につながる
由緒正しい家柄なのだ！

そのため、シーア派のほとんどは彼を支持します。

その後は、第5代、第6代イマームと順調に継承され、彼らはウマイヤ朝とも共存姿勢を示したため、事もなく推移していきます。(D/E-4)

しかし、その反動として、これに不満を持つ急進派が燻《くす》ぶりはじめます。

「偽カリフを僭称《せんしょう》するウマイヤ朝を認める者はイマームたり得ず！」

断固としてウマイヤ朝の存在を認めないシーア派の急進派に推され、第6代ジャーファルの叔父にあたるザイドが、シーア派新王朝を打ち立てんとクーファで反ウマイヤ朝反乱を起こしました。(D-5)

しかし、甥にあたる第6代ジャーファルはこれを黙殺。

兄上の死後、シーア派政権樹立
のためウマイヤ朝に反乱したが、
甥のジャーファルには黙殺され、
反乱は失敗に終わったのだ…
ザイドの乱
ザイドの乱首謀者
ザイド
イブン=アリー

「甥とはいろいろ確執はあったにせよ、何と言っても甥であり、同じ一族。

私が立ち上がりさえすれば共に闘ってくれるはず！」(＊02)

そう期待していたザイドは、甥に“見棄てられた”形となり惨殺されます。

これにより、ザイド支持者は主流派を深く恨むようになり、これがザイド派(＊03)となって分離していくことになります。

ところで、ザイドを見棄てた第6代ジャーファルの嫡男（F-3）ですが、彼はアル中でした。

（＊02）血縁のよしみに期待し、見切り発車で反乱を起こす —— というと、日本では明智光秀が思い起こされます。
彼もまた、娘（玉）の嫁ぎ先である細川父子の共闘に期待して、本能寺の変を起こしましたが、いざとなると細川父子の合力は得られず、アッケなく秀吉軍に鎮圧されてしまいました。

（＊03）別名「五イマーム派」。現在もイエメン地方に信者を有するもののかなりの少数派。
他のシーア派とは異色な存在で、ガイバを認めず、正統カリフは4人とも認めている点などは、むしろスンニ派に近い。ガイバについては（＊07）を参照のこと。

（＊04）クルアーンには、「酒は敵意と憎悪を生み、神への礼拝を妨害する。それでも酒を慎まぬか。(第5章91節)」とあり、酒を呑むこと自体はばかられるのに、いずれ指導者になろうかという者がアル中では、廃嫡も致し方ないところ。

これは指導者《イマーム》の嫡男としてふさわしくあるまい、と廃嫡され（＊04）、その弟ムーサーが第７代イマームとなりました。(F-4/5)

しかし、この決定には、イスマーイールの側近たちが不満タラタラ。

彼らは、イスマーイールの息子を推し立て、これがイスマーイール派（＊05）となって分裂していきます。（＊06）

彼らは、イスマーイールが「アル中で死んだ」とは信じず、

「イスマーイール様は亡くなられたのではない！　お隠れになったのだ！」

と主張します。（＊07）

お隠れ？

「今は、どこかに“お隠れ《ガイバ》”になっているが、やがて、最後の審判が到来した際に、救世主として再臨され、我々をお導きになるのだ！」と。

セイマーム派
お隠れ
廃嫡太子
イスマーイール
イブン=ジャーファル
???-c.760

（＊05）別名「セイマーム派」。11世紀前後には、ファーティマ朝がこの派を国教とし、一時はシーア派の中でも最大派閥となるほどの強勢を誇ります。
現在のシーア派主流は「十二イマーム派」ですが。

（＊06）嫡男が愚者、次男が優秀。こういうとき、洋の東西を問わず、古今を問わず、かならずお家騒動に発展します。三国時代初期の最大勢力·袁紹も世継ぎ問題で滅亡しましたし、江戸時代、8代将軍吉宗も同じ問題を抱えていました。

（＊07）アラビア語で「ガイバ」と言います。ガイバを言い始めたのは、カイサーン派。
残念ながら、たいていの人は「自分がそうあってほしいと望む願望」と「客観的現実」とを区別することができません。
「（願望として）死にたくない！」が「（客観的現実として）人は死なない！」となり、「魂となってあの世で生きつづける！（逃避）」へとつながっていきます。
シーア派の言う「お隠れ」も「源義経は死んでない！　大陸に渡ってジンギスカンになった！」と同じ心理から生まれたもの。

さて。

本家の方は、第 7 代から第 11 代まで、順調に継承が進みましたが、第 12 代のときに事件が起こります。

まだ第 11 代ハサン 3 世が亡くなられたとき、その子ムハンマド＝ムンダサルは、まだわずか 5 歳でした。

幼すぎる跡継ぎに、反対者もいたことは想像に難くありません。

この子は、第 12 代ムハンマド 4 世として即位（H-4/5）してまもなく行方不明となってしまいます。

ふつうに考えれば、反対勢力に拉致《らち》され、殺害されたものと思われますが、彼の支持者はこう主張します。

「12 代様は亡くなられたのではない。お隠れ《ガイバ》になったのだ！　やがてこの世が終わり、最後の審判が行われるとき、我々の前に救世主（＊08）となって再臨なされるであろう！」と。

これを信じる者たちが、十二イマーム派（＊09）と呼ばれ、現在、シーア派の中の最大勢力となっています。

さて、これまで見てまいりましたように、「アリーとその子孫のみを指導者として認める」という立場がシーア派ですが、「アリーとその子孫」のことを「サイイド（＊10）」と言います。

よく「サイード」と誤解されますが、お間違えなきよう。（＊11）

（＊08）アラビア語で「マフディー」と言います。
シーア派において、この世の終わりの最後の審判で、信者を天国へと導いてくれる者のこと。

（＊09）サファヴィー朝のころに国教とされ、その後、カージャール朝、パフレヴィー朝と継承され、イラン＝イスラム革命のときも、その精神的支柱となります。
現在のイラン＝イスラム共和国の国教でもあります。

（＊10）ただし、その血統範囲は、発言する者の立場や時代により異なります。
「ムハンマドの直系子孫」であったり「アリーとファーティマの子孫」だったり。

（＊11）ちなみに、デリー＝スルタン朝 4 番目の王朝は「サイイド朝」と呼ばれますが、これは王様がアリーの子孫「サイイド」を僭称したから。
参考書などでは、よくこの王朝のことを「サイード朝」と書いてあるものが見受けられますが明らかな誤謬。
「サイード」は単なる人名にすぎませんので、これでは、「サイード家」の支配するオマーン王国の王朝名になってしまいます。詳しくは（H-2/3）を参照のこと。ややこしいので要注意。

第3章 ウマイヤ朝時代

第6幕

唐（中国）を目指して突き進め！

ウマイヤ朝の東部膨張

アブド＝アル＝マリクの尽力により、ようやくウマイヤ朝は安定期に入った。内なる問題を解決した王朝はほぼ例外なく対外膨張戦争に乗り出すものである。ウマイヤ朝もその例外ではなかった。次代を継いだ第6代ワリード1世は、対外膨張戦争にやっきとなる。この幕では、ウマイヤ朝の東方方面への膨張について解説する。

ウマイヤ朝第6代
ワリード1世

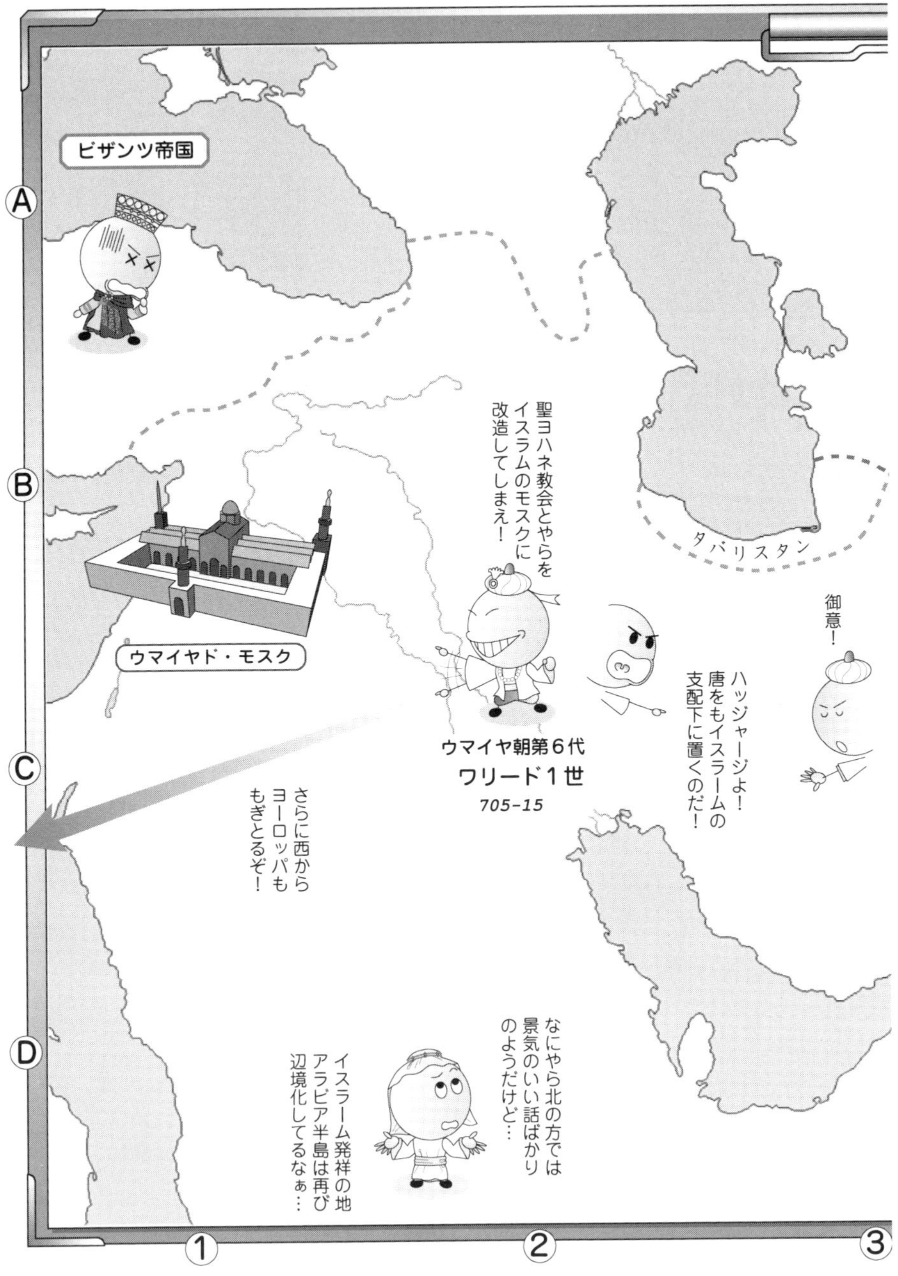

ビザンツ帝国
ウマイヤド・モスク
タバリスタン
聖ヨハネ教会とやらをイスラムのモスクに改造してしまえ！
ウマイヤ朝第６代
ワリード１世
705–15
ハッジャージよ！唐をもイスラームの支配下に置くのだ！
御意！
さらに西からヨーロッパももぎとるぞ！
なにやら北の方では景気のいい話ばかりのようだけど…
イスラーム発祥の地アラビア半島は再び辺境化してるなぁ…
A
B
C
D
1
2
3

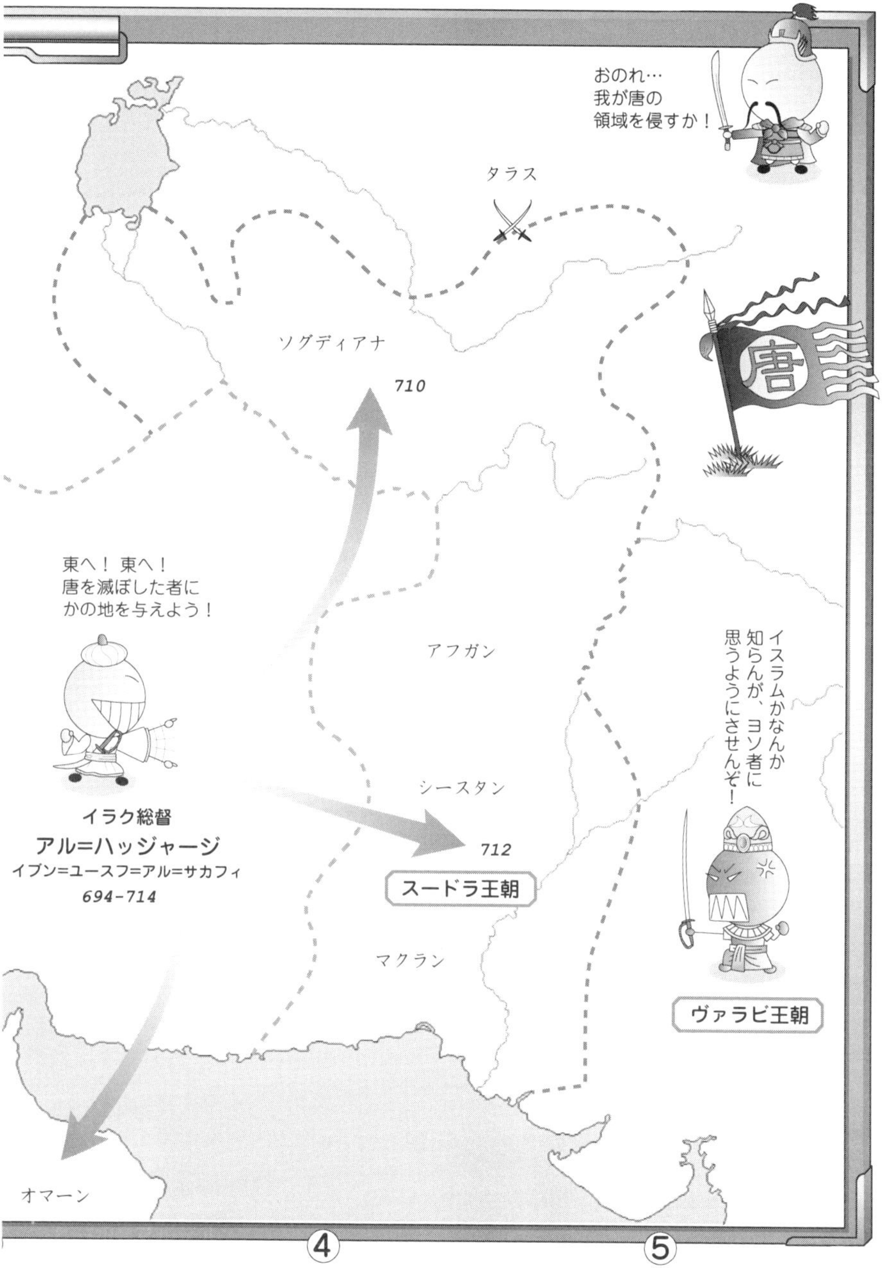
おのれ…
我が唐の
領域を侵すか！
タラス
唐
ソグディアナ
710
東へ！ 東へ！
唐を滅ぼした者に
かの地を与えよう！
アフガン
イスラムかなんか
知らんが、ヨソ者に
思うようにさせんぞ！
シースタン
イラク総督
アル=ハッジャージ
イブン=ユースフ=アル=サカフィ
694-714
712
スードラ王朝
マクラン
ヴァラビ王朝
オマーン
④
⑤

洋の東西と古今を問わず、国内問題を解決した国家は、ほぼかならず対外膨張戦争に乗り出します。

平和ボケした日本人の発想だと、

「せっかく国内が安定して平和になったのに、何でわざわざ戦争するの？」

となりますが、日本人を除く他の民族の発想は違います。

「せっかく国内が安定したのに、今、戦争せずして、いつするのだ？」

となります。

ウマイヤ朝もまた、例外ではありません。

ウマイヤ朝を安定に導いたアブド＝アル＝マリクが亡くなり、ワリード１世がその跡を継ぐと、彼は東へ西へ、両面作戦で対外膨張戦争を起こします。

本幕では、東方方面への膨張を見ていきましょう。

ワリード１世は、イラク総督となっていたハッジャージ(＊01)に命じ、東方方面作戦の総司令とします。

イラク総督
アル=ハッジャージ
イブン=ユースフ=アル=サカフィ
694-714

ハッジャージは、まず、南のオマーン（D-3）を、つぎに、貢納を渋ったアフガンを制圧します。

さらに、腹心の部下両名を呼び出し、クタイバに中央アジア（A/B-4）征服を、ムハンマドにインド（C-4/5）征服を命じ、「先に唐を征服した者にかの地を与えよう！」と申しつけます。

すでにハッジャージの眼には、唐王朝(＊02)まで映っていたようです。

アジア大陸の西の果ての辺境、砂漠の中から勃興したイスラームが、わずか100年(＊03)で東アジアの覇者・中国（唐）と接触するまでになったのです。

（＊01）アブド＝アル＝マリクが、アブドゥッラー討伐を命じた、あの人物です。（130ページ参照）
アブドゥッラー討伐の際は、ヒジャーズ総督に任ぜられていましたが、鎮圧後は、その功により、イラク総督をしていました。
イラク総督時代の彼は、ウマイヤ朝に従わないシーア派の人々を12万人も虐殺したと言われています。アブド＝アル＝マリク亡きあと、ワリード１世に仕えていました。

（＊02）ちょうど「武韋の禍」を収束させ、玄宗皇帝が即位（712年）したころの唐です。

驚異的な膨張と言わざるを得ません。(＊04)

しかし、本格的に唐と戦になるのはもう少し先の話で、751年の「タラス河畔の戦い」(A-4/5）まで待たねばなりませんが。

さて。

インドではスードラ朝（C-4/5）が倒され、イスラーム軍は、さらにその先、ヴァラビ朝(＊05)まで攻め込みますが、これはさすがにイスラーム軍が敗れ、撤退しています。

イスラムかなんか
知らんが、ヨソ者に
思うようにさせんぞ！
ヴァラビ王朝

かように、征服活動に邁進《まいしん》しながらも、ワリード１世は文化事業でも大きな業績を残しました。

それが、首都ダマスクスに建立された壮麗なモスク「ウマイヤド･モスク」(B-1)です。

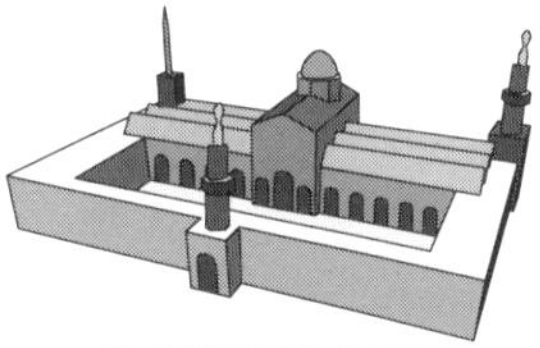
ウマイヤド・モスク

現存するうちでは世界最古のモスクで、
第一聖地メッカの「カーバ神殿」
第二聖地メディナの「預言者のモスク」
第三聖地イェルサレムの「岩のドーム」
につづく第四聖地のモスクとして知られています。

ところで、こうした華やかな征服活働、文化活動の裏で、発祥の地・アラビア半島は急速に“辺境化”していました。

半島はふたたび砂漠と遊牧民の社会へと戻っていきます。(D-2)

（＊03）教祖ムハンマドが大天使ジブリールの声を聞いたのが610年、ソグディアナ地方を征服し、唐王朝に肉薄したのが710年ですから、ジャスト100年となります。

（＊04）「これに比肩するものは他にありません」と言いたいところですが、上には上があるもので、じつはもっとすごい国があります。それは、チンギス汗のつくったモンゴル帝国です。
この国は、建国からわずか三四半世紀で、東アジアから西アジアまで、ほぼユーラシア大陸全域（インド文化圏を除く）を制圧しています。

（＊05）別名「マイトラカ朝」。当時の北インドは、東にヴァルダーナ朝、中央にヴァラビ朝、西にスードラ朝が並ぶ「三国時代」にありました。
その一角、スードラ朝がイスラームに陥ち、ヴァラビ朝もイスラームとの戦いで弱体化していったことで、ここからインドは新しい時代へと進むことになります。

Column 「イスラム圏の名前」

日本人のような農耕民族は「姓・名」で成り立つのが当たり前ですが、アラブ人のように遊牧民族には「姓」がないのがふつうです。

そこで、父親の名をかぶせて「姓」の役割をさせます。

たとえば、教祖ムハンマドの本名は、

「ムハンマド・イブン＝アブド＝アッラーフ・イブン＝アブド＝アル＝ムッタリブ・イブン＝ハーシム」

となります。

よく読むと、ところどころ「イブン」が挟まっていることに気づきます。

これは「～の息子」という意味で、直訳すると、

「ハーシムの息子のアブド＝アル＝ムッタリブの息子のアブド＝アッラーフの息子のムハンマド」

となります（「イブン」は「ブン」「ビン」ということもあります）。

つまり、「姓」がない代わりに、父親の名を重ねていくわけです。

娘の場合は「ビント」。

アーイシャは「アーイシャ・ビント＝アブー＝バクル」となります。

逆に息子の方が有名な場合、「アブー（～の父）」と呼ばれることもあります。

アッバース朝の初代アブー＝アル＝アッバースのフルネームは、

「アブー＝アル＝アッバース・アブドゥッラー・イブン＝ムハンマド・アル＝サッファーフ」

となり、これは、

「アッバース朝の父（初代）で、本名はアブドゥッラー、ムハンマドの息子で、“注ぐ者”という尊称で呼ばれる」の意。

ちなみに、「アブド」という言葉も名前の中によく出てきますが、これはアッラーを示す言葉（99 の美名）の前に置いて「～の僕」の意。

ムハンマドの父の名は「アブド＝アッラーフ（アッラーのしもべ）」。

ウマイヤ朝第 5 代は「アブド＝アル＝マリク（王者のしもべ）」。

第3章 ウマイヤ朝時代

第７幕

トゥール＝ポワティエ間の戦へ

ウマイヤ朝の西部膨張

ワリード1世は、東は唐王朝に肉薄するまでに至ったが、西でも、リビアを越え、ジブラルタルを越えていく。彼の死後も、さらにピレネーを越え、フランスでフランク王国と決戦。さらに、それと並行して、コンスタンティノープルを包囲し、ヨーロッパを東西から挟撃、まさにとどまるところを知らぬ快進撃をつづける。

至急こっちも
騎馬軍を
創設せねば！
今回はなんとか
撃退したものの…
今度は勝つ自信ないな…

フランク王国統一宮宰
カール＝マルテル
718-41

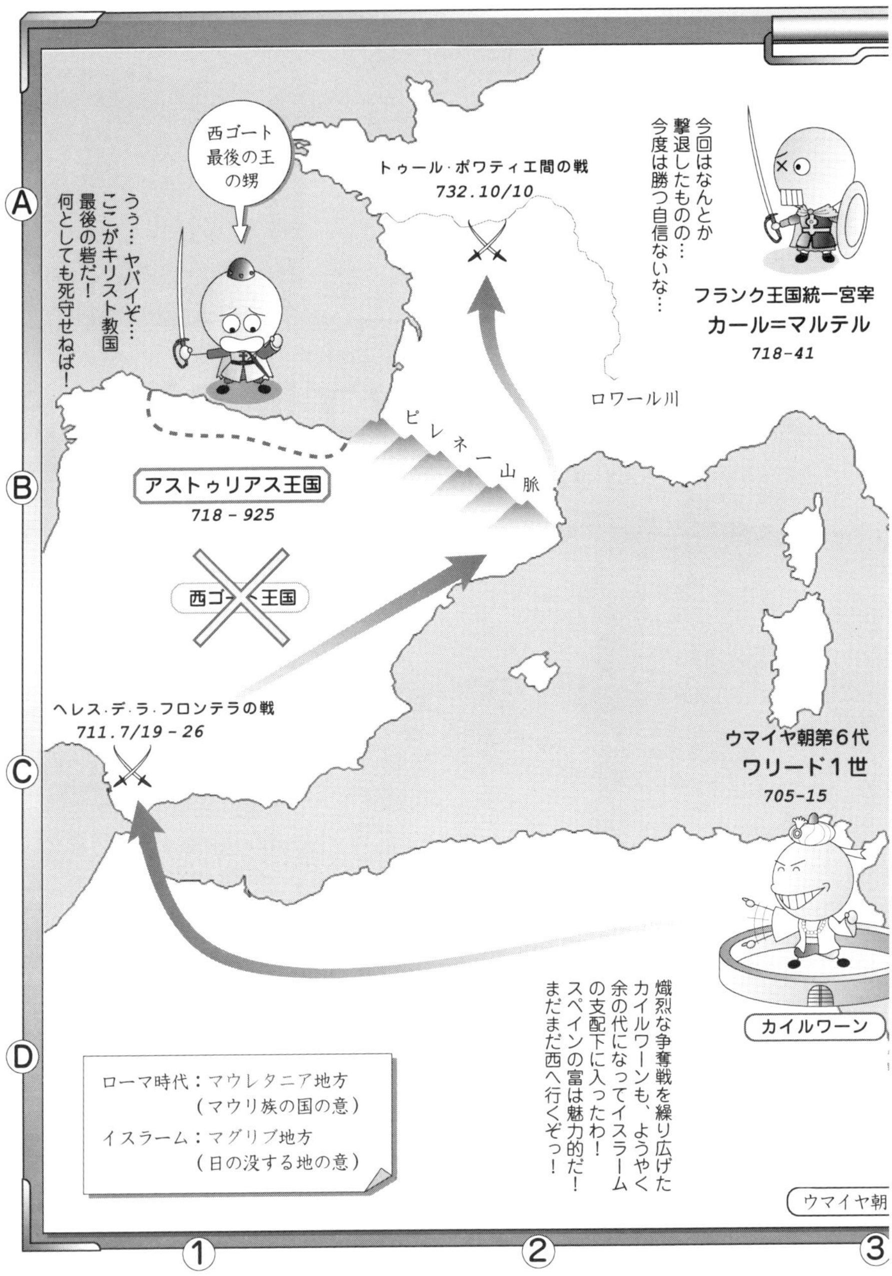

西ゴート最後の王の甥
うぅ…ヤバイぞ…
ここがキリスト教国
最後の砦だ！
何としても死守せねば！
トゥール・ポワティエ間の戦
732.10/10
今回はなんとか
撃退したものの…
今度は勝つ自信ないな…
フランク王国統一宮宰
カール=マルテル
718-41
ロワール川
ピレネー山脈
アストゥリアス王国
718 – 925
西ゴート王国
ヘレス・デ・ラ・フロンテラの戦
711.7/19 – 26
ウマイヤ朝第6代
ワリード1世
705-15
カイルワーン
熾烈な争奪戦を繰り広げた
カイルワーンも、ようやく
余の代になってイスラーム
の支配下に入ったわ！
スペインの富は魅力的だ！
まだまだ西へ行くぞっ！
ローマ時代：マウレタニア地方
（マウリ族の国の意）
イスラーム：マグリブ地方
（日の没する地の意）
ウマイヤ朝
A
B
C
D
1
2
3

騎馬軍創設
至急こっちも
騎馬軍を
創設せねば！
これでまたイスラームが
攻めてきても大丈夫だ！
Knight
鐙
採用
やばい！
マウレタニアどころ
の騒ぎじゃない！
帝都があぶない！
包囲
717－18
コンスタンティノープル
エジプトはアッという間に
取られちまったが、
マウレタニアは渡さんぞ！
海上から物資・援軍を
送り込みつづけてやる！
う〜む…
エジプトまでは
一気だったが、
ここから先が
なかなか進まんな…
ウマイヤ朝第５代
アブド＝アル＝マリク
685.5－705
成立時の国境ライン
④
⑤

さて、ウマイヤ朝第６代ワリード１世の治世のもと、東方だけでなく、同時に西方にもその触手を伸ばしていました。

しかし、こちらは長く手こずっていました。

さかのぼること、すでに 70 年以上も前に、とっくにエジプト（D-5）を支配下に組み込んでいたのに、そこから西へがなかなか進まないでいました。

その間何度か侵攻を企てたものの、ことごとく失敗しています。

なぜか。

じつは、エジプトから西は、チュニジアまでな〜んにもない。

ただただ地中海とリビア砂漠に挟まれた細い回廊地帯（D-3/4）がつづくのみです。

これでは兵站《へいたん》(＊01) 確保がままなりません。

その伸びきった兵站線を、ビザンツ帝国軍が海上から襲撃（C-3/4）してくるため、さしものイスラーム軍も如何ともしがたかったのです。

ウマイヤ朝第５代
アブド=アル=マリク
685.5-705

しかし、国力の充実により、ついに、それすらも突破！

チュニジアの拠点カイルワーン（C/D-3）を陥落させることに成功するや、そこからは一気にジブラルタル海峡（C-1）を乗り越え、711 年ヘレス＝デ＝ラ＝フロンテラの戦で西ゴート王国 (＊02) を滅ぼし、ついにヨーロッパの地を手に入れます。

（＊01）第１章第６幕の（＊05）で既出。
日露戦争では、経済力も軍事力も日本の 10 倍以上という、圧倒的物量差を誇っていたにもかかわらずロシアが敗北しました。その大きな一因として「あまりにも兵站線が長すぎて、兵站の確保がままならなかった」ことが挙げられます。
兵站は、文字通り、戦争遂行の生命線です。

（＊02）西ゴート王国を建設したゴート族は、歴史的には、古代ローマ帝国を崩壊に導くことになる「ゲルマン民族の大移動」において、最初の移動を始めた民族として有名。
また、アニメ的には、不朽の名作「ルパン三世カリオストロの城」でヒロイン・クラリスがゴート人の末裔であり、彼女の持つ指輪に彫られた文字が「ゴート文字」であることで、とみに有名。

しかし、西ゴートの王族（＊03）は北に逃れ、アストゥリアス王国（＊04）を建国し、これを死守しています。

イベリア半島（B/C-1）の大半（＊05）を押さえたウマイヤ朝は、さらにピレネー山脈（B-2）を乗り越え、現在のフランス領内に侵攻します。

ここに、あの有名な「トゥール＝ポワティエ間の戦（＊06）」が勃発します。

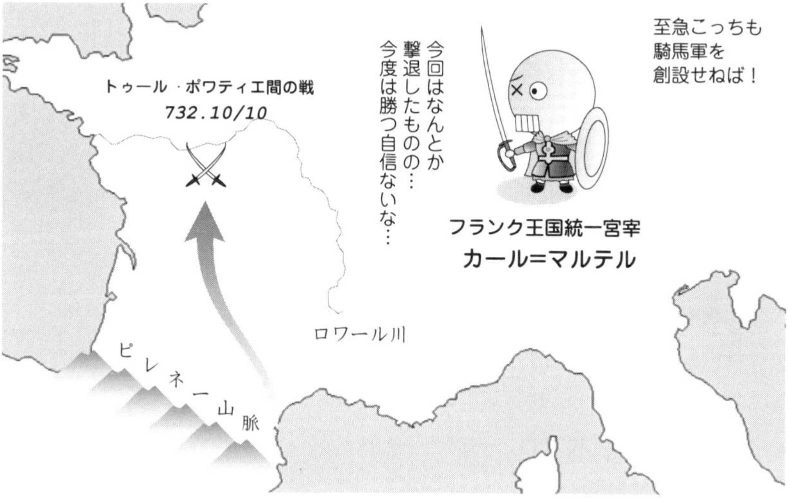
トゥール・ポワティエ間の戦
732.10/10
今回はなんとか撃退したものの…今度は勝つ自信ないな…
至急こっちも騎馬軍を創設せねば！
フランク王国統一宮宰
カール=マルテル
ロワール川
ピレネー山脈

当時、このあたりを支配していたのは、フランスの前身・フランク王国。

当時の王朝・メロヴィング朝は、すでに末期的症状を呈しておりましたが、宮宰（＊07）カール＝マルテル（＊08）が奮戦します。

（＊03）西ゴート王国の最後の王の甥。

（＊04）あまり聞き慣れない国、「アストゥリアス王国」ですが、この国は、のちにレオン王国、さらにカスティリア王国へとつながっていき、最後に隣国アラゴン王国と合併することで、現在のスペイン王国となります。

（＊05）アストゥリアス王国が踏んばったせいで、イスラームはイベリア半島“全域”を支配することはできませんでした。

（＊06）中学生でも名前は知っているような有名な戦闘ですが、じつは、詳しいことはほとんどわかっていません。戦闘場所がどこなのかもハッキリせず「トゥール市とポワティエ市の間のどこかだろう」ということで、この名がつきました。

ここまで快進撃をしてきたウマイヤ朝軍でしたが、この戦闘を最後に、ついに撤退を始めます。

この撤退について、これまで「フランク軍の大勝利！」と説明されてきましたが、最近の研究成果ではどうやらそうでもないようです。

戦争そのものは、終始、ウマイヤ朝軍の騎馬攻撃の前にして、歩兵しかいないフランク軍はタジタジ、防戦一方だったようです。（＊09）

しかし、イスラームの猛攻になんとか耐え抜き、翌日も戦々恐々とイスラームの攻撃に備えていたところ、イスラームの姿はどこにもなくなっていました。

フランク軍は呆然。

「なんでイスラーム軍がいない？」

「俺たち…勝ったのか……？」

「それはないだろ。むしろ俺たちの方が敗走寸前だった。」

「いや、しかし、実際、敵は引いた。勝ったってことだろ？」

「何かの事情で一旦引いただけで、またすぐ攻めてつもりかもしれん。」

いずれにせよ、フランクは今回の戦闘で「騎兵軍」の恐さを思い知らされました。

今の歩兵だけの軍では、騎馬軍に勝てない。

そこで、フランク王国では、イスラーム再攻に備え、騎馬軍の創設に躍起になります。

これが、「中世騎士《ナイト》」へと発展（A-4）していくことになるのです。

（＊07）ラテン語では「マヨル・ドムス」と言います。フランク王を補佐する官職。人臣の最高位。むかしの日本で言うと「関白」、今なら「首相」に相当します。

（＊08）カール大帝（シャルル＝マーニュ）の祖父。

（＊09）じゃあ、「なぜウマイヤ朝軍が突然引いたのか？」について、その原因はよくわかっていません。ウマイヤ軍司令官が戦死したため、イスラーム軍が森での戦闘に戸惑ったため、予想外にイスラーム側の被害が大きかったため、イスラーム側に何か問題（兵站の確保や内部抗争など）が発生して戦争継続が困難になったため、ラマダーンが２週間後に近づいていたため、などなど、いろいろな説が唱えられています。

つぎに、東ヨーロッパ世界に目を向けてみると、一度押さえたカイルワーンを安泰たらしめるために、海上から執拗《しつよう》に攻撃してくるビザンツに釘を刺しておく必要に迫られました。

「臭いニオイは元から断たなきゃダメ！」

そこで、717年、イスラームは、帝都コンスタンティノープル（B-5）を包囲します。

一時は国家存亡の危機に立たされたビザンツ。

なんとかこれを撃退したものの、これが契機となって、ビザンツも「中世」へと大きく歩み出していくことになります。

ことほど左様に、このときもし、イスラームがヨーロッパに攻めてこなければ、ヨーロッパに「中世」は生まれなかったかもしれません。(＊10)

以後、イスラームの動きは、ヨーロッパの歴史にも大きく作用していくことになります。

（＊10）これは「ピレンヌ・テーゼ」といって、20世紀初頭のベルギー史家アンリ＝ピレンヌが『ムハンマドとシャルルマーニュ』の中で唱えた説です。
「ムハンマドなくしてシャルルマーニュなし」という言葉はあまりにも有名。
「ムハンマドが生まれたことでイスラームが生まれ、そのイスラームがヨーロッパ世界を軍事的・政治的・経済的に包囲・封鎖したため、それにより、古代ヨーロッパの経済的・文化的要素が崩壊・消滅。それが契機となって、ヨーロッパは中世世界へと移行し、シャルルマーニュという王を生み出すことになるのだ」とする考え方。
このテーゼは、発表されるや否や、喧々諤々・丁々発止の議論を生みましたが、発表から100年経った現在でも、真偽の結論は出ていません。

Column 「新説・つぶらな瞳の処女」

イスラームがアンチ・イスラーム（おもにキリスト教徒）から攻撃を受ける対象のひとつに「イスラーム的天国像」があります。

クルアーンには、天国についての説明で「つぶらな瞳の処女といつでもどこでもヤリ放題！」というくだりが何度も出てきますが、この点が、

「イスラームのいう天国は、単なる“売春宿”ではないか！」

「処女とヤリまくりたい、そんな下劣な理由でムスリムは我々《ズィンミー》を殺戮するのか！」とアンチからの攻撃を受けるわけです。

ところが、最近、ドイツのアラビア言語学者が新説を発表しました。

じつは、クルアーンに書かれている「つぶらな瞳の処女」というのは、7世紀当時のアラビア世界では広く使われていた“雅語《ちご》的表現”で「熟したおいしい葡萄《ぶどう》」という意味にすぎない、というのです。

すると、「それ専用に神が創り給うた」というくだりも「処女」ならセックスドールを製造したことになってしまいますが、「葡萄」なら木を植えてくれたにすぎませんし、「何度犯しても処女に戻る」というくだりも、「いくら食べても尽きることのない葡萄」となり、自然な表現になります。

もしそれが真実なら、クルアーンに説かれた天国は「川が流れ、涼しい木陰があり、どれだけ食べても尽きることのない葡萄が実る」という、いかにも砂漠の民があこがれそうな、純朴でやすらぎと癒《いや》しの世界であり、けっして“売春宿”でもなんでもない、ということになります。

しかし。

もし、そうだとすると、それはそれで別の“悲劇”が生まれます。

今日まで数えきれない数の信者《ムスリム》が聖戦《ジハード》に命を投げ出してきました。

「つぶらな瞳の処女」のはべる天国に行きたい、その一心で。

その彼らが、天国に着いたとき、目の前にアッラーが現れ、満面の笑みをたたえて曰《いわ》く、「よくがんばったな。これがクルアーンに書いてあったご褒美だぞ」と“葡萄”を手渡された日にゃ…。

というわけで、この新説、ムスリムたちは死んでも認めないでしょう。

第4章 アッバース朝時代

第1幕

ウマイヤ家のお家騒動に忍び寄る影

アッバース朝の成立

ウマイヤ朝は、ワリード1世の治世に最大版図となったが、彼以降のカリフは原則として短命政権がつづいた。743年、ヒシャーム1世が亡くなると、わずか1年の間に4人ものカリフが交代するという混乱ぶりを呈する。カリフの地位をめぐって、ウマイヤ家同士で殺し合いを繰り返すようでは、先は見えていた。

よしっ！
ここを拠点として
シーア派の支持を背景に
アッバース王朝を
旗揚げするぞっ！
クーファ

アッバース家新当主
アブー＝アル＝アッバース
アル＝サッファーフ

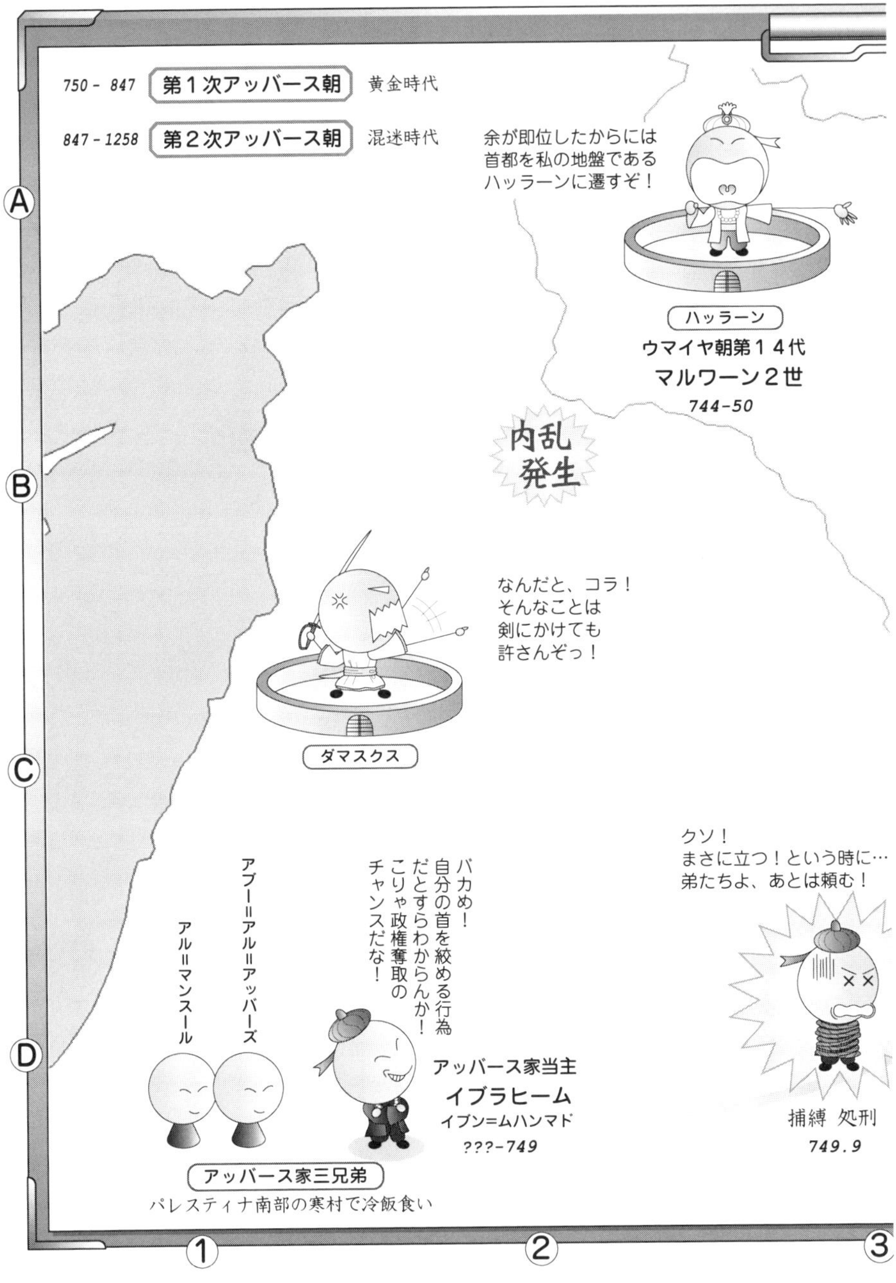
750 - 847 第１次アッバース朝 黄金時代
847 - 1258 第２次アッバース朝 混迷時代
余が即位したからには
首都を私の地盤である
ハッラーンに遷すぞ！
ハッラーン
ウマイヤ朝第１４代
マルワーン２世
744-50
内乱
発生
なんだと、コラ！
そんなことは
剣にかけても
許さんぞっ！
ダマスクス
クソ！
まさに立つ！という時に…
弟たちよ、あとは頼む！
捕縛 処刑
749.9
バカめ！
自分の首を絞める行為
だとすらわからんか！
こりゃ政権奪取の
チャンスだな！
アッバース家当主
イブラヒーム
イブン=ムハンマド
???-749
アブー=アル=アッバーズ
アル=マンスール
アッバース家三兄弟
パレスティナ南部の寒村で冷飯食い
A
B
C
D
1
2
3

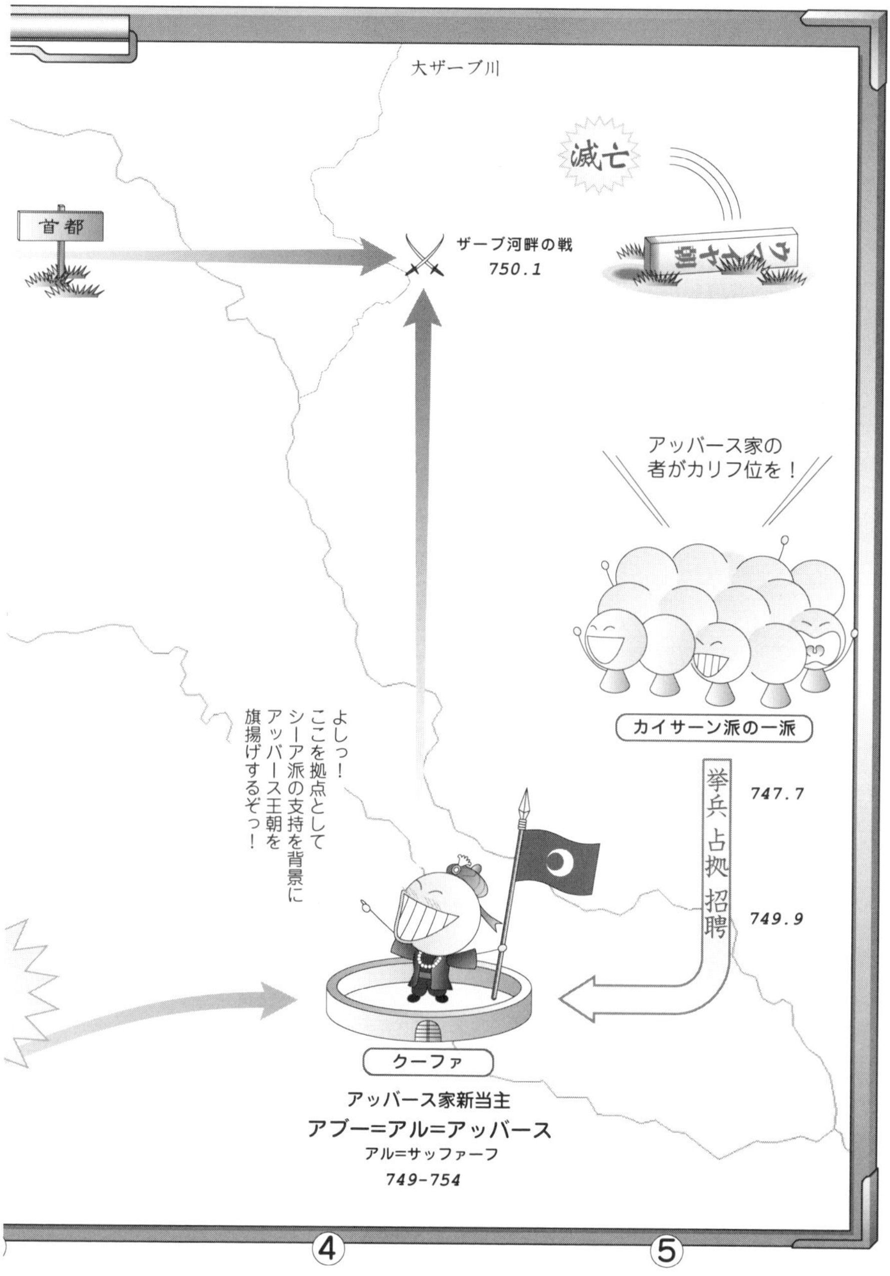
大ザーブ川
滅亡
ウマイヤ朝
首都
ザーブ河畔の戦
750.1
アッバース家の
者がカリフ位を！
カイサーン派の一派
挙兵
747.7
占拠
招聘
749.9
よしっ！
ここを拠点として
シーア派の支持を背景に
アッバース王朝を
旗揚げするぞっ！
クーファ
アッバース家新当主
アブー=アル=アッバース
アル=サッファーフ
749-754
④
⑤

第6代マルワーン1世の御世《みよ》、ウマイヤ朝の支配領域は、西はイベリア半島から東は中央アジアに達する最大版図に達しました。

しかし、彼のあと、短期政権がつづくことになります。

第7代 スライマーン1世　治世2年
第8代 ウマール2世　　　治世3年
第9代 ヤズィード2世　　治世4年

短期政権の連続は、王朝の衰亡に直結します。（＊01）

次の第10代ヒシャーム1世は、治世19年におよび、一時的な安定期を得ましたが、彼が亡くなるや、わずか1年の間にカリフが4人も交代するという混乱ぶりを露呈します。

なんだと、コラ！
そんなことは
剣にかけても
許さんぞっ！
ダマスクス

こうした混乱の中で、先代イブラーヒーム1世を、反乱によって力づくで玉座から引きずりおろしカリフの地位を手に入れたのが、ウマイヤ朝の最後のカリフ・マルワーン2世です。(A-2/3)

（＊01）為政者がコロコロ変われば、政策も一貫性（ポリシー・コヒーレンス）を欠くことになり、それは国家の衰亡に直結します。
それは、君主国であろうが、共和国であろうが、おなじです。
そもそも政治というものは、社会・経済を10年20年、あるいはそれ以上という長いスパンで看破し、目先の利得に囚われることなく、マクロ的視野に立った政策が打ち出されなければなりません。そうした政策のみが「善政」たりえます。
じつは、共和制の致命的欠陥がここに現れます。
共和制では、頻繁に選挙が行われますが、選挙のたびに、無教養な大衆は、目先の利かぬ、身勝手で、場当たり的な要求を政治家に突き付けます。
政治家は、そんなタワゴトをいちいち聞いてやらなければ選挙に勝てないため、大衆に媚びた、ポリシー・コヒーレンスのカケラもない政策が繰り返される、という宿命を負っているのです。
ちなみに、どこぞの国の首相の短命なこと、短命なこと！
ほんの数ヶ月でコロコロ変わることすら珍しくありません。
これが、世界のモノ笑いのタネになっていることをご存知ですか？
もっとも、タネを明かせば、アレは、単なる“派閥の傀儡”なんで、じつのところ、短命だろうが誰がなろうが関係ないんですが。

彼は、カリフになるや否や、ただちにハッラーン（＊02）へ遷都を強行します。

なぜ、いま？

彼は、反乱によって力ずくで政権を奪取しました。

そういうスネにキズを持つ者は、ひとたび自分が権力の座にすわったとき、今度は、自分が“奪われる立場”になったことを悟り、疑心暗鬼に陥るものです。

余が即位したからには
首都を私の地盤である
ハッラーンに遷すぞ！
首都
ハッラーン

ウマイヤ朝第１４代
マルワーン２世

首都ダマスクスは、彼の反対勢力の巣。

このままダマスクスに首都を置いたままでは、いつ何時、寝首を掻《か》かれるか、知れたものではありません。

そこで、ただちに自分の支持基盤たるハッラーンに遷都、というわけです。

しかし、建国以来、ダマスクスに首都が置かれ、ここを拠点に特権階級として私腹を肥やしてきたウマイヤ家の者たちがこれを看過するはずはありません。（＊03）

当然のごとく、シリア勢力を中心に大反乱が発生します。(B/C-1/2)

とくに、ルサーファ率いる反乱軍は強大で、７万もの大軍に膨れ上がりました。

（＊02）メソポタミア北部、ユーフラテス川上流にあった都市。
現在のトルコ共和国南東部にあたり、今は遺跡しか残っていません。

（＊03）前にも述べました。「権力の集まるところ富が集まり、富の集まるところ腐敗がはびこる。例外はありません！」と。
「首都」というのは、その典型です。永きにわたってひとつの都市に首都が置かれつづけていれば、“腐敗の温床”の都市と化し、さまざまな問題が発生するのは、どうしても避けられません。
これを一挙に解決するためには遷都しかない、というときがかならずやってきます。
古代ローマ帝国が、帝都をコンスタンティノープルに遷都した原因のひとつもそこにあります。
しかし、そのとき、その“腐敗の温床”で私腹を肥やしつづけてきた者たちが全力で遷都に反対してきます。
いま、どこぞの国でも遷都問題でにぎわいでいますが、首都側が大反対していますね。
理由は……そういうことです。

マルワーン２世は、これを打ち破り、３万の首を刎《は》ね、ダマスクスを中心に、ウマイヤ家の反乱軍拠点をことごとく破壊し尽くしていきます。(＊04)

この事態をほくそ笑んで見ている者、これあり。

それこそが、アッバース家三兄弟でした。(D-1/2)

長男イブラヒーム、次男アル＝マンスール、三男アブー＝アル＝アッバース。

彼らは、教祖ムハンマドの叔父アッバース(＊05)を家祖とし、その曾孫《ひまご》の子供たちです。(＊06)

しかし、まさに今、目の前で、ウマイヤ家はお家騒動を起こし、墓穴を掘っている。

まさに千載一遇！　チャンスに後ろ髪なし！

これを見逃して、のちにチャンスが来るものか！

彼らは決起を決意します。

バカめ！
自分の首を絞める行為
だとすらわからんか！
こりゃ政権奪取の
チャンスだな！
アブー＝アル＝アッバーズ
アル＝マンスール
アッバース家当主
イブラヒーム
イブン＝ムハンマド
???-749
アッバース家三兄弟

(＊04) これはもう、“愚挙”以外の何物でもありません。ウマイヤ家の支配拠点を、みずから破壊して歩いているのだから。
オオカミに狙われている３匹の子ブタたちが、兄弟ゲンカを始め、お互いの家を壊し合っているようなものです。せっかくの“レンガのおうち”も兄ブタに壊され、オオカミは難なく３匹の子ブタを食べることができるでしょう。
この場合の「オオカミ」にあたるのが「アッバース家」になります。

(＊05) 第１章第３幕のパネル（C-5）参照。

(＊06) 彼らは、ウマイヤ家隆盛の陰で、ずっとパレスティナ地方南部の寒村フマイマで雌伏を余儀なくされていました。ウマイヤ家によるカリフ世襲に反対したため、政権から遠ざけられていたためです。雌伏しながらも、時の政権を倒すべく、野心の炎を燃やしつづけていた様は、徳川家康に蟄居させられていたころの真田幸村を彷彿とさせます。

そこで、彼らは各地へ工作員《ダーイー》を送り込み、ウマイヤ朝の支配に不満を持つ者(＊07)たちを煽動《せんどう》し、決起を促します。

これが奏功し、各地で反乱が勃発、とくにカイサーン派(＊08)たちの反乱がめざましく、彼らはクーファを陥落させ、その盟主たるアッバース家をクーファに招聘《しょうへい》するまでになります。

さっそく三兄弟はクーファに向かうことになりましたが、その直前、長男イブラヒームはウマイヤ官憲に捕縛され処刑されてしまいます。(D-3)

無事、クーファにたどり着いた三男アブー＝アル＝アッバース(＊09)は、ここに黒旗を掲げ(＊10)、カリフを宣言します。

カイサーン派の一派

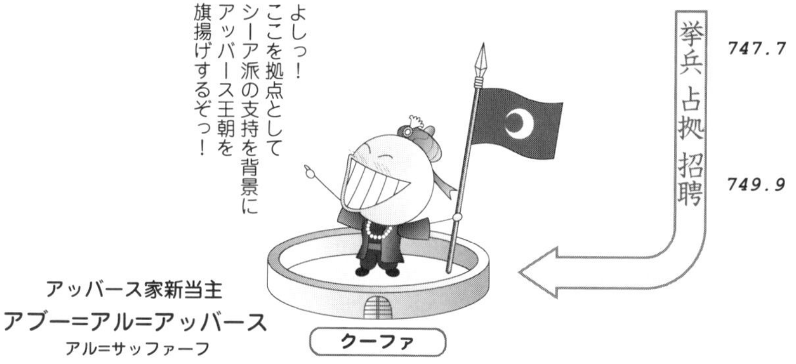
挙兵 占拠 招聘
747.7
749.9
よしっ！ ここを拠点として シーア派の支持を背景に アッバース王朝を 旗揚げするぞっ！
アッバース家新当主
アブー=アル=アッバース
アル=サッファーフ
クーファ

(＊07) シーア派が中心です。中でもカイサーン派の支持が強かった。

(＊08) 第３章第５幕参照。

(＊09)「なぜ、次男のアル＝マンスールを飛び越えて三男がカリフに？」という質問が聞こえてきそうですが、じつは、兄のアル＝マンスールの母親は奴隷出身でした。
たとえ、年長であっても、母親の血筋により嫡男にはなれない、ということは洋の東西を問わずよくあることです。
織田信長も、父・信秀の長男ではありませんでした（次男もしくは三男）が、「嫡男」として育てられます。信長の兄は側室の子、信長が正室の子だったからです。

(＊10) ウマイヤ家のイメージカラーは「白」、アッバース家のイメージカラーは「黒」でした。
じつは、アジアの遊牧民族は、それぞれ、白か黒のイメージカラーを持っていることが多い。
なぜ「白」、なぜ「黒」なのかは、諸説紛々、わかっていません。
黒のイメージカラー：黒羊朝・アッバース朝・カラハン朝・カラキタイなど。
白のイメージカラー：白羊朝・ウマイヤ朝など。

イスラム世界に、2人のカリフは認められません。

どちらかが亡び去るまで戦うしかない。

こうして、大ザーブ河畔で、両軍は決戦となります。(A-4)(＊11)

ウマイヤ朝が建国される際の一大決戦、スィッフィーンの戦い(＊12)を彷彿とさせるものですが、すでにマルワーン率いるウマイヤ朝軍は、その士気はいちじるしく低く(＊13)、開戦前から勝敗は決していたも同然でした。

この戦いで大敗したこの瞬間、ウマイヤ朝は解体します。

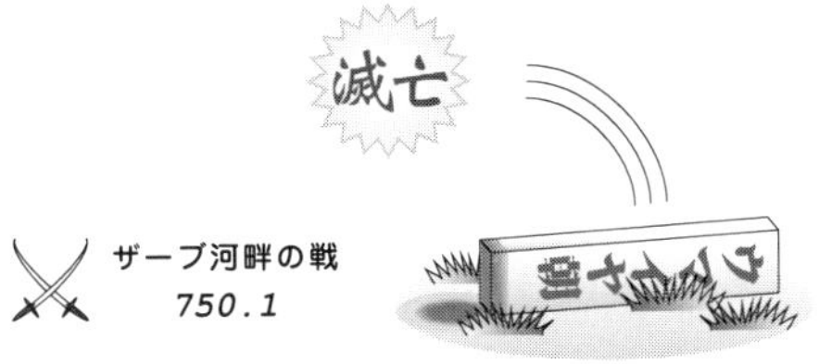

この一連の動きを「アッバース革命」と言います。

これにより、アッバース朝は、500年間の永きにわたってバグダードを支配しつづけます(＊14)が、第9代カリフが亡くなられた847年を境として、それ以前を「第1次アッバース朝」、以降、滅亡（1258年）までを「第2次アッバース朝」と呼んで区別することがあります。(A-1)

「第1次」を本章で、「第2次」を次章で扱うことにいたします。

（＊11）ティグリス川支流の大ザーブ川流域での戦い。

（＊12）第2章第7幕参照。

（＊13）マルワーン2世は即位早々、同族数万人を殺戮したため、軍の結束も図れるはずがありませんでした。
己が命を賭けあう戦において、士気の低い軍に勝ち目はありません。

（＊14）国家の平均寿命はおよそ200年。100年だと短期政権、300年なら長期政権と言われます。
ちなみに、「徳川300年」という言葉は徳川政権の長さを強調する言葉。
500年つづく王朝はめったになく、1000年となると指で折って数えるほどしかありません。

第4章 アッバース朝時代

第2幕

血塗られたパーティー

初代アブー＝アル＝アッバース

ウマイヤ朝は倒れ、そして、アッバース朝が生まれた。しかし、まだ終わったわけではない。ウマイヤ家の血を根絶しなければならないからだ。初代アブー＝アル＝アッバースの治世は、ウマイヤ家の殲滅《せんめつ》に費やされることになるが、ウマイヤ家の血筋の者が1人、逃走を図ることに成功する。彼こそが…。

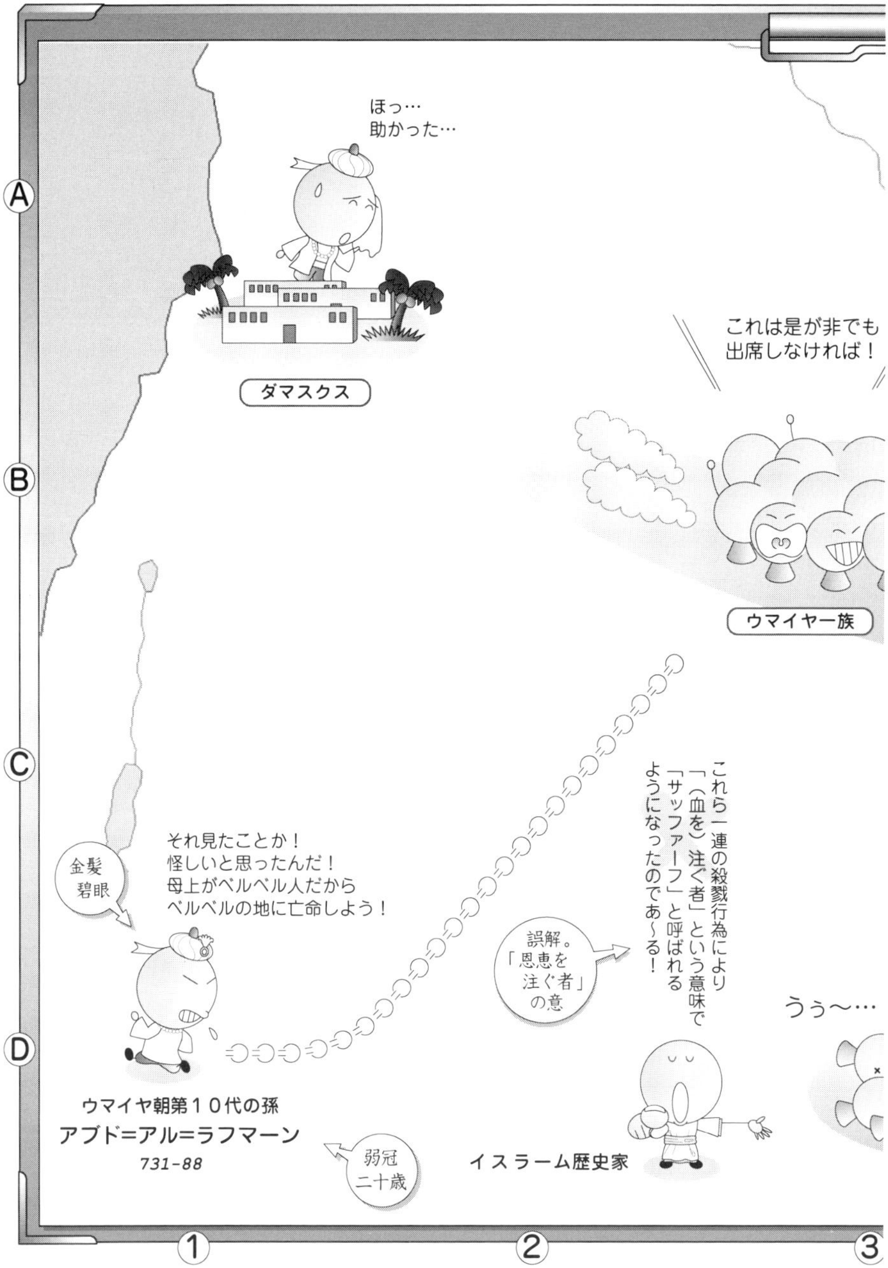

ほっ…
助かった…
ダマスクス
これは是が非でも
出席しなければ！
ウマイヤー族
それ見たことか！
怪しいと思ったんだ！
母上がベルベル人だから
ベルベルの地に亡命しよう！
金髪
碧眼
これら一連の殺戮行為により
「(血を) 注ぐ者」という意味で
「サッファーフ」と呼ばれる
ようになったのであ〜る！
誤解。
「恩恵を
注ぐ者」
の意
うぅ〜…
ウマイヤ朝第１０代の孫
アブド=アル=ラフマーン
731-88
弱冠
二十歳
イスラーム歴史家
A
B
C
D
1
2
3

750 - 1258
アッバース朝
別名：
イスラム帝国
黒衣大食
ウマイヤ家のジェノサイドをした直後、天然痘にかかって死んでもぉた…
754
治世4年9月
内乱は終わった！過去のわだかまりを捨て、これからはアッバース家とウマイヤ家が、ともにこの国を盛り立てていこうではないか！
ついては、「仲直りパーティ」を催したいと思うので みなさん、こぞって ご参加ください！
クーファ
じゅうたんを掛け、やつらのうめき声をバックミュージックに宴会をつづけろっ！
「ウマイヤの血筋の者、すべての者に制裁を！」
かんぱ〜い！
じゅ〜たん
754
アッバース朝初代
アブー=アル=アッバース
アル=サッファーフ
750-754
ウマイヤ一族
④
⑤

750 - 1258

ウマイヤ朝は倒れ、アッバース朝が立ちました。（＊01）

しかし、アッバース朝による、ウマイヤ追撃の手が緩むことはけっしてありませんでした。

「ウマイヤ家の墓を暴き、ムチ打ちを与えよ！」（＊02）

「ウマイヤ家の一族は、ひとり残らず根絶やしにせよ！」

もう勝負はついたのだから、そこまでしなくても…と思われるかもしれませんが、100年以上にわたってウマイヤ朝に煮え湯を呑まされつづけた、その怨み・ツラミとはそのようなものなのかもしれません。

それに、ここで温情をかけたために、その子孫によって復讐され、滅ぼし返された政権は枚挙にいとまがありません（＊03）ので、我が王朝を思えば、仕方ないことなのかもしれません。

しかし、ウマイヤ家の人々も、そうカンタンに殺されてなるものか。

地下に潜り、潜伏先を転々とし、アッバース家の官憲も、おいそれとこれを見つけだすことができなくなります。

しかし、それからしばらくすると。

全国にお触れが出されました。

（＊01）中国人は、イスラームのことを「大食」と呼びましたが、それぞれの王朝のイメージカラーにより、ウマイヤ朝のことを「白衣大食」、アッバース朝のことを「黒衣大食」と呼びました。
「大食」というのは、中央アジアあたりに住んでいた人々を指す「タージーク」の音訳であって、「大メシ喰らい」という意味ではありません。

（＊02）ただし、第8代ウマール2世の墓だけは暴かせませんでした。
彼は人望厚く、公正で、ウマイヤ王家の中で唯一「アラブ人至上主義」を否定したため、シーア派からも人気がありました。
ちなみに、初代ムアーウィア、第2代ヤズィードの墓を暴いてみたところ、2つともカラッポだったと言います。

（＊03）平治の乱で平氏に敗北した源氏は族滅の危機に陥りましたが、まだ幼いということで温情がかけられ、頼朝には死一等が減ぜられ、流罪で済まされました。
しかし、彼が成人すれば、死一等を減ぜられたことを感謝するどころか、復讐に燃え、平家滅亡に追い込んでいます。
ハンパな情けは我が身を亡ぼすことになるのです。
ウマイヤ朝も、アッバース家の者をあえて亡ぼしませんでした。だから、復讐されました。
それを身をもって知るアッバース朝が、ウマイヤ家の族滅に執着しないわけがないのです。

「いまや天下は定まり、アッバースの世となった。
　アッバース家とウマイヤ家は、たしかにこれまで確執はあった。
　されど、同じクライシュ族、同じムスリムではないか。
　これまでの経緯《いきさつ》はいっさい水に流し、これからは、ともにこのムスリムの国を盛り立てていこうではないか！
　ついては、“仲直りパーティ”を開催することにいたしましたので、ウマイヤ家の方々はこぞって参加してくださいますよう！」
　これに、一斉に胸をなでおろしたウマイヤ一族。
「やれ、うれしや。」
「いつ見つかるかと、生きた心地もしなかった！」
「アブー＝アル＝アッバース殿はなんと心の広いお方だ！」
「我々を赦《ゆる》してくださるという！」
「それどころか、新政権の要職に就くことができるかもしれんぞ！」
「となれば、これはぜひとも参加せねば！」
　こうして、地下に潜っていたウマイヤ家の人々が、こぞってクーファに結集してきました。(B-3)

ほっ…
助かった…

ダマスクス

ついては、「仲直りパーティ」を催したいと思うのでみなさん、こぞってご参加ください！

クーファ

　かようにして、ウマイヤ・アッバース両家はめでたく和解が成立し、その象徴としての「和解パーティ」が開催される運びとなりました。
　その宴もたけなわとなったところで、ひとりの詩人が詩《うた》を吟じます。

「ウマイヤ家の血筋の者、すべての者に制裁を！」
……………え？
いま、なんと？

じゅ～たん
うぅ～…

ウマイヤ家の者たちがいぶかるヒマもなく、会場に兵がドッと乱入し、ウマイヤ家の人々を一網打尽に皆殺しにしていきます。
のたうちまわって悶絶するウマイヤ家の人々を満足げに見下ろしていたアブー＝アル＝アッバースは、高らかに宣言します。
「よし！　この者どもの上に絨毯《じゅうたん》をかぶせよ！
我ら、その上にて、真の宴会を開こうではないか！
こやつらのうめき声こそ、宴《うたげ》を盛り上げる最高の伴奏となろう！」(＊04)
しかし。
ただひとり、この“仲直りパーティ”を信じず、出席しなかった者がいました。
彼は逃げも逃げたり、追っ手の届かない最辺境の地・イベリアまで逃れ、のち、後ウマイヤ朝を建国することになりますが、それはまたのちほど。(＊05)

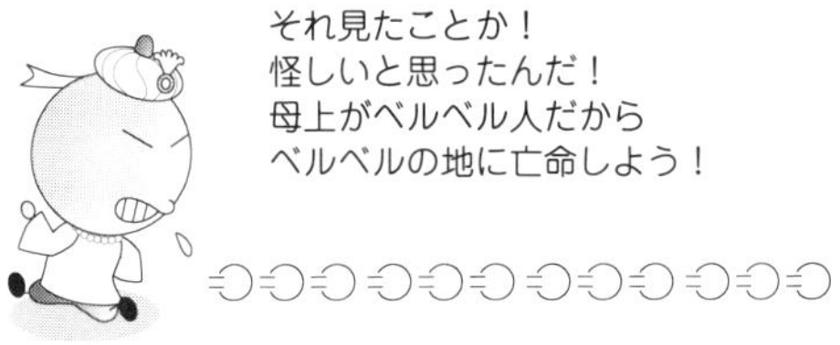
それ見たことか！
怪しいと思ったんだ！
母上がベルベル人だから
ベルベルの地に亡命しよう！

ウマイヤ朝第１０代の孫
アブド=アル=ラフマーン

（＊04）この逸話から伝わるように、アブー＝アル＝アッバースは残忍な性格であったと言われ、それにより「血を注ぐ者」という意味で「サッファーフ」と呼ばれるようになったとされてきました。しかし、最近の研究では「恩恵を注ぐ者」というよい意味だと言われています。(C/D-2/3)

（＊05）彼については、第５章第１幕参照。

第４章 アッバース朝時代

第３幕

次々と繰り出す改革 ムスリム平等政策

第2代アル＝マンスール

ウマイヤ家族滅に心血を注いだアッバース朝初代アブー＝アル＝アッバースだったが、その治世は短く、５年と保《も》たずに天然痘に倒れる。跡を継いだ兄、アル＝マンスールは、いよいよ帝国の磐石《ばんじゃく》化に力を注ぐ。彼は行政・軍事・徴税、インフラ整備、そして、カリフの地位まで、ありとあらゆるものにメスを入れていくのであった。

アッバース朝第２代
アル=マンスール

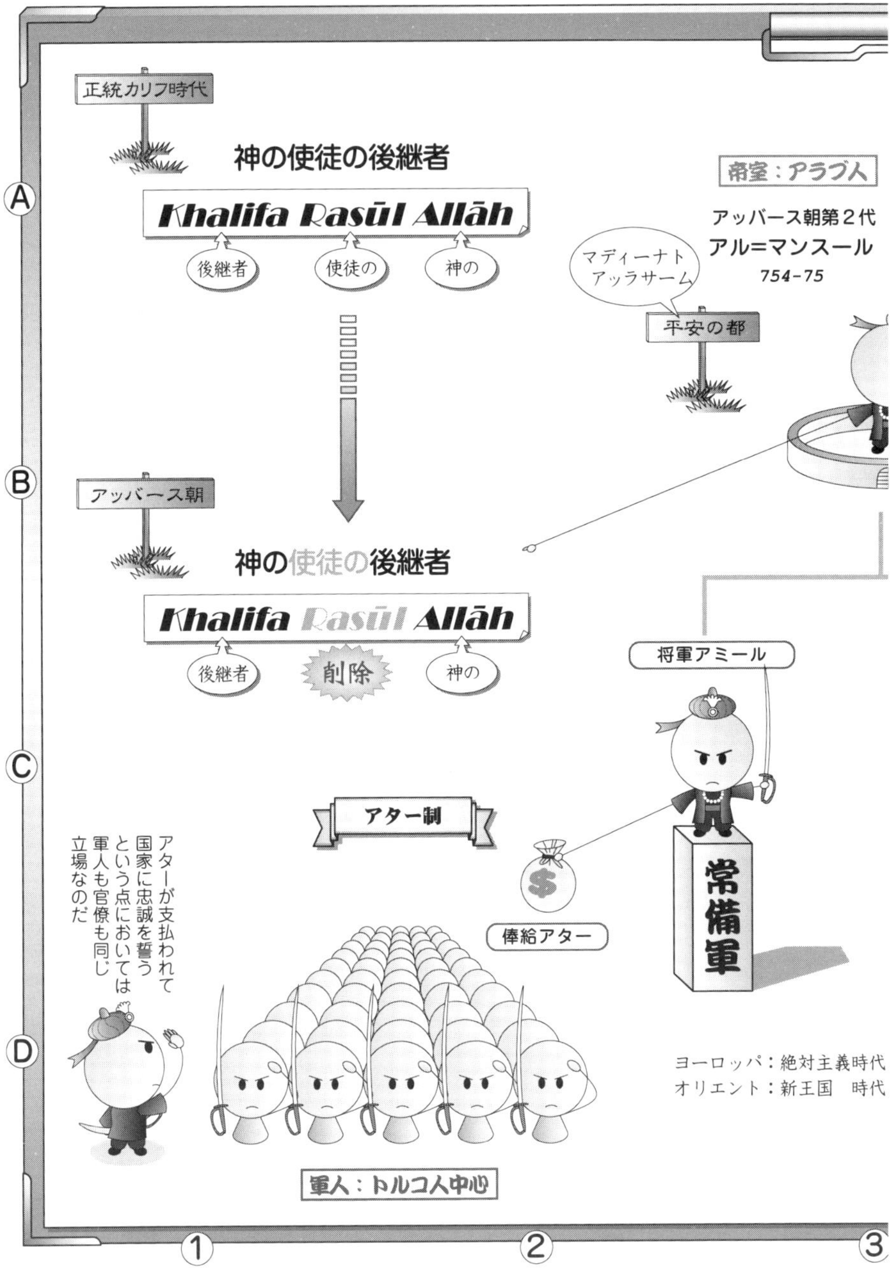

正統カリフ時代
神の使徒の後継者
Khalifa Rasūl Allāh
後継者
使徒の
神の
アッバース朝
神の使徒の後継者
Khalifa Rasūl Allāh
後継者
削除
神の
帝室：アラブ人
アッバース朝第２代
アル=マンスール
754-75
マディーナト
アッラサーム
平安の都
将軍アミール
常備軍
アター制
俸給アター
アターが支払われて
国家に忠誠を誓う
という点においては
軍人も官僚も同じ
立場なのだ
軍人：トルコ人中心
ヨーロッパ：絶対主義時代
オリエント：新王国　時代
A
B
C
D
1
2
3

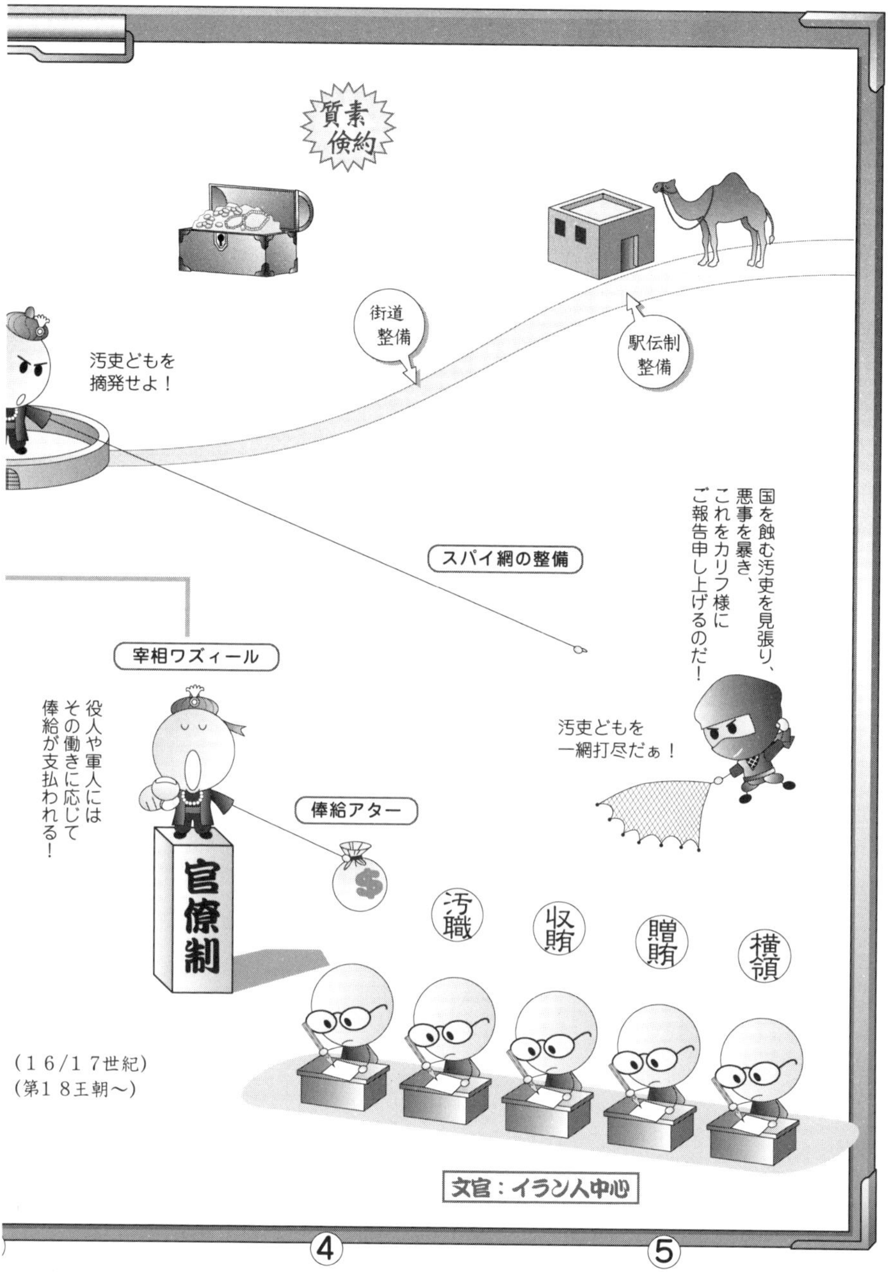
質素倹約
汚吏どもを
摘発せよ！
街道整備
駅伝制整備
スパイ網の整備
国を蝕む汚吏を見張り、
悪事を暴き、
これをカリフ様に
ご報告申し上げるのだ！
汚吏どもを
一網打尽だぁ！
宰相ワズィール
役人や軍人には
その働きに応じて
俸給が支払われる！
俸給アター
官僚制
汚職
収賄
贈賄
横領
（１６/１７世紀）
（第１８王朝～）
文官：イラン人中心
④
⑤

ウマイヤ家を騙《だま》し討ちで皆殺しにした、その呪いであるかのように、アブー＝アル＝アッバースは、その事件の直後、世にもおそろしい病・天然痘（＊01）にかかり、まだ30歳という若さで亡くなります。

跡を継いだのは、兄のアル＝マンスール。

彼は、いよいよ本格的に、帝国の地盤固めに入ります。

まずは、西は北アフリカのモロッコから東は中央アジアにいたる大帝国にふさわしい帝都の建設。

場所は、いにしえより物流の要衝であったバグダードに設定し、円形の城壁に囲まれた巨大な城塞都市で、「平安の都」と名付けられました。

10万の職人と4年の歳月が費やされ、人口は100万人を超えたと言われます。「千夜一夜物語」の挿話の舞台となり、アッバース朝の栄華の象徴となります。

アッバース朝第2代
アル=マンスール

（＊01）「疱瘡」とも呼ばれる。いまでこそ撲滅宣言（1980年）が出され、その恐ろしさを知る者も少なくなってきましたが、むかしは「悪魔の病」と怖れられた病気。
ひとたび感染すれば、死亡率50%。
しかも、飛沫感染や接触感染により感染します。
しかし、真に怖ろしいのは、その死亡率でも感染力でもなく、その症状。
患者は、顔から身体から全身に膿疱ができ、二目と見られない容姿となってしまう。
たとえ病気そのものは治癒しても、醜く変貌した自分の顔を見た患者が、悲観して自殺してしまうことがあとを絶たなかったと言います。
天然痘にかかった（とされる）有名人：伊達政宗・大谷吉継・高杉晋作・孝明天皇・順治帝・ルイ15世・ミラボー・ピョートル3世・スターリンなど。

つぎに、カリフの称号のすり替えを行います。

そもそも正統カリフ時代以来、「カリフ」の正式名称は、「Khalifa Rasūl Allāh」（ムハンマドの後継者）（A-1/2）だったものを、そこからさりげなく真ん中の言葉（Rasūl）を抜いて、「Khalifa Allāh」（神の後継者）と称するようになります。（B/C-1/2）(＊02)

おそらくは、ウマイヤ朝という「権威」を倒した正当化のために、「新しい権威」づけが必要だったのでしょうが、それにしても「人間ムハンマド」の後継者ではなく、「神聖不可侵の神」の後継者を自称するとは、畏《おそ》れ多いにもほどがないか。

さらには、あまりにも巨大化した帝国(＊03)を円滑に運営していくためには、情報伝達、物資輸送、軍事派兵上、インフラ整備は欠かせません。

全国に街道や駅伝制(＊04)を整備します。（A/B-4/5）

（＊02）「弱い犬ほどよく吠える」。
人は、おのれが弱ければ弱いほど、見た目を強そうに見せかけようとするものです。
ヤンキーや暴走族たちが、必要以上に見た目を恐そうに演出したがるのは、おのれの弱さがモロに表面化しているにすぎません。
同じように、アッバース朝が、神聖不可侵たる「神の後継者」を名乗るなど、神への冒瀆すら疑われる行為ですが、そんな「権威づけ」をしなければならないほど、アッバース朝の支配体制は意外にモロイものだ、ということを示しています。
「見た目」と「本質」は真逆であることが多いのです。
ホントに強い「犬」はけっして吠えません。

（＊03）モノゴトすべて「適度」というものがあります。デカけりゃいいというものではありません。国家にも適度な大きさというものがあります。アッバース朝は巨大すぎて、やがて、自分の体を自分で支えられなくなっていきます。

（＊04）街道沿いに「駅」と呼ばれる馬屋を設置し、駅から駅へと馬を乗り継いで、早馬を走らせることができるシステムのこと。

そして、何と言っても行政。

将軍（アミール）を頂点とした常備軍と、宰相（ワズィール）を頂点とした官僚制の二本柱で朝廷を支えます。

常備軍と官僚制の二本立て。

じつは、これ、ヨーロッパでは 16 世紀以降になってようやく現われたシステム（＊05）ですが、イスラームはすでに 800 年も早い 8 世紀には確立しています。

しかし、このシステムは、中央集権体制を確立するのにはたいへん有効なのですが、あまりにも維持費がかかりすぎるという欠点があります。（＊06）

そこで、アル＝マンスールは、ムダな出費の削減を徹底させます。

まず、質素倹約。(A-4)

贅沢ほどムダな出費はありません。

カリフ御《おん》みずから、酒も呑まず、美女も近づけず、質素な生活を率先して実行します。（＊07）

（＊05）言わずと知れた「絶対主義」のことです。

（＊06）ヨーロッパの絶対主義では、なんとかこの欠点を補填するべく「重商主義政策」が取られたことは有名ですが、しかし、その「重商主義」をもってしても、絶対主義のあまりの出費の多さに、結局は、どの国の絶対主義もこれを支えることができず、財政難に陥って崩壊しています。

（＊07）トップが模範を示す。すぐれた指導者による組織運営の基本です。

さらに、何と言っても官僚の汚職・横領。

これほどの国家の損失はありませんが、古今東西、これを撲滅できた国はほとんどありません。(＊08)

そこで、アル＝マンスールは全国にスパイ網を整備し、これを監視させます。(＊09)

アル＝マンスールのもとには、全国に配備されたスパイから情報が入りつづけ、汚職をつぎつぎと取り締まっていきます。

マンスールの実の弟が収賄《しゅうわい》したときですら、これを目こぼしすることなく全財産を没収し、天網恢々《てんもうかいかい》疎《そ》にして漏らさず、公正明大は帝国の隅々にまで行きわたります。(＊10)

「カリフ様は“魔法の鏡”でも持っておられるのでは？」

と噂されたほど。

(＊08) まったくないわけでもありませんが、本当に例外中の例外的存在です。
たとえば、毛沢東が 1949 年に建国してまもなく「三反五反運動（1951 ～ 53 年）」を推進し、これにより、汚職・贈賄・脱税・横領などが撲滅された、と言われています。
もっとも中国がそう主張しているだけで、「撲滅」がどこまで真実かは定かではありませんけれど。

(＊09) じつは、汚職官僚の撲滅には、これが一番効果的…というより、じつのところ、これしか手がない、と言った方がよいでしょうか。
毛沢東の「三反五反運動」も、スパイと密告を徹底的に活用しています。
しかし、このやり方も、よほどうまくやらないと「諸刃の剣」となってみずからを傷つけることになります。
スパイの人件費もバカにならないため、とうぜん、人件費以上の「成果」が要求されます。
すると、スパイは「ありもしない汚職」をデッチあげ、第三者を陥れてでも“業績”を上げようとします。
これでは、まっとうに仕事をしている人も、いつ何時、濡れ衣を着せられるかわかったものではなく、どこにスパイが潜んでいるかわからないため、社会全体が疑心暗鬼に陥り、人間関係が破綻していくことになります。
「三反五反運動」では、少なくとも 20 万人の自殺者が出たと言われています。
汚職を撲滅させるのは重要。でも、そのために何十万人の罪なき人たちが死んでいく、不幸になっていく、というのでは、まさに本末転倒です。

(＊10) とはいえ、これは「デモンストレーション」か、あるいは「政敵弾圧の口実」かもしれません。
どちらも、歴史上、よくあることですから。

そして、なにより前王朝を亡ぼす原因となった「アラブ人至上主義」を放棄し、要職をアラブ人で独占することを廃止します。

政府の各部署には、適材適所を徹底させ、腕っぷしの立つトルコ人は軍人として採用（D-1/2）し、経理帳簿に長けたイラン人を官僚として採用（D-4/5）し、帝国内のすべての民族に、要職に就く門戸を開きます。

	ムスリム				異教徒	
	アラブ人		異民族			
			マワーリー		ズィンミー	
	Jizya	Kharaj	Jizya	Kharaj	Jizya	Kharaj
正統カリフ時代	×		×		○	
ウマイヤ朝（5代～）	×		○		○	
アッバース朝（2代～）	×	○	×	○	○	○

もちろん、ウマイヤ朝以来の差別的徴税システムも改め、アラブ人·マワーリー間の差別的な徴税システムも改めることにします。

とはいえ、正統カリフ時代と違い、これだけマワーリーの数が増えてしまうと、旧に復し、「じゃ、マワーリーも無税」というわけにもいきません。

そこで、ムスリムであるなら、アラブ人・異民族の区別なく、ジズヤを廃止するが、地主なら無条件でハラージュを支払わせることにします。(＊11)

こうして、ムスリム間の不平等な扱いはなくなりました。(＊12)

しかし。

あちらを立てればこちらが立たず。

こうしたマンスールの政策が、のちに、アッバース朝を存亡の危機に陥れることになります。

（＊11）ここに至り、初めて、ジズヤは「人頭税」または「不信仰税」、ハラージュは「土地税」という意味合いを持つようになります。

（＊12）これはたいへん巧妙なやり口でした。一見すると「アラブ人もマワーリーも平等の扱い」のように見えます。しかし、実際には「アラブ人地主」というのは少なく、「地主」のほとんどが異民族なので、実際にハラージュを支払わされているのは、ほとんどが異民族ばかり。
じつは、現実に支払わされている税額を見れば、ウマイヤ朝時代とほとんど変わっていない、という仕組みになっていました。

第4章 アッバース朝時代

第4幕

母と家庭教師の陰謀

ヤフヤー専横時代

アル＝マンスールによる「ムスリム平等政策」は、アッバース朝に一時の繁栄をもたらした。しかし、森羅万象、メリットとデメリットは表裏一体。まもなく、それ自体が原因となって、アッバース朝は国家存亡の危機に陥る。この危機を乗り越えられれば、絶頂期が現出し、乗り越えられなければ、亡び去るのみ。さて…。

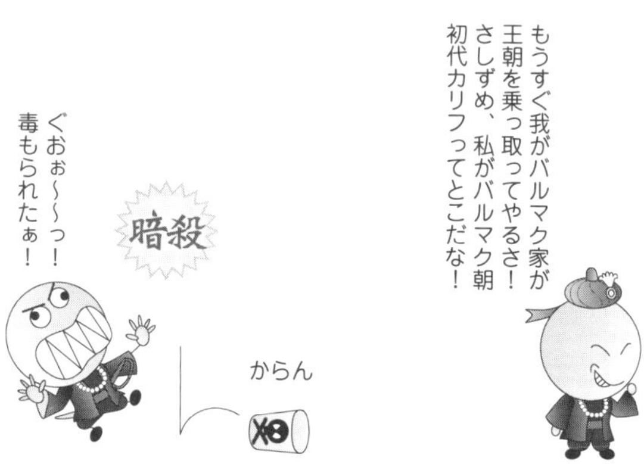
もうすぐ我がバルマク家が王朝を乗っ取ってやるさ！さしずめ、私がバルマク朝初代カリフってとこだな！
暗殺
ぐおぉ～～っ！毒もられたぁ！
からん

開かずの部屋
平安の都
なんとかかんとか
鎮圧はしたが…
かなりヤバかった…
アッバース朝第２代
アル=マンスール
754-75
るいるいと死体の山
げげっ！
父上が隠しつづけていた
「開かずの間」に
こんな秘密が…！！
耳にタブ
塩漬けされた
シーア派
開かずの部屋
アッバース朝第３代
マフディー
775-85
暗殺
ぐおぉ〜〜っ！
毒もられたぁ！
からん
アッバース朝第４代
ハーディー
785-786
母上の偏愛と、ヤフヤーの
バックアップのおかげで
カリフにはなれたけど、
後味の悪い玉座だな…
アッバース朝第５代
ハルン=アル=ラシード
786-809

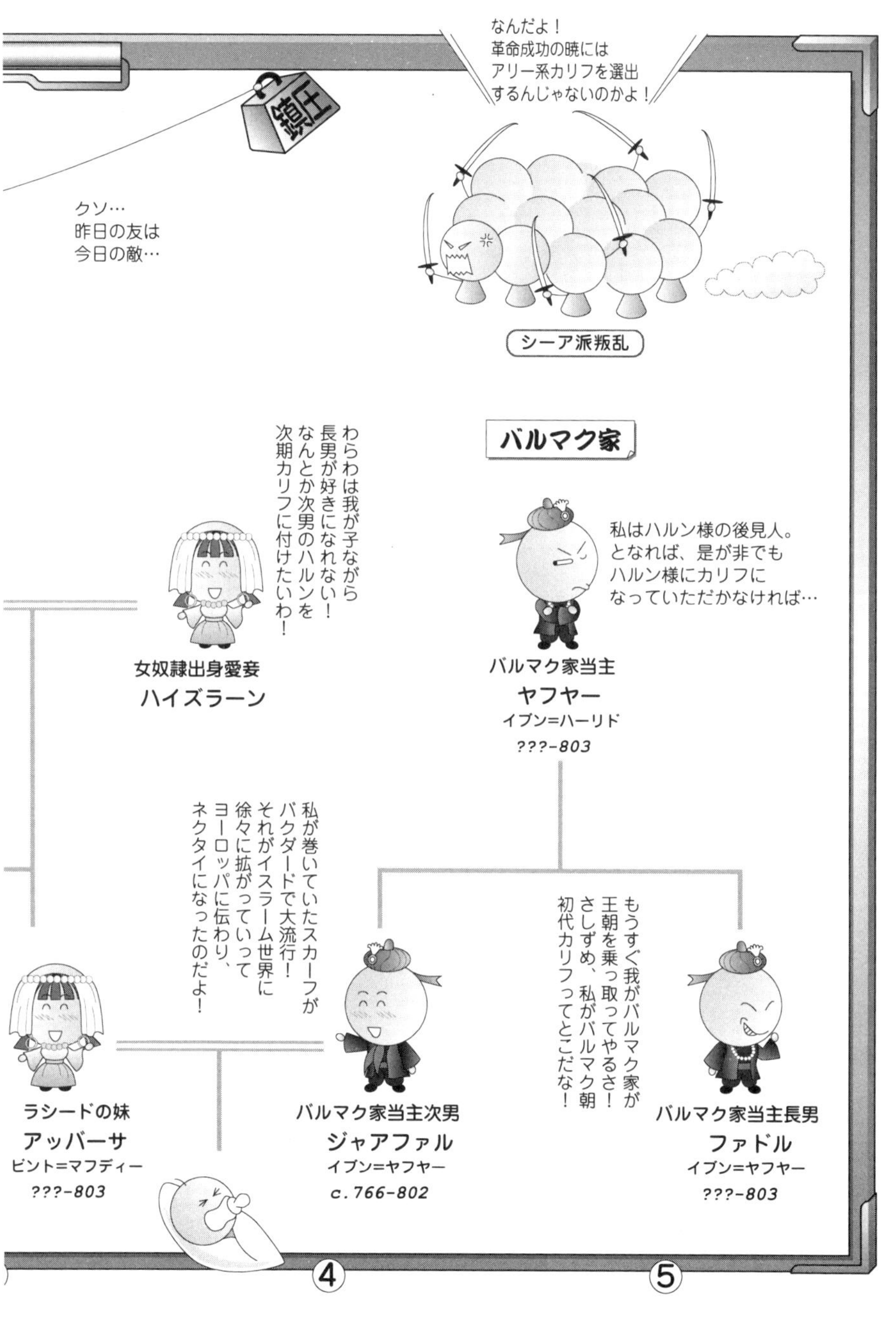
なんだよ！
革命成功の暁には
アリー系カリフを選出
するんじゃないのかよ！
クソ…
昨日の友は
今日の敵…
シーア派叛乱
バルマク家
わらわは我が子ながら
長男が好きになれない！
なんとか次男のハルンを
次期カリフに付けたいわ！
女奴隷出身愛妾
ハイズラーン
私はハルン様の後見人。
となれば、是が非でも
ハルン様にカリフに
なっていただかなければ…
バルマク家当主
ヤフヤー
イブン=ハーリド
???-803
私が巻いていたスカーフが
バクダードで大流行！
それがイスラーム世界に
徐々に拡がっていって
ヨーロッパに伝わり、
ネクタイになったのだよ！
もうすぐ我がバルマク家が
王朝を乗っ取ってやるさ！
さしずめ、私がバルマク朝
初代カリフってとこだな！
ラシードの妹
アッバーサ
ビント=マフディー
???-803
バルマク家当主次男
ジャアファル
イブン=ヤフヤー
c.766-802
バルマク家当主長男
ファドル
イブン=ヤフヤー
???-803
④
⑤

アッバース革命は、
「カリフはハーシム家(＊01)の血筋の者から選出されなければならない！」
というスローガンのもと、シーア派を味方に取り込むことで成功しました。

ただ、「ハーシム家の血筋の者」と言っても、シーア派の人たちは、サイイド(＊02)から選出を考えていますが、アッバース家は、自分たちがカリフ位を簒奪《さんだつ》しようと思っています(＊03)から、ここが利害の対立するところ。

そこで、その利害調整として、
「ウマイヤ打倒の暁には、初代はアッバース家から、次代はサイイドからカリフ位を選出すること」
ということで妥協することにしました。(＊04)

こうして共闘が成立し、革命は達成されたわけです。

しかし、所詮アッバース家はスンニ派。

シーア派とは「水と油」。

倶《とも》に天を戴《いただ》けるはずもなく。

目的を達したアッバース家はアッサリ約束を反《ほ》故《ご》にし、第２代もアッバース家から選出したものですから、騙されたと気づいたシーア派は、当然、相次いで反乱を起こします。

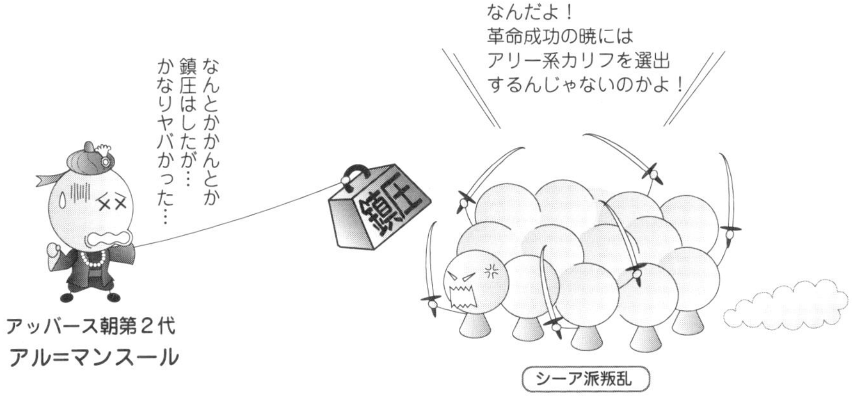

（＊01）教祖ムハンマドを出した家柄。詳しくは、第１章第３幕を参照のこと。

（＊02）アリーの子孫。詳しくは、第３章第５幕を参照のこと。

（＊03）アッバース家の家祖は、教祖ムハンマドの叔父にあたり、傍系とはいえ、アッバース家も一応ハーシム家の端くれ。詳しくは、第１章第３幕パネル（C-5）を参照のこと。

その勢いたるやすさまじく、マンスールも何度か危機に陥ったほどでしたが、なんとかこれを鎮圧することに成功します。

ところで。

バグダード円城の中央には宮殿があり、その宮殿の中に“**開かずの部屋**”なるものがありました。(A-1/2)

その部屋を開けることができるカギを持っているのはアル＝マンスールのみ。

皇太子のムハンマドすら、その中をのぞき見ることすら許されぬ、秘密の部屋。

マンスールが亡くなったのち、跡を継いだムハンマド(＊05)が、イの一番に向かった先が“開かずの部屋”でした。

開けてみて仰天。

そのだだっ広い部屋には、塩漬けにされ、耳にはタグが付けられた、大量のシーア派有力者の死体が山と積まれていました。(＊06)

(＊04) このあたりは、征夷大将軍の地位をめぐる豊臣秀頼と徳川家康の関係に似ています。
家康は、征夷大将軍に就任するにあたり、「秀頼はまだ幼いため、今回は自分がピンチヒッターとしてその地位に就くが、秀頼が成人した暁には、その地位を秀頼に返上する」というような“含み”を持たせて、豊臣（淀）の怒りの矛先を避けておいてから、時を経ずしてアッサリそれを反故にし、我が子・秀忠に継がせてしまいます。
徳川家康 → アブー＝アル＝アッバース　　徳川秀忠 → アル＝マンスール
征夷大将軍 → カリフ　　豊臣秀頼 → サイイド

(＊05) カリフ位の継承後は「マフディー」と名乗ります。
彼は、父マンスールからそのボンクラぶりを懸念され、廃嫡寸前にまでなりましが、その廃嫡の直前、マンスールが急死したことで、事なきを得ています。
マンスール死亡時、彼はムハンマドの側近に囲まれていたため、ムハンマド派に毒殺された可能性がささやかれています。

(＊06) あらかじめ、シーア派有力者を暗殺しておけば、その者が擁立され、大きな反乱に発展することを防げます。とはいえ、その暗殺死体が発見されれば「犯人はアッバースに決まってる！」ということで、そのこと自体が反乱のキッカケになってしまうかもしれません。
死体さえ見つからなければ「行方不明」で終わりますから、「絶対に見つからない場所」に隠す必要がありました。バグダード宮城の奥深くの部屋ほど、死体の隠し場所として、安心できる場所はありません。

るいるいと死体の山
開かずの部屋

アッバース朝第３代
マフディー
775-85

初代アブー＝アル＝アッバースにつづき、この兄弟には「残忍な名君」という肩書がふさわしそうです。

さて、マンスールの跡を継いだマフディーは、「残忍」ではなかったようですが、生前、父が懸念した通り、どうしようもないボンクラでした。

王朝も３代目となり、国も安定期を迎えたこともあって、父の備蓄した国庫をただただ浪費し、贅沢《ぜいたく》三昧だけして死んでいきます。(＊07)

その彼が亡くなると、嫡男のハーディーが継ぎましたが、ここで母親**ハイズラーン**がしゃしゃり出てきます。

ぐおぉ～～っ！
毒もられたぁ！
暗殺
からん

ハイズラーンは、どうも次男坊の方がかわいくて仕方なかったようで、次男の家庭教師だったヤフヤーと組んで陰謀を巡らし、長男ハーディーを暗殺してしまいます。(＊08)

(＊07) 従いまして、私の専門である大学入試問題でも、まったく出題されることのない、どうでもいいカリフで、この人物に関しては、聞き流してもらってかまいません。
ただ、彼のお妃様と息子がちょっと重要になりますので、その“つなぎ”として触れてみただけです。

(＊08) 歴史を学んでいると、ふしぎと「末っ子かわいさに長男を殺そうとする母親」というのがよく登場します。日本の戦国時代でも、織田信長の母親しかり、伊達政宗の母親しかり。
同じおなかを痛めて生んだ子なのに？
筆者は男のせいか、そのへんの母心がいまいち理解できませんが。

このヤフヤーという男は、彼の妻が次男ハルン＝アル＝ラシードの乳母であった (＊09) ところから、ハルンの師父となった人物です。(＊10)

自分が後見人となっている人物ハルンがカリフになってくれれば、権勢は思いのまま (＊11) ですから、王妃ハイズラーンと利害が一致したわけです。

こうして、次男のハルン＝アル＝ラシード (＊12) が第５代カリフに就いたものの、その功績によって宰相となったヤフヤーが、事実上の“王”でありました。

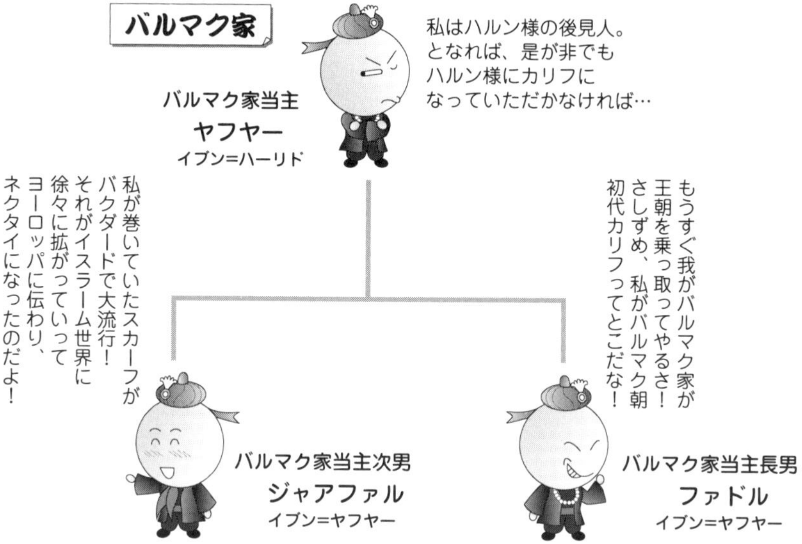
バルマク家
私はハルン様の後見人。
となれば、是が非でも
ハルン様にカリフに
なっていただかなければ…
バルマク家当主
ヤフヤー
イブン＝ハーリド
もうすぐ我がバルマク家が
王朝を乗っ取ってやるさ！
さしずめ、私がバルマク朝
初代カリフってとこだな！
私が巻いていたスカーフが
バクダードで大流行！
それがイスラーム世界に
徐々に拡がっていって
ヨーロッパに伝わり、
ネクタイになったのだよ！
バルマク家当主次男
ジャアファル
イブン＝ヤフヤー
バルマク家当主長男
ファドル
イブン＝ヤフヤー

(＊09) ヤフヤーの妻は、王妃ハイズラーンの友人でしたので、そのツテで。

(＊10) バルマク家当主。イラン人官僚。
アラブ人国家であるはずのアッバース朝において、イラン人が国家の最高ポストに就くことが可能だったのも、アル＝マンスールが「民族平等政策」を徹底したからに他なりません。
それは、我が国において、フランス人が内閣総理大臣になっているようなもので、日本では考えられないオープンな政策と言わざるを得ません。

(＊11)「奇貨居くべし」の故事で有名な呂不韋と重なります。
のちの秦の始皇帝（嬴政）の後見人という地位を手に入れた呂不韋が、政の秦王即位とともに丞相に任命され、権勢を思いのままにしたのと同じパターン。
そして、その後の彼の運命もまた、ヤフヤーと重なります。

(＊12) アッバース朝の絶頂期のカリフ。
「千夜一夜物語」の中でもっとも登場回数の多いカリフです。「千夜一夜物語」の中では、商人に扮して街中を視察する“アッバース版水戸黄門”を演じています。
もちろん「水戸黄門」同様、作り話ですが。

ハルン＝アル＝ラシードは、ヤフヤーにカリフの実権を奪われているわけで、通常なら対立関係になるところ（＊13）ですが、彼は、たいへんおとなしい性格で、ヤフヤーに対しても従順で、いっさいの口出し、口応えをせず、毎日の礼拝も100ラカア（＊14）を欠かさないというクソマジメぶりでした。

さらに、ヤフヤーの長男ファドルとは乳《ち》兄弟。

とくに、次男ジャアファル（＊15）とは無二の親友であり、自分の妹をジャアファルに嫁がせるほど仲がよく、バルマク家とは、まさに家族ぐるみの付き合いをしており、親密な関係でした。（＊16）

この蜜月《みつげつ》はいつまでもつづくかに見えました。

しかし……。

（＊13）後漢のラストエンペラー献帝と、曹操のような関係です。

（＊14）ラカアとは、アッラーへの礼拝動作の単位のこと。
通常は、一日17ラカアほどでよいところを、ハルンは100ラカアも礼拝していた、と言いますから、相当なクソマジメぶり、と言えます。しかし、マジメな行動をとる者ほど…。

（＊15）ジャアファルは、スラリと首が長く、ハンサムで、当時の若い女性からも人気があったそうです。若い女性がハンサムな男にキャ～キャ～熱狂するのは、いつの世も変わらぬようで。
彼は、その印象的な長い首に赤いスカーフを巻いて（仮面ライダーのマネじゃありませんぞ）、トレードマークのようにしていました。すると、これがイスラーム世界に大流行！
これが巡り巡って、ヨーロッパに伝わったものが、現在のネクタイになったのだ、という説もあります。

（＊16）いわば、バルマク家は、中国でいうところの「外戚」のような位置にあったわけです。
中国の歴史において、外戚が権勢をふるえば、相対的に王朝は衰え、外戚によって王朝が乗っ取られるということはよくある話で。アッバース家も同じ道を歩みつつあったわけです。

第４章 アッバース朝時代

第５幕

積年の憎しみを晴らす時がきた！

ハルン＝アル＝ラシード

アッバース朝の絶頂期を現出することになるハルン＝アル＝ラシードの治世も、その船出は試練の連続であった。バルマク家の専横は誰の目にも明らかで、遠からず、アッバース朝はバルマク朝に取って代わられてもおかしくない情勢であった。ハルンは、その爪を隠しつづけていた。しかし、それを磨くことは怠らなかったのである。

アッバース朝第５代
ハルン＝アル＝ラシード

バルマク家当主次男
ジャアファル
イブン＝ヤフヤー

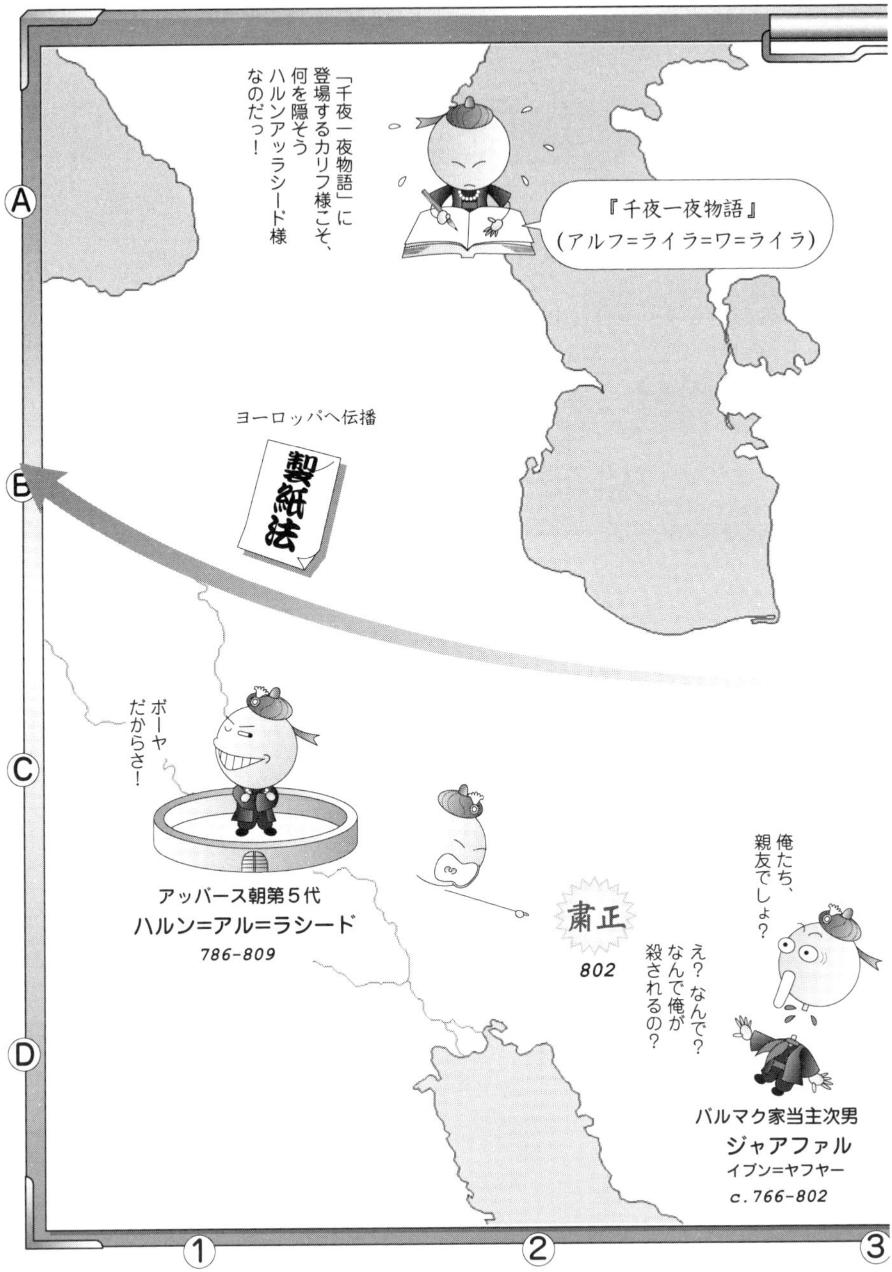

「千夜一夜物語」に登場するカリフ様こそ、何を隠そうハルンアッラシード様なのだっ！
『千夜一夜物語』
(アルフ=ライラ=ワ=ライラ)
ヨーロッパへ伝播
製紙法
ボーヤだからさ！
アッバース朝第５代
ハルン=アル=ラシード
786-809
粛正
802
俺たち、親友でしょ？
え？なんで？なんで俺が殺されるの？
バルマク家当主次男
ジャアファル
イブン=ヤフヤー
c.766-802
A
B
C
D
1
2
3

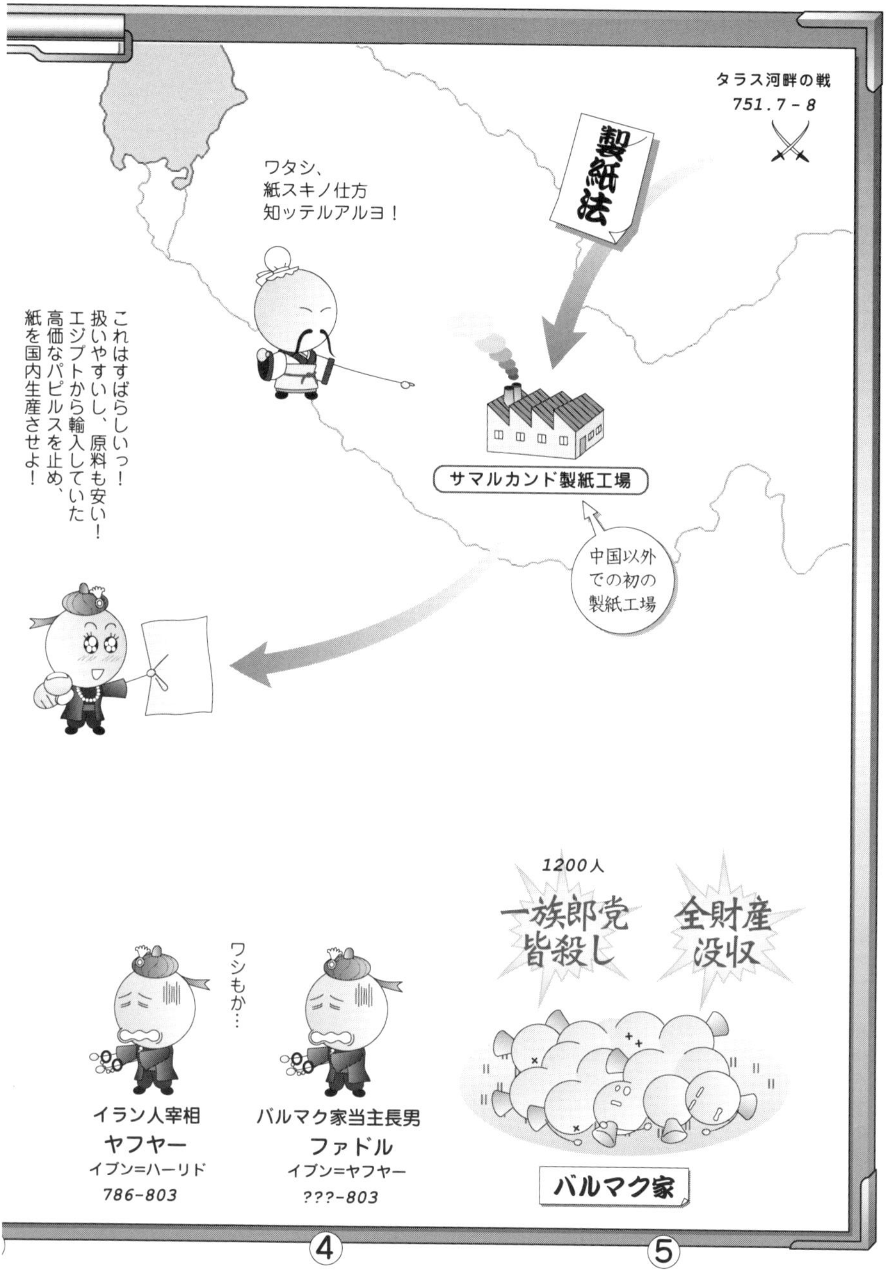
タラス河畔の戦
751.7－8
製紙法
ワタシ、
紙スキノ仕方
知ッテルアルヨ！
これはすばらしいっ！
扱いやすいし、原料も安い！
エジプトから輸入していた
高価なパピルスを止め、
紙を国内生産させよ！
サマルカンド製紙工場
中国以外での初の製紙工場
1200人
一族郎党皆殺し
全財産没収
ワシもか…
イラン人宰相
ヤフヤー
イブン=ハーリド
786-803
バルマク家当主長男
ファドル
イブン=ヤフヤー
???-803
バルマク家
④
⑤

それは、ある日突然やってきます。
いつものように、**ハルン＝アル＝ラシード**が、親友ジャアファルとともに狩りに出かけたときのこと。
　その帰り、何の前触れもなく、ハルン＝アル＝ラシードはジャアファルの首を刎《は》ねさせたのです。(D-3)[＊01]

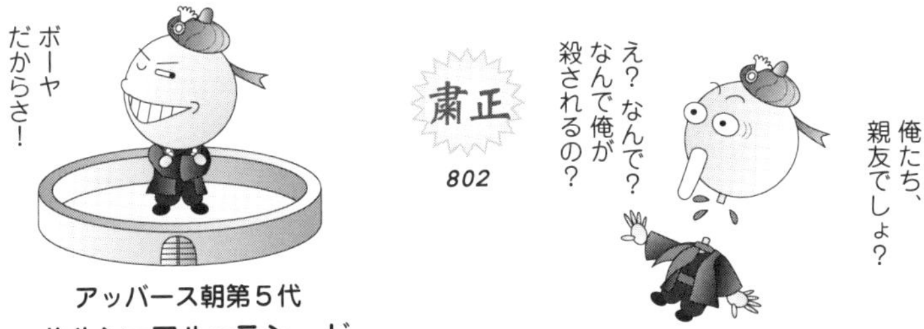

ボーヤだからさ！
粛正
802
え？なんで？
なんで俺が
殺されるの？
俺たち、親友でしょ？

アッバース朝第５代
ハルン=アル=ラシード

バルマク家当主次男
ジャアファル
イブン=ヤフヤー

　そう！
　いままで、ヤフヤーに従順だったのも、ジャアファルに対して親友のフリをしていたのも、愛する妹を嫁がせたのも、マジメぶっていたのも、バルマク家に愛想を振りまいていたのも、すべてはこの日のため。
　ハルンは、打ち落とされたジャアファルの首にツバを吐きかけ、罵《ののし》り、その体を、以後３年にわたって磔《はりつけ》に処します。
　ハルンの憎しみ、怒りのほどが伝わります。
　ここから、ハルンの行動は速かった。

（＊01）このジャアファル粛清のくだりは、「千夜一夜物語」の第994～98夜でも語られています。
ただし、「千夜一夜物語」では、メッカ巡礼の帰りということになっていますが。
ジャアファルの首は長かったそうですから、さぞや打ち落としやすかったでしょう。
アニメの話で恐縮ですが、「初代ガンダム」のシャーとガルマを見るようです。
シャー　「君の生まれの不幸を呪うがいい！
　　　　　君はいい友人であったが、君の父上がいけないのだよ！」
ギレン　「諸君らが愛してくれたガルマは死んだ！
　　　　　なぜだ！」(追悼演説より)
シャー　「ボーヤだからさ」

ただちに、バルマク家当主ヤフヤーと、長男ファドルも逮捕されます。

のみならず。

初代アブー＝アル＝アッバースがウマイヤ家に為したごとく、バルマク家一族郎党皆殺し(＊02)の上、全財産を没収(＊03)します。(D-4/5)

苦節 17 年、これでようやく、国の憂いを取り除くことができました。

ワシもか…
イラン人宰相
ヤフヤー
イブン=ハーリド
バルマク家当主長男
ファドル
イブン=ヤフヤー
バルマク家

ところで。

アッバース朝建国の翌年（751 年）、中央アジアでは唐と一大決戦が行われていました。

あの有名な「**タラス河畔の戦い**」です。(A-5)

（＊02）その数たるや、1200 人にものぼったそうです。
「建国の功臣が、権力を持ちすぎてしまったため亡ぼされる」ということは、どこの国でもあること。
功臣は、大きな手柄を立てるため、その恩賞も大きく、どうしても力を持ちすぎてしまって、王朝から警戒されるような存在になってしまいます。
力を持ちすぎた功臣・韓信が、初代皇帝高祖に疑われ、亡ぼされたとき「狡兎死して走狗烹られ、飛鳥尽きて良弓蔵われ、敵国破れて謀臣亡ぶ」と嘆いた故事は有名です。
その轍を踏まないためには、たとえどんなに大きな手柄を立てたとしても、君主はその恩賞を最小限にとどめ、家臣は必要以上に受け取らぬこと。
曹操の家臣·夏侯惇、劉備の家臣·趙雲はそうであったがゆえに天寿を全うできました。
豊臣秀吉が黒田官兵衛ほどの功臣に 10 万石ほどしか与えなかったのも、秀吉が黒田の才能を、家康なんかよりもずっと怖れていたがゆえ。
秀吉は言ったという。
「あやつに 100 万石も与えたら、たちまち天下はやつのものじゃ！」

（＊03）清朝の第 7 代嘉慶帝のころ、汚吏·和珅が、族滅のうえ、全財産没収されたことがありましたが、このとき没収した財は、国家予算の 10 年分に及んだと言います。

これはすばらしいっ！
扱いやすいし、原料も安い！
エジプトから輸入していた
高価なパピルスを止め、
紙を国内生産させよ！

このときに得た唐軍捕虜の中に、紙《かみ》漉《す》き職人がおり、ここで初めて、中国以外の地に「製紙法」が伝わった（A-5）ことは、あまりにも有名です。（＊04）

それまで、パピルスが使用されていましたが、このアッバース朝下で一気に紙が普及しました。（＊05）

あまりの利便性に、パピルスはアッという間に駆逐されていきましたが、紙の名前（paper）の語源として今でも生き残っています。

中国がそうであったように、イスラームもまた、この製紙法を外国に教えようとしませんでした。

そうすれば、国内で製品を作り、売りさばいて儲けることができますから。

ヨーロッパが紙を自国生産できるようになるのは、さらにずっとあと、アッバース朝が滅亡（1258年）するころになってやっとのこと。（B-1）

近代ヨーロッパの礎《いしずえ》となる四大発明、**紙・印刷術・羅針盤・火薬**。

そのことごとくすべてが中国発祥ですが（＊06）、それらのものは、イスラームを通じてヨーロッパに伝わったのです。

（＊04）ちなみに、中国以外で初めて製紙工場ができたのは、サマルカンドです。

（＊05）なぜ、パピルスではダメなのか。
じつは、パピルスは湿度に弱く、乾燥した砂漠地帯のエジプトやアラビアならまだしも、農耕地帯での使用は不向きでした。
また、折り曲げに弱く、冊子化ができないので、どうしても「巻物」になります。
これは、かさばるうえ、参照したい情報をすぐに検索できないなど、不便極まりない。
さらに、耐久性が低く、長期保存に堪えられないうえ、高価でした。
つまり、比べ物にならないくらい紙の方がすぐれていたわけです。

（＊06）とはいえ、それを実用化レベルまで持っていったのは、やはりヨーロッパ人です。
中国人の発明した羅針盤は、大洋では役に立たないものでしたが、それを大洋での使用に堪えうるものに改良したのはヨーロッパ人でした。
また、印刷術も、中国人が初めて「活字」というアイデアを思いついたにもかかわらず、木版だったため耐久性が低く、普及しないまま衰微していってしまいましたが、ヨーロッパ人はこれを鉛版にすることで、耐久性・製版性・コストのすべてを実用化レベルまで持っていくことに成功しています。
要するに、発明したのは中国、伝えたのはイスラーム、実用化レベルまで押し上げたのがヨーロッパ（紙以外）、ということになります。

第5章 イスラーム分裂

第1幕

あの時の金髪碧眼の青年がいま！

アッバース朝の解体

アッバース朝が成立した時、その版図は、イベリア半島から、北アフリカ全域、中近東全域、そして中央アジアに至るまで、想像を絶する大帝国となっていた。しかし、ものごとすべて大きければよいというものではない。アッバース朝は、自分の巨体を自分で支えることができず、成立した直後から崩壊を始める。

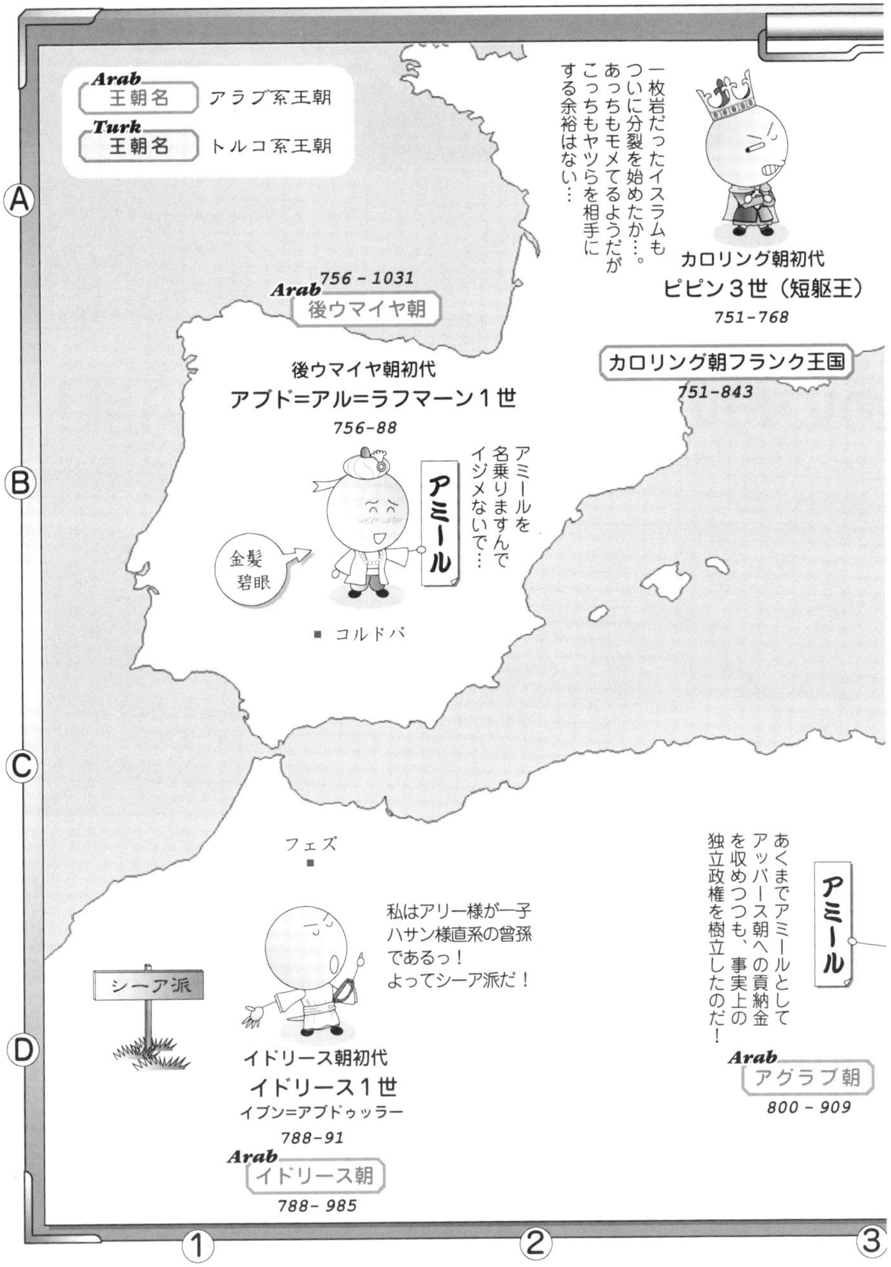

Arab 王朝名 アラブ系王朝
Turk 王朝名 トルコ系王朝
一枚岩だったイスラムもついに分裂を始めたか…。あっちもモメてるようだがこっちもヤツらを相手にする余裕はない…
カロリング朝初代
ピピン3世（短躯王）
751-768
カロリング朝フランク王国
751-843
Arab 756 - 1031
後ウマイヤ朝
後ウマイヤ朝初代
アブド=アル=ラフマーン1世
756-88
アミールを名乗りますんでイジメないで…
アミール
金髪碧眼
コルドバ
フェズ
私はアリー様が一子
ハサン様直系の曽孫
であるっ！
よってシーア派だ！
シーア派
イドリース朝初代
イドリース1世
イブン=アブドゥッラー
788-91
Arab
イドリース朝
788- 985
あくまでアミールとしてアッバース朝への貢納金を収めつつも、事実上の独立政権を樹立したのだ！
アミール
Arab
アグラブ朝
800 - 909
A
B
C
D
1
2
3

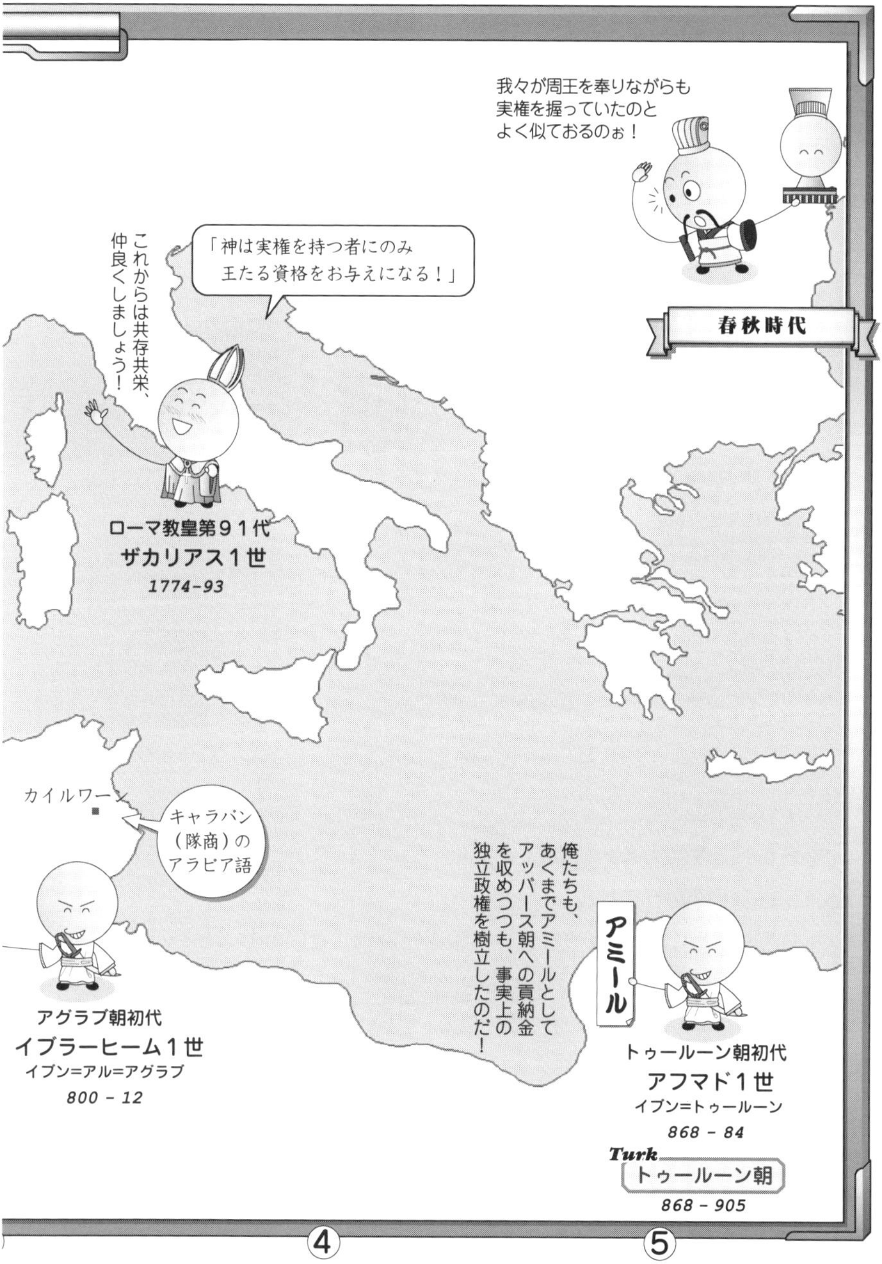
我々が周王を奉りながらも
実権を握っていたのと
よく似ておるのぉ！
春秋時代
「神は実権を持つ者にのみ
王たる資格をお与えになる！」
これからは共存共栄、
仲良くしましょう！
ローマ教皇第９１代
ザカリアス１世
1774-93
カイルワーン
キャラバン
（隊商）の
アラビア語
アグラブ朝初代
イブラーヒーム１世
イブン=アル=アグラブ
800 - 12
俺たちも、
あくまでアミールとして
アッバース朝への貢納金
を収めつつも、事実上の
独立政権を樹立したのだ！
アミール
トゥールーン朝初代
アフマド１世
イブン=トゥールーン
868 - 84
Turk
トゥールーン朝
868 - 905
④
⑤

アッバース朝が成立したとき、その版図たるや、西はイベリア半島の大半から、北アフリカ全域、中近東全域から、中央アジア、インドの一部に至るまで、とてつもなく広大なものでした。

ポルトガル
スペイン
チュニジア
モロッコ
アルジェリア
リビア
エジプト
アッバース朝国境線

現在の国で数え上げれば、30ヶ国前後にのぼる領域です。(＊01)

しかしながら。

物事すべて森羅万象、「適度」「適正」というものがあって、「大きければよい」というものではありません。

もちろん国家にも、「適度な大きさの支配領域」というものがあります。

アッバース朝は、ウマイヤ朝から引き継いだ、その巨大化しすぎた自分の体を自分自身で支え切れなくなり、建国早々、崩壊が始まります。(＊02)

その契機は、建国早々実行した、あの「**ウマイヤ家虐殺パーティ**」でした。

(＊01) 数え方にもよるので一概には言えませんが、概算で。

(＊02) 人間で譬えるなら、300kg、400kgの巨漢状態です。
こうなると、あまりにも巨漢すぎて、自分で自分の体重が支えられず、立てなくなり、内臓は悲鳴をあげ、その人の寿命を削ることになりますが、アッバース朝はまさにそのような状態でした。

「仲直りパーティ」と称するアッバース家の陰謀を、ただひとり看破し、アッバース家の執拗《しつよう》な追跡をも逃れ、イベリア半島（B-1/2）(＊03) まで逃げおおせた人物がいたのを覚えているでしょうか。

アゼルヴァイジャン
ウズベキスタン
タジキスタン
シリア
イラク
アフガニスタン
イスラエル
イラン
ヨルダン
パキスタン
サウジアラビア
オマーン

彼こそが、金髪碧眼《へきがん》・眉《び》目秀麗《もくしゅうれい》(＊04) の**アブド＝アル＝ラフマーン**。(＊05)

シリアから逃走し、北アフリカ（D-1 ～ 5）を駆け抜け、イベリアに至る、その苦難の道のりは、聞くも涙、語るも涙のハリウッド映画並みの物語がつづくのですが、その詳しい話はまた別の機会に。

（＊03）現在のスペインとポルトガルがある半島。
当時、イスラーム世界の中では、首都バグダードよりもっとも遠く、最辺境の地。

（＊04）アラブ人なのに「金髪碧眼」？　と思われるかもしれませんが、じつは、彼の母親がアラブ人ではなく、金髪碧眼のベルベル人だったためです。
そして、不思議とハーフは美形が多い。

（＊05）日本人からすると、舌をかみそうな名前ですが、これは「慈悲深きアッラーの下僕」という意味です。詳しくはコラム「イスラム圏の名前」を参照のこと。

彼は、たった２名の従者をつれ、５年にわたる苦難の放浪の末、イベリアに至り、ここで旗揚げし、ウマイヤ朝を復興させるのです。(＊06)

これを、先の「ウマイヤ朝」と区別するために、「**後《こう》ウマイヤ朝**」と呼びます。(＊07)

756年、鎮圧に押し寄せるアッバース朝のウマイヤ討伐軍をムラサで撃退、独立を確固たるものとします。

アッバース朝は、「うぉのれ、猪口才《ちょこざい》な！　ウマイヤと我が家は不倶戴天《ふぐたいてん》！かならずや、亡ぼしてくれるわ！」とばかりにぞくぞくと討伐軍を繰り出すのかと思いきや。

意外や意外、ここから両国は急速に友好的になります。

なぜ？？？

ヒントは、「個人」と「国家」の行動規範の違いです。

個人は、「損得」より「感情」で自分の行動規範を決めることも多いですが、国家はかならず「損得（国益）」最優先で動きます。

（＊06）まだ20歳だったアブド＝アル＝ラフマーンは、13歳の弟を連れながら、アッバース官憲の追跡を逃れつづけていましたが、とうとうユーフラテス川を背に追い詰められたことがありました。彼は弟に「川に飛び込め！　対岸まで泳ぐぞ！」と促します。
対岸まで泳ぎはじめた２人の背後からは官憲たちの声が聞こえてきます。
「お～い！　戻ってこ～い！　今戻ってきたら、命だけは助けてやるぞぉ！」
ふん！　そんな世迷い言、誰が信じるか！
彼は振り返ることもなく必死に泳ぎ、なんとか、対岸まで泳ぎ着きました。
ホッとしたのも束の間、ハタと、弟がいないことに気づきます。
振り返れば、なんと、弟は、官憲の甘言をマに受け、引き返してしまっていたのです。
「あぁ！」
狼狽する彼の見ている目の前で、弟は首を掻き斬られて殺されます。
その胸中やいかばかりであったか。
しかし、彼の苦難はまだ始まったばかりでした。
彼がイベリアに渡ることができたのは、この５年後のことです。

（＊07）同じ国名の国家が２度にわたって建国されたとき、中国では、「前漢・後漢」などのように、頭に「前・後」をつけて区別します。
この慣例にしたがい、日本ではこの国のことを「後ウマイヤ朝」と呼びます。

よって、損得勘定さえ合うなら、「昨日の宿敵」が「今日は友」となることも何ら珍しくありません。（＊08）

じつは、アッバースが態度豹変《ひょうへん》したのも、そこにあります。

(1) まず何と言っても、イベリアはあまりにも遠すぎる。兵站《へいたん》の確保は至難で、莫大な軍事費用がかかるのに、成功しても割が合わない。

(2) それに、アッバース自体、建国まもなく、国内地盤の安定もままならないため、外征をつづける余裕がない。

(3) しかも、アブド＝アル＝ラフマーン自身が「アミール」を自称（＊09）しているため、停戦する大義名分はある。

(4) また、イベリアは、地理的にイスラームの最西端なので、アッバース朝の代わりに対ヨーロッパ戦を任せ、“防波堤”として利用価値がある。

こうした「損得勘定」によって、一時的に両国は“友好的”になったわけです。（＊10）

（＊08）たとえば某国Ａが、某国Ｂを国を挙げて敵視しているとします。この場合、Ａ国政府は「感情的」にＢ国が嫌いなのではなくて、敵視することが「得（国益）」だと判断しているにすぎません。国際環境が変化し、Ｂ国を味方につけた方が「得」だと判断されれば、たちまち、Ｂ国を友好国としてプロパガンダを転換します。
そうしたプロパガンダに洗脳された国民は、昨日まで罵りつづけたその口で、恥ずかしげもなく「大好き！」と口にするようになります。
これは、大戦中、「鬼畜米英」と叫んでいた日本人が、終戦した途端、「アメリカ大好き！」と稚児のごとく無邪気に喜んでいるのと同じです。
“無差別大量虐殺兵器”の原爆を２つも落とされたことすらスッカリ忘れて…。

（＊09）日本で譬えるなら、「天皇」と「将軍」の関係に似ています。
日本の将軍（アミールに相当）も、天皇（カリフに相当）の支配から脱し、事実上の独立政権を作りながら、肩書上はあくまで「日本国王」ではなく「征夷大将軍」を名乗り、天皇支配システムの枠組みを認めることで実効支配をつづけました。

（＊10）もちろん、ほんとうに“仲直り”したわけではありません。あくまで「利害が一致」しただけです。
だから、10世紀に入ると、両国はふたたび対立しはじめます。

こうして、教祖ムハンマド以来、ずっと「1つ」でありつづけたイスラーム国家《ウンマ》が、ここで初めて「2つ」に分裂しました。

これを境として、雨後の筍《たけのこ》がごとく、わらわらとイスラーム国家が生まれ、分裂と統廃合を繰り返しながら、現在にいたるまで数えきれないほどのイスラーム諸国が濫立《らんりつ》するようになります。

イスラーム分裂時代の始まりです。

ひとたび分裂という“前例”が生まれると、我も！　我も！　と後につづこう

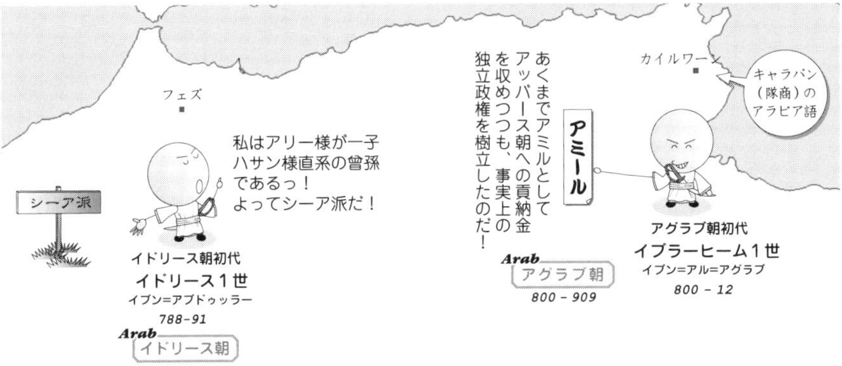

フェズ
私はアリー様が一子
ハサン様直系の曽孫
であるっ！
よってシーア派だ！
シーア派
イドリース朝初代
イドリース１世
イブン=アブドゥッラー
788-91
Arab
イドリース朝
あくまでアミルとして
アッバース朝への貢納金
を収めつつも、事実上の
独立政権を樹立したのだ！
アミール
カイルワーン
キャラバン
（隊商）の
アラビア語
Arab
アグラブ朝
800 - 909
アグラブ朝初代
イブラーヒーム１世
イブン=アル=アグラブ
800 - 12

とする独立王朝が現れるため、そこからの解体は比較的早い。[＊11]

ほどなく、モロッコからはイドリース朝（D-1）、チュニジアからはアグラブ朝（D-3）、イラン高原からはターヒル朝[＊12]、エジプトからはトゥールーン朝（D-5）…といった具合に、まさにバグダードから遠い順に、つぎつぎと自立化が進んでいくことになります。

（＊11）たとえ、それがどんなに小さな領土であっても、一度でも独立の“前例”を認めれば、その国は、たちまち解体していくものです。
その意味において、アッバース朝が後ウマイヤ朝と妥協したのは失敗でした。
あれほど広大な国土を保有している中国やロシアですら、どんな小さな独立運動も許さず、徹底的に弾圧するのは、そのことをよく理解しているからです。
日本にも領土問題は存在しますが、それがどんなに小さな島であったとしても、そこで妥協することは、その「小さな島」を喪失するだけでは済まないのです。
それは、国家全体の大損失、往々にして、国家の崩壊を意味することを、まったく理解できていないのは、日本人くらいのものです。
歴史に無知であることは、たいへん罪深いことです。
アッバース朝の失態がそれを教えてくれます。歴史に学ぶとはこういうことです。

（＊12）アッバース朝第７代マームーンの子飼の隻眼将軍ターヒルが自立化したもの。
本書では、ターヒル朝のパネルは紙面制約上、割愛いたしました。

ちなみに、モロッコのイドリース朝は、第４代正統カリフ・アリーの長男ハサン（＊13）の子孫サイイド（＊14）が自立した王朝なので、アラブ人の国でありながらシーア派、というたいへん珍しい王朝。

チュニジアのアグラブ朝・エジプトのトゥールーン朝・イランのターヒル朝は、各地の駐屯地《ミスル》（＊15）に駐屯した総督《アミール》がそのまま自立して割拠したもの。

いずれも「総督《アミール》」を名乗ることで、名目上はカリフの権威を認め、支配下である立場をとりますが、事実上は独立政府と何ら変わらない国家運営をするようになります。

これは、中国で譬《たと》えるなら「春秋時代」(A-5)（＊16）、日本で譬えるなら「室町幕府末期」（＊17）に似ています。

いつの時代でも、どこの国でも、権力の衰えた王朝は、各地に割拠する政権を黙認し、地方政権は王朝を尊重する、という状況が生まれやすいということです。

こうしてイスラーム帝国もほころびを見せはじめましたが、当時のヨーロッパ側も国内問題を抱えており、これに付け入る余裕はなく（A-3）、ヨーロッパとの関係は、もうしばらく小康状態がつづきます。

カロリング朝フランク王国
751-843
一枚岩だったイスラムも
ついに分裂を始めたか…。
あっちもモメてるようだが
こっちもヤツラを相手に
する余裕はない…
カロリング朝初代
ピピン３世（短躯王）
751-768

（＊13）第２章第７幕の脚注（＊14）、または、第３章第５幕のパネル（B-2）を参照のこと。

（＊14）第３章第５幕の脚注（＊10）を参照のこと。

（＊15）第２章第３幕を参照のこと。

（＊16）中国の春秋時代でも、時の政権・周王朝の権威は衰えて、各地に諸侯が割拠し、戦乱を繰り返すようになっても、それでもなお、名目的・形式的に、諸侯たちは周の権威を尊重していました。このときのアッバース朝とアミールのような関係です。

（＊17）日本では、室町時代末期においても、時の政権・室町幕府の権威が揺らぎ、各地の守護大名が自立化し、戦国大名として割拠するようになりましたが、やはり、信長以前の戦国大名は、幕府を尊重していました。
このときの「室町幕府」をアッバース朝、「守護大名」をアミール、「駿河の今川や甲斐の武田」をエジプトのトゥールーン朝やイランのターヒル朝と読み替えてみると理解しやすい。
そうすると、さしずめ、信長は、のちにアッバース朝を滅ぼす「モンゴル帝国のフラグ」といったところでしょうか。

Column 「六信五行とは」

イスラームには、「六信五行」というものがあります。

これについて、「ムスリムがなすべき“義務”のこと」と説明している書物がたいへん多いのですが、これはイスラーム無理解による誤りです。

「五行」は確かに“義務”です。

・「アッラーの他に神はなし」と信仰告白（シャハーダ）をすること。

・毎日欠かさずメッカに向かって礼拝（サラート）をすること。

・貧しい者に進んで施し（ザカート）をすること。

・毎年、ラマダーン月には断食（サウム）を行うこと。

・一生のうち最低一度はメッカに巡礼（ハッジ）すること。

これはあくまで義務ですので、これをマジメに行わない信者《ムスリム》はいます。

いても“不まじめな信者《ムスリム》”というだけのことです。

しかし、「六信」の方は、まったく意味合いが違います。

あえて言うなら、“資格”というべきもので、この「六信」すべてを信じて初めて信者《ムスリム》たり得るのであり、ひとつでも信じられないものがあるなら、その者はそもそも信者《ムスリム》ではありません。

つまり、信者《ムスリム》である以上、この「六信」を信じていない者は（理念上）ひとりもいないのであって、よって、“義務”もヘッタクレもありません。

以下、「六信」を列挙いたしますと、

・全智全能の神（アッラー）の存在を信じること。

・天使（マラーイカ）の存在を信じること。

・啓典（キターブ）に書かれた内容をすべて正しいと信じること。

・ムハンマドを含めたすべての預言者（ラスール）を信じること。

・最後の審判のあとの天国（アーヒラ）の到来を信じること。

・予定（カダル）を信じること。

この中で、日本人が一番理解しにくいのは、最後の「カダル」です。世界史の教師でも理解できていない人が多いくらいですが、これについては、つぎのコラム欄にてご説明いたします。

第5章 イスラーム分裂

第2幕

“自称”カリフたちの登場

ファーティマ朝の勃興

イドリース朝・アグラブ朝・トゥールーン朝。これまで北アフリカに続々と生まれた政権は、形式的とはいえ、アッバース朝の臣であった。しかし、その中からひとつの鬼子が生まれる。それがファーティマ朝。この王朝はアッバース朝の権威を認めず、カリフを自称し、徹底的対決姿勢を鮮明にする。新しい時代の幕開けである。

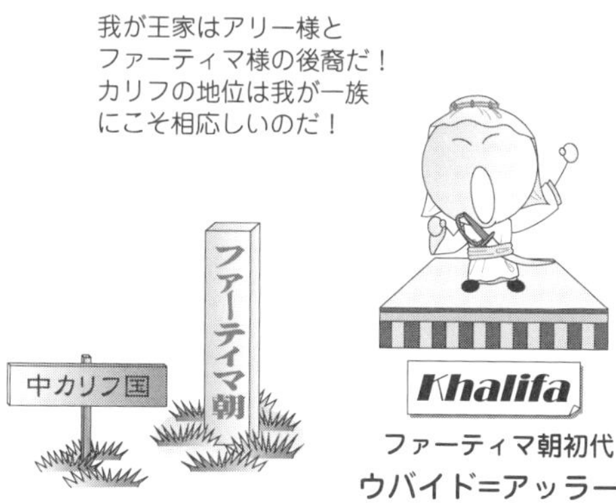

我が王家はアリー様とファーティマ様の後裔だ！カリフの地位は我が一族にこそ相応しいのだ！
中カリフ国
ファーティマ朝
Khalifa

ファーティマ朝初代
ウバイド=アッラーフ

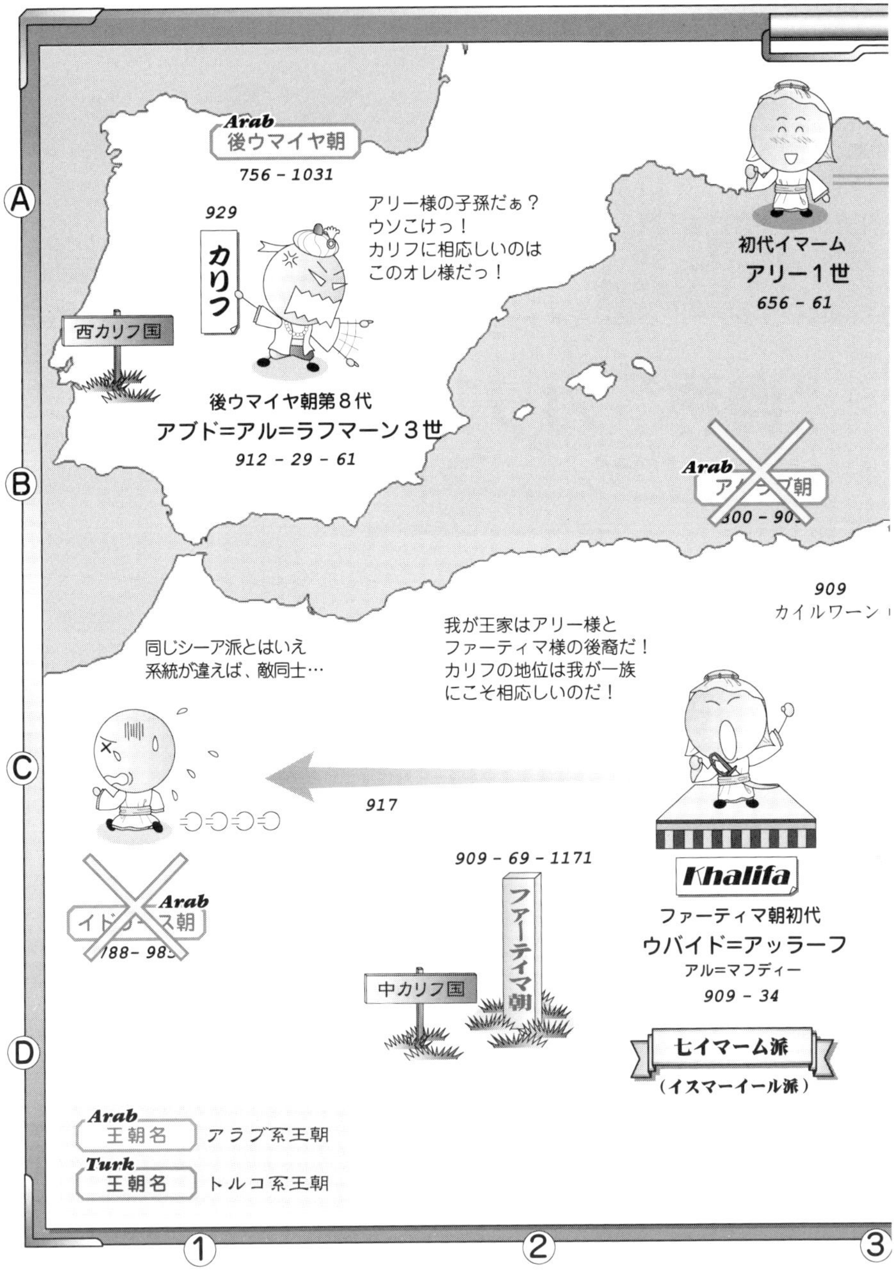

Arab
後ウマイヤ朝
756 - 1031
929
カリフ
アリー様の子孫だぁ？
ウソこけっ！
カリフに相応しいのは
このオレ様だっ！
西カリフ国
後ウマイヤ朝第８代
アブド=アル=ラフマーン３世
912 - 29 - 61
初代イマーム
アリー１世
656 - 61
Arab
909
カイルワーン
同じシーア派とはいえ
系統が違えば、敵同士…
我が王家はアリー様と
ファーティマ様の後裔だ！
カリフの地位は我が一族
にこそ相応しいのだ！
917
Arab
909 - 69 - 1171
ファーティマ朝
中カリフ国
Khalifa
ファーティマ朝初代
ウバイド=アッラーフ
アル=マフディー
909 - 34
七イマーム派
（イスマーイール派）
Arab
王朝名
アラブ系王朝
Turk
王朝名
トルコ系王朝
A
B
C
D
1
2
3

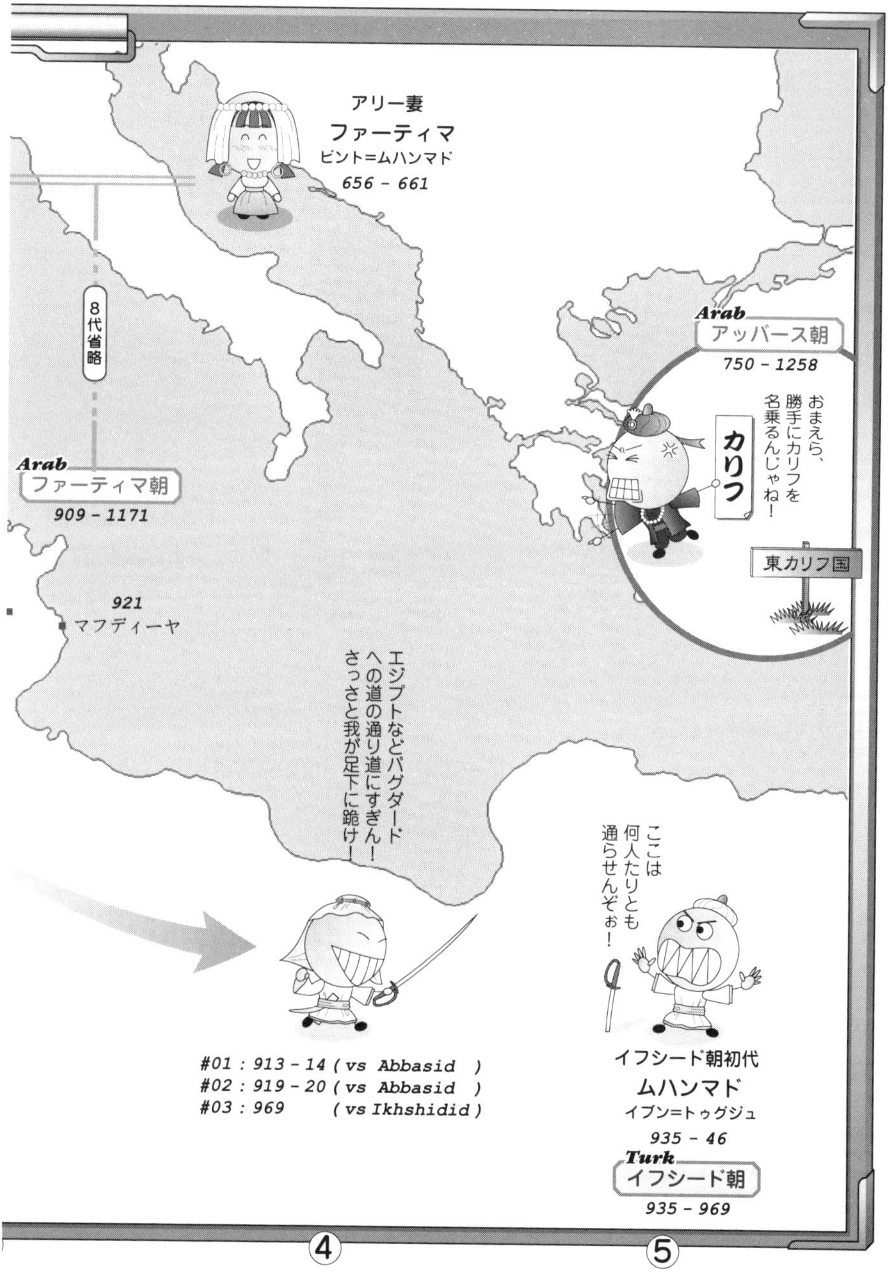
アリー妻
ファーティマ
ビント=ムハンマド
656 - 661
8代省略
Arab
ファーティマ朝
909 - 1171
921
マフディーヤ
Arab
アッバース朝
750 - 1258
おまえら、
勝手にカリフを
名乗るんじゃね！
カリフ
東カリフ国
エジプトなどバグダード
への道の通り道にすぎん！
さっさと我が足下に跪け！
ここは
何人たりとも
通らせんぞぉ！
#01 : 913 - 14 (vs Abbasid)
#02 : 919 - 20 (vs Abbasid)
#03 : 969 (vs Ikhshidid)
イフシード朝初代
ムハンマド
イブン=トゥグジュ
935 - 46
Turk
イフシード朝
935 - 969
④
⑤

さて。
アッバース朝は、建国早々、つぎつぎとその支配から自立する者が現れたところまで見てきました。

これだけ見ると、アッバース朝は、非常に弱体政権で混乱していたようなイメージですが、視点を変えて見ると、建国後 150 年間は、形式的とはいえ、あくまでアッバース朝の権威は尊重され、これに公然と敵対する者が現れることはなかったので、その意味では比較的安定していた、という見方もできます。

しかし、その“安定”も**ファーティマ朝**の出現（C-2/3）によって破られます。(＊01)

我が王家はアリー様と
ファーティマ様の後裔だ！
カリフの地位は我が一族
にこそ相応しいのだ！
中カリフ国
ファーティマ朝
Khalifa
ファーティマ朝初代
ウバイド=アッラーフ

ファーティマ王家は、第 4 代正統カリフのアリーとその妻ファーティマ (＊02) の次男フサイン (＊03) の子孫《サイド》を自称し (＊04)、七イマーム派 (＊05) を国教として、こう主張します。

「カリフを称してよいのは、サイイドのみである！
サイイドでもなんでもないアッバース家はカリフ位の簒奪者《さんだつしゃ》にすぎぬ！」

（＊01）日本の戦国時代で言えば織田信長、中国の春秋時代で言えば楚の荘王といったところ。
織田信長は、幕府・仏教・天皇などなど、旧来の権威もことごとくないがしろにし、幕府を滅ぼしたのみならず、果ては、帝位すら狙ったとも言われます。
楚もまた、家臣を示す「公」ではなく、周室と同じ号の「王」を僭称しはじめ、荘王にいたっては、周に対して“鼎（かなえ）の軽重を問う（王位簒奪の意思表示）”までに至っています。

（＊02）教祖ムハンマドの娘。第 2 章第 4 幕、第 3 章第 5 幕を参照のこと。

（＊03）カルバラーの惨劇にて謀殺された人。第 3 章第 1 幕を参照のこと。

（＊04）ほんとうにサイイドであったかどうかは不明。
三国志の劉備玄徳が「中山靖王劉勝が末孫」と漢帝室の末裔を“自称”したのと同じで、何の証拠があるわけでもありません。

（＊05）別名「イスマーイール派」。第 3 章第 5 幕（＊05）を参照のこと。

このようにアッバース朝の権威を真っ向から否定し、自らカリフを称し、ここに「2人のカリフ」が並び立つことになりました。(＊06)

これは一大事！

もともと1つであった「権威」が2つに分かれたとき、その権威は急速に失墜していくものです。

そして、一度キズつけられた権威が、旧に復することはほとんどなく、たいていは崩壊の一途をたどります。(＊07)

今回も、ひとたびファーティマ朝がカリフを自称するや、すぐに「3人目」が現われます。

あの金髪碧眼《へきがん》のイケメンボーイ、アブド＝アル＝ラフマーン1世(＊08)なる人物（A/B-1/2）を覚えていますでしょうか。

彼の孫の孫の、さらに曾《ひ》孫にあたる人物が、当時、後ウマイヤ朝第8代アミール・**アブド＝アル＝ラフマーン3世**、彼が「3人目」となります。

彼は、激怒して言います。

（＊06）日本で例を挙げれば、天皇家が2つに分かれた「南北朝時代」。
中国で例を挙げれば、皇帝が3人現れた「三国志時代」。
ヨーロッパでは、ローマ皇帝が濫立した「軍人黄帝時代」や「東西ローマ時代」。
あるいは、教皇が2人3人と並立した「大シスマ」などがこれに相当します。

（＊07）ごくまれに復活することもありますが、それ相応の時間と“契機”を必要とします。
たとえば、南北朝で失墜した天皇の権威が復活するためには、500年という途方もない時間と“黒船来航”という契機が必要でした。
ちなみに、天皇家というものは、世界的にもまったく類例のない、まことに不思議な王家で、平時においては“実権を持たない象徴的な存在”として細々と命脈を保ち、いざ、国家危機が訪れると、たちまち“日本の権威”となって日本を救い、危機が去れば、すぐまた“象徴”に舞い戻る、という歴史を繰り返してきました。
つまり、天皇家にとって「復活」は、“お家芸”なわけです。

（＊08）本章第1幕（＊06）を参照のこと。

「どこの馬の骨とも知れぬ者が、自らを称してサイイドとは片腹痛いわ！
ましてや、カリフだと！　寝言は起きてからヌカせ！
アッバース家とて、そもそも我がウマイヤ家からカリフ位を力ずくでもぎとった簒奪者にすぎん！
我がウマイヤ家こそが、真の正統なるカリフである！」

後ウマイヤ朝第８代
アブド=アル=ラフマーン３世

どうやら、ウマイヤ家こそが正統カリフからカリフ位を“力ずくでもぎとった簒奪者”であったこと（＊09）は、スッカリお忘れのようで。

こうして**３人のカリフが鼎立《ていりつ》**（＊10）し、カリフの権威は地に落ちます。（＊11）

さて、話をファーティマ朝に戻しますと、その初代カリフ·ウバイド=アッラーフの大志は大きく、“天下布武《てんかふぶ》”！（＊12）

バラバラに分裂してしまったイスラーム帝国を再び統一してみせん！

途方もない野望でしたが、これに基づき、建国するやいなや、東西に侵攻を始めます。

（＊09）第３章第１幕を参照のこと。

（＊10）以降（10世紀～）、アッバース朝を「東カリフ国」、ファーティマ朝を「中カリフ国」、後ウマイヤ朝を「西カリフ国」とも呼ぶようになります。
中国では、つねに「１人」しか存在しなかった皇帝が、３人鼎立した「三国志」といったところでしょうか。

（＊11）そもそもカリフとは「神の代理人」の意。
たった１人しかいない神の代理人が同時に２人も３人も現れ、互いに誹謗中傷合戦を始めれば、カリフのインチキ性が明らかとなりますので、その権威が失墜するのも当然。

（＊12）織田信長が、美濃攻略を達成し、天下統一を意識しはじめたころのスローガン。
イスラーム帝国の再統一を掲げて即位した当時、ウバイド=アッラーフは33歳。
奇しくも、信長が「天下布武」と言いはじめた歳と同じでした。

西へ侵攻しては、イドリース朝を亡ぼして、モロッコを併呑。(C-1)

東へ侵攻しては、アッバース朝のエジプトを脅かします。(D-4)(＊13)

そこで、アッバース朝は、度重なるファーティマ朝の侵攻に機敏に対応するため、軍人奴隷のマムルーク(＊14)をエジプトに常駐させます。(D-5)

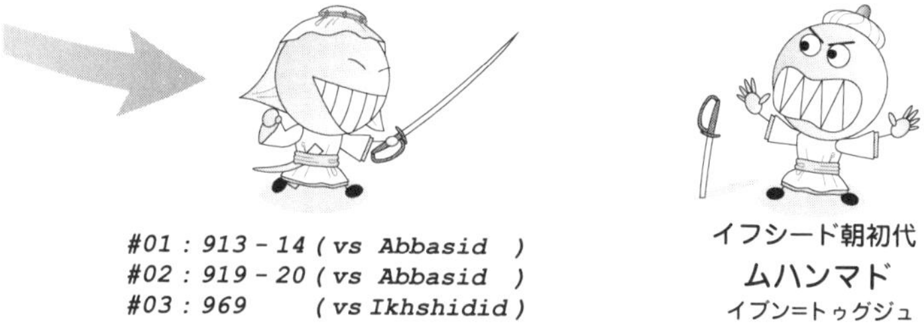
#01 : 913 - 14 (vs Abbasid)
#02 : 919 - 20 (vs Abbasid)
#03 : 969 (vs Ikhshidid)
イフシード朝初代
ムハンマド
イブン=トゥグジュ

このマムルークはほどなく半独立化し、これがイフシード朝（D-5）となりましたが、このイフシード朝も、さきのトゥールーン朝同様、40年と保《も》たずに自壊し、とうとうファーティマ朝の前に亡ぼされることになります。

これにより、チュニジアの片田舎《いなか》から興《おこ》ったファーティマ朝は、西はモロッコから、東はエジプトに至るまで、**北アフリカの全域を統一**し、堂々たる大帝国となりました。(＊15)

しかし。

ファーティマ朝の前には、次なる難問が立ちはだかることになります。

(＊13) つい先ごろまで、事実上エジプトを支配していたトゥールーン朝は、建国後40年と保たずに滅び去り、ふたたびアッバース朝の支配下に戻っていました。

(＊14) イスラーム世界における白人の軍人奴隷のこと。「白人」というと、つい現在の「白色人種」を思い浮かべがちですが、ムスリムのいう「白人」は「黒人以外」という意味なので、マムルークの人種は、トルコ系・モンゴル系・イラン系・ギリシア系・スラブ系など、白色・黄色人種さまざま。ただし、実際には、マムルークといえば、ほとんどがトルコ系。

(＊15) 人類悠久の歴史を紐解いても、チュニジアとエジプトの両地域が、ひとつの国家に統合されたことは指で折って数えるほどしかありません。
古代ローマ帝国・ビザンツ帝国・ウマイヤ朝・アッバース朝・オスマン帝国。
さほどに、リビア砂漠を乗り越えて両地域を支配するのは困難なのですが、ファーティマ朝も、これらの大帝国に名を連ねたのですから、その存在意義はとても大きい。

Column 「カダルとは」

前コラムでご説明いたしました「六信五行」の中で、日本人にもっとも理解しにくいのが、「カダル（予定／運命／定命）」という思想です。

「カダル」とは、ひとことで言えば、

「この全宇宙、森羅万象、すべての存在・出来事・運動は、ひとつの例外もなく、神《アッラー》の御意志に拠るもの（思《おぼ》し召《め》し）であり、それは、この宇宙創成の初めからあらかじめ定められていて、変更は絶対不可能である」

という考え方です。

しかしながら、このカダルを信じようとすると、どうしても、納得できない疑問がつぎつぎと湧き起こってきます。

世の中には、戦争・掠奪《りゃくだつ》・強盗・殺人・強姦・放火・疫病などの諸悪が蔓延《まんえん》し、それにより、何の罪もない善良な人々が苦しみ、もがき、怨嗟《えんさ》の声をあげながら死んでいっていますが、

「これらの諸悪もすべて神《アッラー》の思し召しだとでもいうのか？」

「慈悲深き神《アッラー》は、なぜこの善良で敬虔な人々を救わないのだ？」と。

たとえば、ここに、残忍な強姦殺人事件が起こったとします。

カダルによれば、もちろんそれも、神《アッラー》の思し召しにより定められ、起こるべくして起こった事件ということになります。

神《アッラー》は、いつ何時この娘が強姦された上に惨殺されるかを、当然知っておられましたが、それを防ごうともしません。

もちろん、神《アッラー》は、指一本はじく間もなく、いともカンタンに、この娘を救うことができる「全能」の力をお持ちですが、助けようともしません。

にもかかわらず、神《アッラー》は“慈愛深きお方”であり、絶対的に正しい。

ゆめゆめ神《アッラー》の絶対性を疑ってはならない。

「カダル」を信じるということは、そういう神を信じるということを意味します。

さて、あなたは「カダル」を信じることができたでしょうか。

これを信じることができないようでは、ムスリムにはなれませんぞ？

第５章 イスラーム分裂

第３幕

天下統一への野望

ファーティマ朝の絶頂

ファーティマ朝が興《おこ》るや、あれよあれよという間に、北アフリカ全域がファーティマ朝の統《す》べるところとなった。しかし、ファーティマ朝の最終目的はあくまで「イスラーム世界の再統一」。これに満足することなく、シリア・イラク・ヒジャーズへ向けて侵攻をつづける。しかし、もはや組織の拡大は限界を迎えていた。

エジプトはオチた！
次はアッバース朝を滅ぼし
全イスラム世界を
シーア派で再統一すっぜ！
ファーティマ朝

ファーティマ朝第４代
ムイッズ

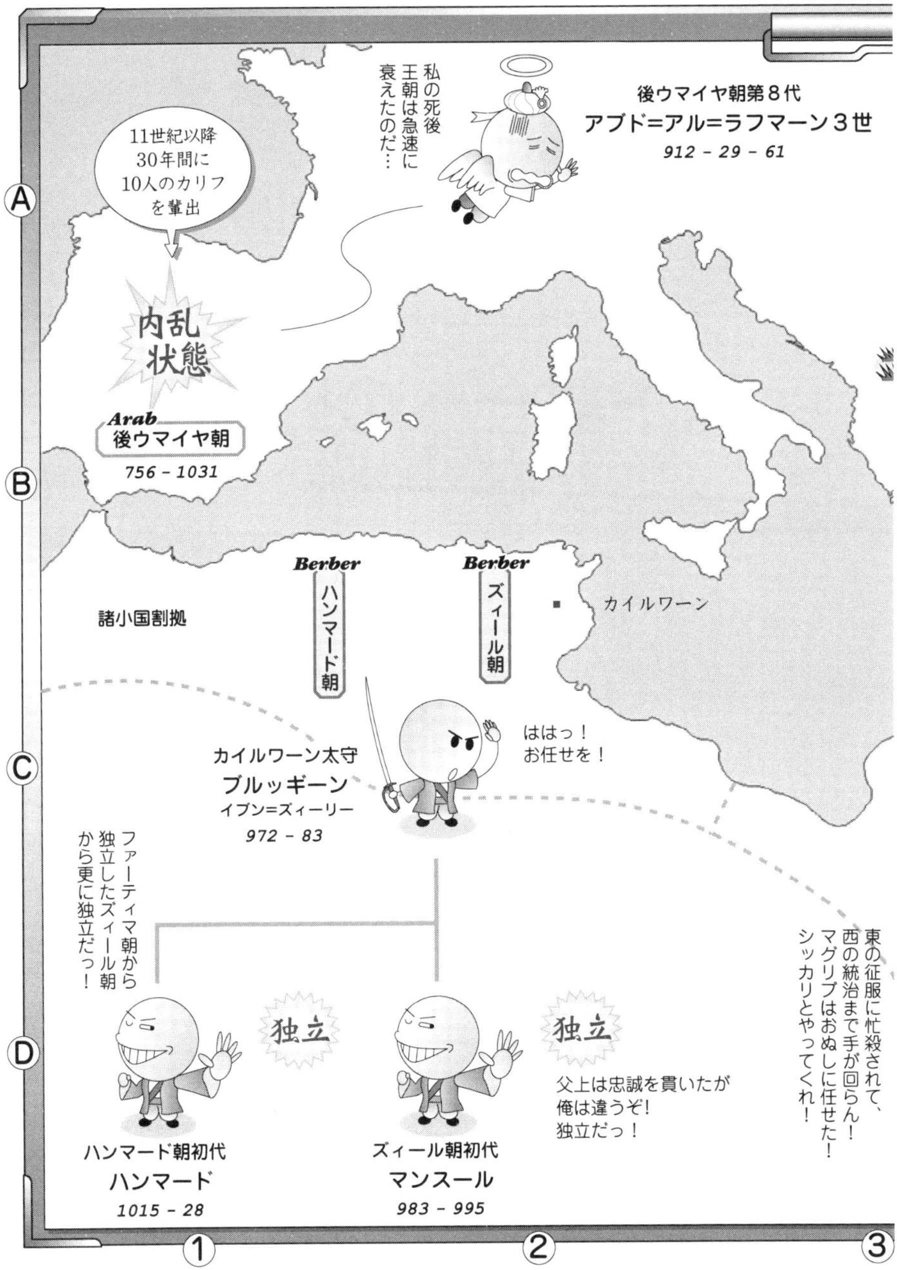

後ウマイヤ朝第８代
アブド=アル=ラフマーン３世
912 – 29 – 61
私の死後
王朝は急速に
衰えたのだ…
11世紀以降
30年間に
10人のカリフ
を輩出
内乱
状態
Arab
後ウマイヤ朝
756 – 1031
Berber
ハンマード朝
Berber
ズィール朝
カイルワーン
諸小国割拠
ははっ！
お任せを！
カイルワーン太守
ブルッギーン
イブン=ズィーリー
972 – 83
ファーティマ朝から
独立したズィール朝
から更に独立だっ！
東の征服に忙殺されて、
西の統治まで手が回らん！
マグリブはおぬしに任せた！
シッカリとやってくれ！
独立
独立
父上は忠誠を貫いたが
俺は違うぞ！
独立だっ！
ハンマード朝初代
ハンマード
1015 – 28
ズィール朝初代
マンスール
983 – 995

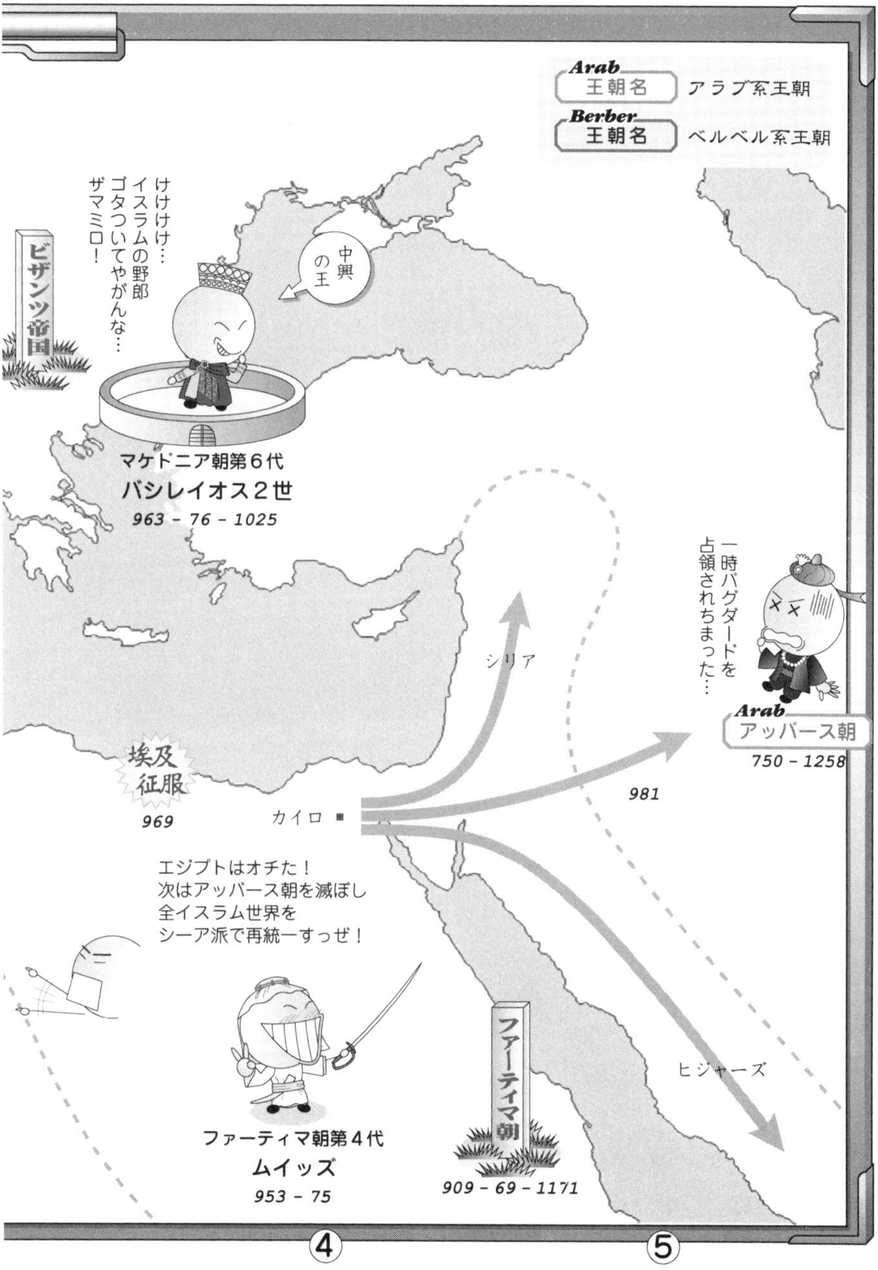
Arab
王朝名
アラブ系王朝
Berber
王朝名
ベルベル系王朝
ビザンツ帝国
けけけけ…
イスラムの野郎
ゴタついてやがんな…
ザマミロ！
中興の王
マケドニア朝第６代
バシレイオス２世
963 – 76 – 1025
シリア
一時バグダードを
占領されちまった…
Arab
アッバース朝
750 – 1258
981
埃及征服
969
カイロ
エジプトはオチた！
次はアッバース朝を滅ぼし
全イスラム世界を
シーア派で再統一すっぜ！
ヒジャーズ
ファーティマ朝
909 – 69 – 1171
ファーティマ朝第４代
ムイッズ
953 – 75
④
⑤

かくして、北アフリカ全域を統一することに成功した**ファーティマ朝**。
北アフリカ全域を支配した王朝など、人類の歴史を紐解《ひもと》いてみても指で折って数えるほどしかない。

だが、これで満足などするものか。

つぎは、シリア（B/C-4/5）だ、ヒジャーズ（D-5）だ、バグダードだ！（＊01）

そして、その先は、天下統一だ！

とはいえ、首都がマフディーヤ（B/C-2）（＊02）では、バグダードまで遠すぎて、兵站《へいたん》が維持できません。（＊03）

そもそも、チュニジア（B/C-2）の“片田舎”に生まれたこの国が、リビア砂漠（C/D-2/3）の向こうにあるエジプト（C/D-4）という“大都会”を支配するのはムリがあること、この上ない。（＊04）

そこで、エジプトを押さえるや否や、ただちに首都をカイロ（C-4）に遷《うつ》し、ここを新首都として、アッバース朝への侵攻を始めます。

エジプトはオチた！
次はアッバース朝を滅ぼし
全イスラム世界を
シーア派で再統一すっぜ！
ファーティマ朝
アッバース朝
ファーティマ朝第４代
ムイッズ

（＊01）当時、シリアは東西交易の中枢。
経済の中心であり、ここを押さえれば、莫大な富が流れ込みます。
ヒジャーズ地方（アラビア半島西海岸地帯）は、2大聖地（メッカ・メディナ）を擁し、宗教的に欠くべからざる重要拠点。
そして、バグダードは、いまや、全イスラムの中枢です。エジプトを押さえたファーティマは、この3方に向かって侵攻をつづけることになります。

（＊02）現チュニスの南にあったファーティマ朝の首都。「救世主の都」の意。

（＊03）戦争遂行にあたって、兵站の維持がもっとも重要であることはすでに述べました。

（＊04）チュニジアから全国を支配するのは、日本で譬えるなら、網走に首都を置いて日本全土を統治するようなものです。

こうして、シリア・ヒジャーズ両地方はファーティマの支配下に入り、さらに、バグダードにも肉薄、ファーティマ朝の勢いはとどまるところを知らないかに見えました。

しかし、このときすでにファーティマ朝も限界に達していました。

なんとなれば、東方方面作戦に大軍を動員しなければならないのに、同時にリビア砂漠の向こうのマグリブ（＊05）方面にも治安維持のための軍を割かねばならなくなっていたからです。

そこで、ファーティマ朝第４代ムイッズは、マグリブ地方は、子飼のマムルーク・ブルッギーンに任せ、自分は東方方面作戦に専念することにします。

しかし、組織の運営を他人任せにすれば、つぎにどうなるかは火を見るより明らかなことで…。（＊06）

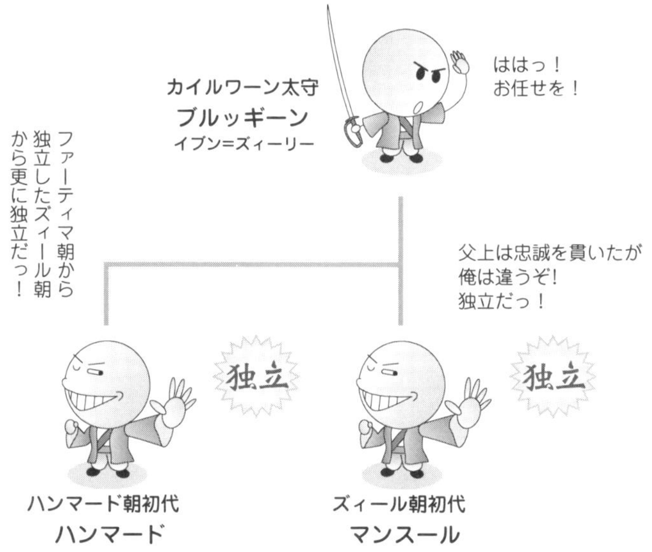
カイルワーン太守
ブルッギーン
イブン＝ズィーリー
ははっ！
お任せを！
ファーティマ朝から
独立したズィール朝
から更に独立だっ！
父上は忠誠を貫いたが
俺は違うぞ!
独立だっ！
独立
独立
ハンマード朝初代
ハンマード
ズィール朝初代
マンスール

（＊05）マグリブとは、チュニジア（ファーティマ朝勃興地）やモロッコ（旧イドリース朝領）あたりの地域のことです。パネルでは、（B/C-1/2）あたり。

（＊06）それは国家でも企業でも同じことです。

大方の予想通り、まもなくブルッギーンの息子たちが、ズィール朝、ハンマード朝（B/C-2）として独立。時を経ずして、マグリブ地方は諸小国割拠の戦国時代へと突入、解体していくことになります。

同じころ、イベリア半島（A/B-1）の後ウマイヤ朝も、**内乱状態**。

さらに、シリア方面でも、ファーティマ朝とアッバース朝の抗争が繰り返された結果、ともに国力は衰え、共倒れ状態に。

こうして、11 世紀に入ったころには、バグダード以西のイスラーム圏は、内部分裂と抗争を繰り返し、ことごとく衰亡の一途をたどった結果、イスラームに包囲されている形となっていたヨーロッパはイスラーム攻勢から一息つけることになります。

イスラームに隣接していたフランス（A-2）やビザンツ（A/B-4）は、この時期に力を蓄えることができました。

とくに、イスラームの攻勢を前にして、これまで防戦一方、幾度か国家存亡の危機にすら立たされたビザンツ帝国は、バシレイオス 2 世のもと、中興の繁栄期に入ります。[(＊07)]

ビザンツ帝国
けけけけ…
イスラムの野郎
ゴタついてやがんな…
ザマミロ！
中興の王
マケドニア朝第6代
バシレイオス2世

（＊ 07）強国・甲斐の武田と越後の上杉（ファーティマとアッバース）が、何度も川中島で戦いを繰り広げ、ともに国力を消耗している間に、弱小織田（ビザンツ）が勢力を拡大していったのに似ています。

第5章 イスラーム分裂

第4幕

“辺境の地”から 一大躍進の秘訣あり

サーマーン朝

バグダード以西において、続々とアミールが自立していき、事実上の独立国家を築いていたちょうどそのころ、バグダード以東でも、同じようにアミールが自立していった。ターヒル朝、サッファール朝や、サーマーン朝など。本幕では、その中でも、とりわけ重要度の高いサーマーン朝の動きを見ていくことにする。

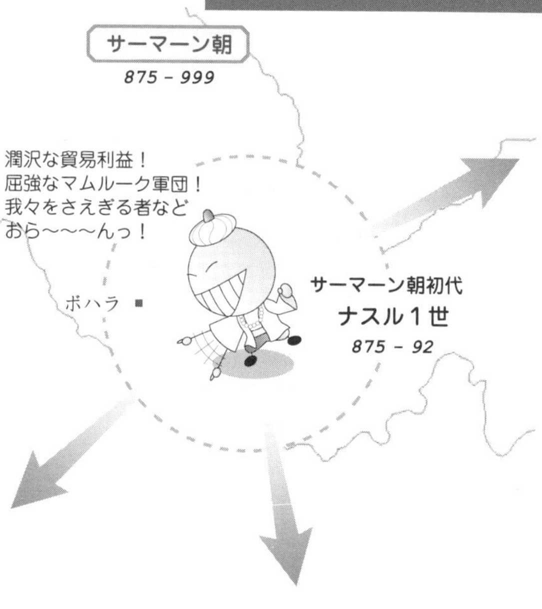
サーマーン朝
875 – 999
潤沢な貿易利益！
屈強なマムルーク軍団！
我々をさえぎる者など
おら～～～んっ！
ボハラ
サーマーン朝初代
ナスル1世
875 – 92

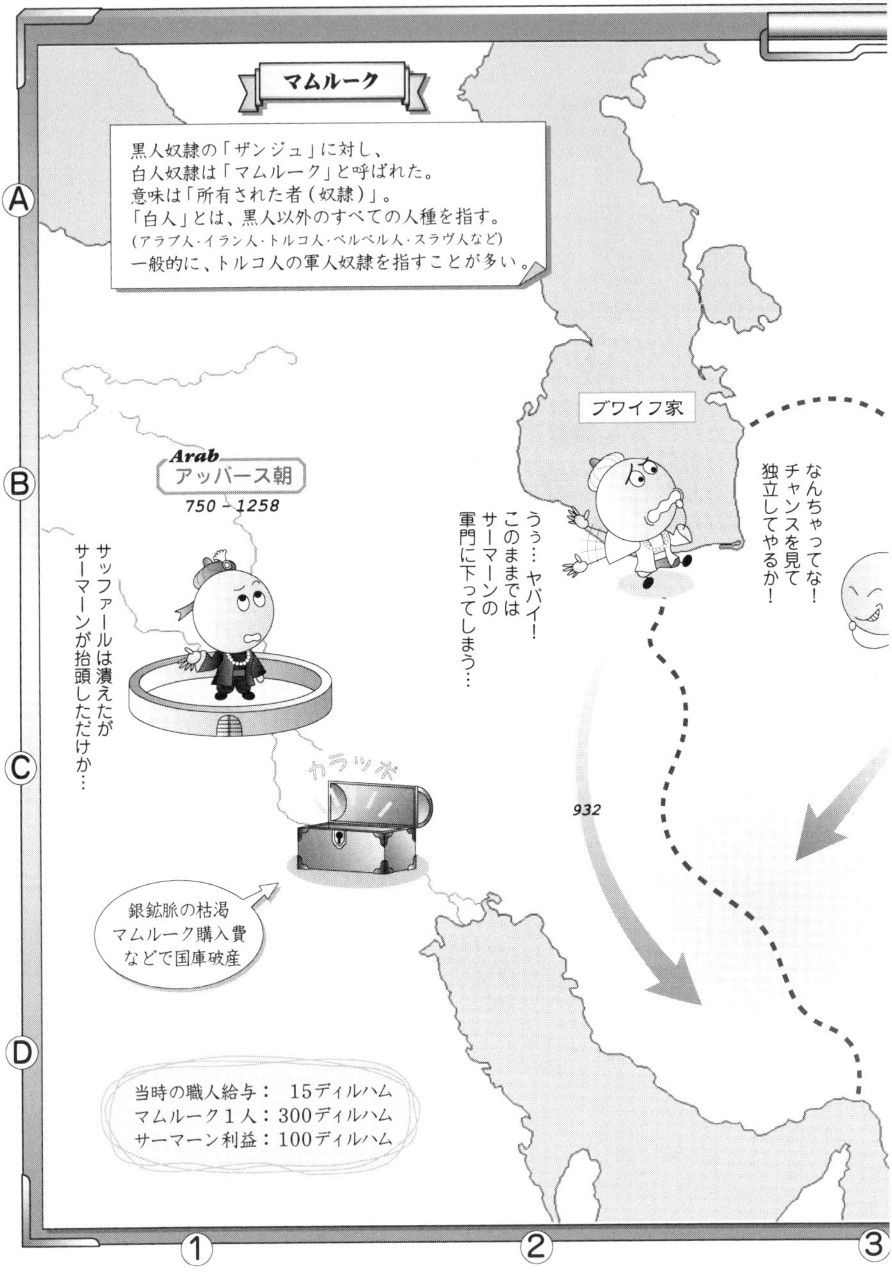

マムルーク
黒人奴隷の「ザンジュ」に対し、
白人奴隷は「マムルーク」と呼ばれた。
意味は「所有された者（奴隷）」。
「白人」とは、黒人以外のすべての人種を指す。
（アラブ人・イラン人・トルコ人・ベルベル人・スラヴ人など）
一般的に、トルコ人の軍人奴隷を指すことが多い。
A
B
C
D
1
2
3
ブワイフ家
なんちゃってな！チャンスを見て独立してやるか！
うぅ…ヤバイ！このままではサーマーンの軍門に下ってしまう…
Arab
アッバース朝
750 – 1258
サッファールは潰えたがサーマーンが抬頭しただけか…
カラッポ
932
銀鉱脈の枯渇
マムルーク購入費
などで国庫破産
当時の職人給与： 15ディルハム
マムルーク１人：300ディルハム
サーマーン利益：100ディルハム

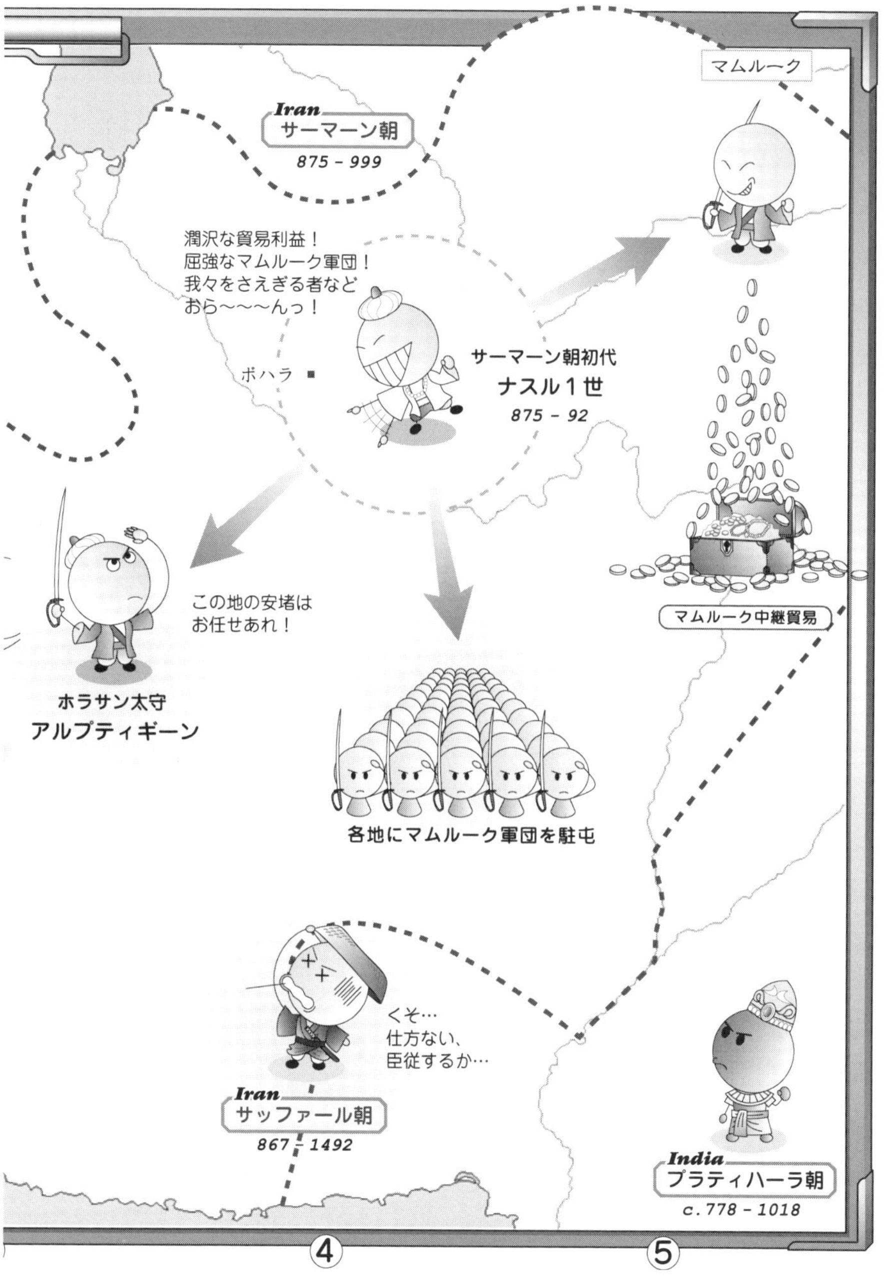

マムルーク
Iran
サーマーン朝
875 - 999
潤沢な貿易利益！
屈強なマムルーク軍団！
我々をさえぎる者など
おら～～～んっ！
ボハラ
サーマーン朝初代
ナスル１世
875 - 92
この地の安堵は
お任せあれ！
ホラサン太守
アルプティギーン
マムルーク中継貿易
各地にマムルーク軍団を駐屯
くそ…
仕方ない、
臣従するか…
Iran
サッファール朝
867 - 1492
India
プラティハーラ朝
c.778 - 1018
④
⑤

ここまで、アッバース朝の解体過程において、バグダード（B/C-1）以西の動きを見てまいりましたが、本幕からは、視点を東に向けて、バグダード以東の動きを見ていくことにいたしましょう。

バグダード以東でも、以西同様、9世紀ごろにアミールたちが半独立化していったのは同じで、まずは最初に、ターヒル朝（＊01）、つづいてサッファール朝（＊02）が自立していきます。

ところで、ちょうどこの9世紀ごろ、先にも触れましたように、アッバース朝はマムルーク軍団をトルコ系に入れ替え始めていました。

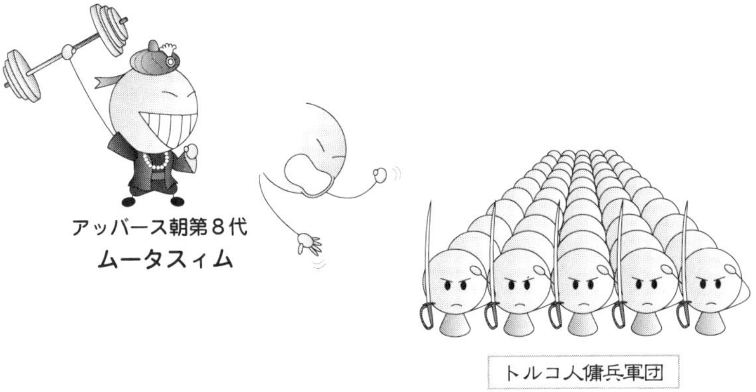

これにより、**トルコ人軍人奴隷《マムルーク》**の需要は爆発的に高まることになりますが、その輸入を一手に担ったのがサーマーン家（＊03）でした。

もともと、サーマーン家は、イスラーム世界の最東北の地マーワラーアンナフル地方（A/B-4）（＊04）に冊封されたイラン系の総督《アミール》にすぎませんでしたが、その

（＊01）第5章第1幕を参照のこと。

（＊02）ターヒル朝を滅ぼして、その旧領をほとんど支配したイラン系王朝。（D-4）

（＊03）元をたどればササン朝の王家にもつながる名家。ハルン＝アッラシード死後の継承問題で長男マームーンに与してマーワラーアンナフルの総督の地位を得ていました。

（＊04）アム・シル両河一帯の、現在ではウズベキスタンあたりを指す地名。
古代ではトゥーラーン、ヘレニズム以降はトランスオクシアナ、ササン時代にはソグディアナなどと呼ばれていました。

“辺境の地”に拠っていたことこそが、**サーマーン家**をこれから一大躍進させることになります。

じつは、ここマーワラーアンナフル地方は、ここから西を見渡せば、イスラーム文化圏が拡がり、東を見渡せば、トルコ文化圏が拡がっているという、まさに文化圏の境界線（＊05）に位置していました。

トルコ人傭兵の需要が高まったことによって、大量のトルコ人が、“輸入”されることになりましたが、サーマーン家は、たまたまその中継地に割拠《かっきょ》していたため、地の利を得て、その商売を独占、東から西へトルコ人傭兵を橋渡しするだけで巨万の富を得ることが可能となりました。

トルコ人傭兵を１人あたり200ディルハムで購入し、それを300ディルハムで売却したと言われますから、トルコ人が１人ここを通過するたびに、サーマーン家には100ディルハム（＊06）ずつ落ちてくるという、まことにおいしい状況が生まれたわけです。

その儲けたるや膨大で、当時、アッバース朝の蓄えていた莫大な国庫は一気に枯渇、イスラーム世界の銀はことごとくサーマーン家に集中した、と言われたほどでした。

マムルーク中継貿易

（＊05）西アジア世界から発展してきた国（アケメネス朝・アレクサンドロス帝国・セレウコス朝・ササン朝・ウマイヤ朝・アッバース朝など）は、ここマーワラーアンナフルより東を支配すること叶わず、逆に、東アジア世界から発展してきた国（漢・唐・清帝国など）も、やはり、このマーワラーアンナフルより西に拡大することは、ほとんどありませんでした。
いわば、西アジアと東アジアの境目にあたり、中央アジアとも呼ばれる地域です。

（＊06）当時の職人の年収が180ディルハムと言われましたから、今風に表現するなら、「商品をたった２つ、右から左に動かすだけで、サラリーマンの年収分の稼ぎが出る」といった感じでしょうか。ボロ儲けとはこのことです。

傭兵の仕入れ元ゆえに、安価で良質な軍人が手に入り、しかも、それで得た莫大な資金があるわけですから、これを背景にして、サーマーン家が独立、膨張戦争を展開しないわけがありません。

サーマーン朝は、向かうところ敵なし、またたく間にバグダード以東のほとんどをかすめ取っていきます。

しかし、この破竹の勢いのサーマーン朝下において、すでにサーマーン朝滅亡の原因は生まれていました。（＊07）

ひとつは国外の問題。

じつは、快進撃を進めるサーマーン朝に脅威を感じていた者がいました。

それこそが、カスピ海南岸タバリスタン地方（B-2/3）に位置していた**ブワイフ家**です。

ブワイフ家
うぅ… ヤバイ！
このままでは
サーマーンの
軍門に下ってしまう…

サーマーン朝にとって、気にするほどのこともない、吹けば飛ぶような弱小勢力のはずでした。

まさか、これが自国の勢いを止めることになるとは、サーマーン自身、そのときには夢にも思わなかったに違いありません。

（＊07）歴史を紐解けば、国家でも企業でも、組織というものは、飛ぶ鳥を落とす勢いで快進撃しているときに、すでに崩壊の原因が生まれているものです。
それに気づくことができるほど優秀な指導者というのは古今まれで、ほとんどの場合、“我が世の春”に有頂天になり、それに気づくことはなく崩壊していきます。
日露戦争においてもしかり。
国力が10倍あるロシアに勝利した日本は、完全に有頂天になってしまい、「我が国は神国である！」「敵がどんな大国であろうが、神国日本が負けるはずがない！」と妄想に近い過信が生まれ、これが日中戦争・太平洋戦争の悲劇を生むことになります。
しかし、日本中が大勝利に熱狂する中で、そのことを指摘した人物がいました。
その人物こそ、日本海海戦における連合艦隊司令長官であった東郷平八郎です。
「日本海海戦で勝利することができたのは、将兵の練磨・努力の賜物である。そのことを忘れ、ただ結果だけを見て将来を推測するならば、やがて足をすくわれることになるだろう。古人も言っているではないか、“勝って兜の緒を締めよ”と」
しかし、東郷平八郎の訓戒は、日本人の心に届くことはありませんでした。

もうひとつが国内問題。

対外膨張に国力を注げば、当然その分、内治が疎《おろそ》かになります。

外から見れば“快進撃”でも、その内幕を見れば、その手法が強引すぎて組織が悲鳴をあげていました。(＊08)

じつは、**サーマーン朝**の快進撃の秘訣はこうです。

① まず、強大なマムルーク軍団を投入して新しい領地を手に入れます。

② つぎに、その地の安堵《あんど》もままならないうちに、軍功のあったマムルーク将軍をその地に駐屯させます。

③ そのまま、軍は進軍をつづけます。

こんな無茶なやり方をすれば、たしかに一時的には、急激な領土の拡大も可能でしょう。

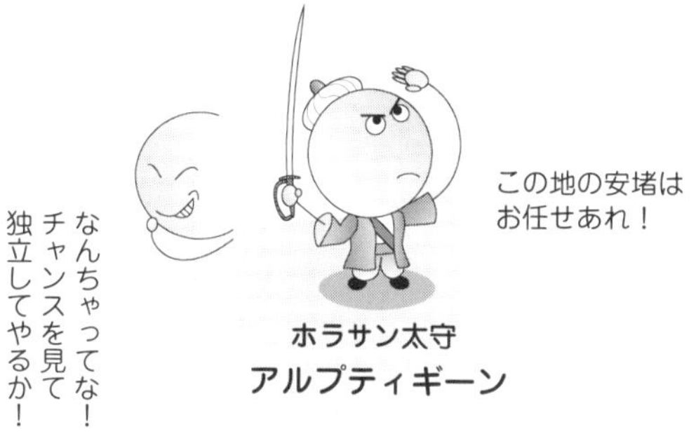
この地の安堵は
お任せあれ！
なんちゃってな！
チャンスを見て
独立してやるか！
ホラサン太守
アルプティギーン

しかしながら、このやり方では長くはつづきません。(＊09)

こうして各地に駐屯されたマムルーク軍団が、すぐに離反してしまうため、王朝は、前線では外敵と戦いながら、国内では離反マムルークとも戦わねばならなくなってしまうからです。

ホラサン太守アルプティギーンも謀反マムルークのひとりとなっていきます。

(＊08) 先にも触れましたように、組織の急激な拡大は、所詮無理があり、それは急速な崩壊を招くだけです。
組織の充実を背景として、“結果”として組織が大きくなるのならよいのですが、組織を大きくすることそのものが“目的”となれば、一時的に組織が大きくなることはあっても、その先には、目も当てられぬ崩壊が待つのみです。
目的と手段をはき違えるのは、無能な経営者がよく陥るワナです。
サーマーンの失敗は、組織のトップに立つ者にとって、よい教訓となります。

(＊09) 現代でも、新しい店舗を開くと、その店舗の経営が安定する間もなく人任せにして次の店舗を展開する企業があります。そういう企業は、一見、急成長企業のように見えながら、その内情はガタガタだったりします。

Column「神の啓示の信憑性」

預言者ムハンマドに下った啓示は、すべて「アッラーの御言葉そのもの」だと信じるのがムスリムです。

しかしながら、客観的に見て、ムハンマドに下った啓示は、あまりにもご都合主義なことも多く、じつは、ムスリムの中ですら、疑念を持たれる啓示もあります。

アーイシャに不義の疑いがかかるや、即座に潔白の啓示が下りたことはすでに述べましたが、もうひとつ好例を。

じつは、ムハンマドは、自分の養子ザイドの美人妻であり、従兄妹でもあるザイナブと関係を持ったことがありました。

当時のアラビア社会においては、養子は実子となんら変わらず、我が子の嫁と婚姻を結ぶなど、クルアーン（4章23節）でも禁止されていた近親相姦の大罪でしたので、これは信者の中からも動揺が広がります。

すると、これまたムハンマドにとって都合のよい啓示が下ります。

「世間の目を畏《おそ》れてビクビクすることはない。汝（ムハンマド）が畏るべきは我（アッラー）のみであると知れ。こたびのことは、『自分の養子の妻は、彼女が離婚後であれば、自分の妻にしてよい』ということを皆に知らしめんがために汝に実行させたまでのこと。我が命じたことであり、ムハンマドに咎《とが》はない」（クルアーン33章37～38節）

「汝（ムハンマド）が、誰と離婚しようが、誰と結婚しようが、一度離婚した同じ女と再婚しようが、いっさい問題はない。このアッラーの名の下にすべて赦《ゆる》される」（クルアーン33章51節）

さすがにこれには、最愛の妻アーイシャですらツッコみます。

「アッラーが、いつもいつも、あなたの欲望をいち早く満たそうとなさいますのは、どうしたことでしょうか」

これはもう、“痛烈なイヤミ”を通り越して、預言者ムハンマドのもっとも近しい人物であったアーイシャですら、じつは、ムハンマドの啓示を信じていなかったことを窺《うかが》わせる言葉です。

第5章 イスラーム分裂

第5幕

イチかバチかの大勝負
“窮鼠、猫を噛む”
ブワイフ朝

サーマーン朝は東へ南へ西へ快進撃をつづけたが、その影響で、東ではカラハン朝、南ではガズニ朝、西ではブワイフ朝が、続々と生まれることとなる。そして、ブワイフ朝が勢いを挫《くじ》き、ガズニ朝が首都を陥《お》とし、カラハン朝がサーマーン朝にトドメを刺すことになる。本幕では、そのうちのブワイフ朝を見ていくこととする。

ワタシハ
アヤツリ
ニンギョウ…
こいつは反抗的だから
目をツブして次の
カリフを立てよう！
大総督
アミールアルウマラーの称号をあげます！

アッバース朝第２２代
ムスタクフィー
944 - 46

イマードの末弟
ムイッズ
アル=ダウラ

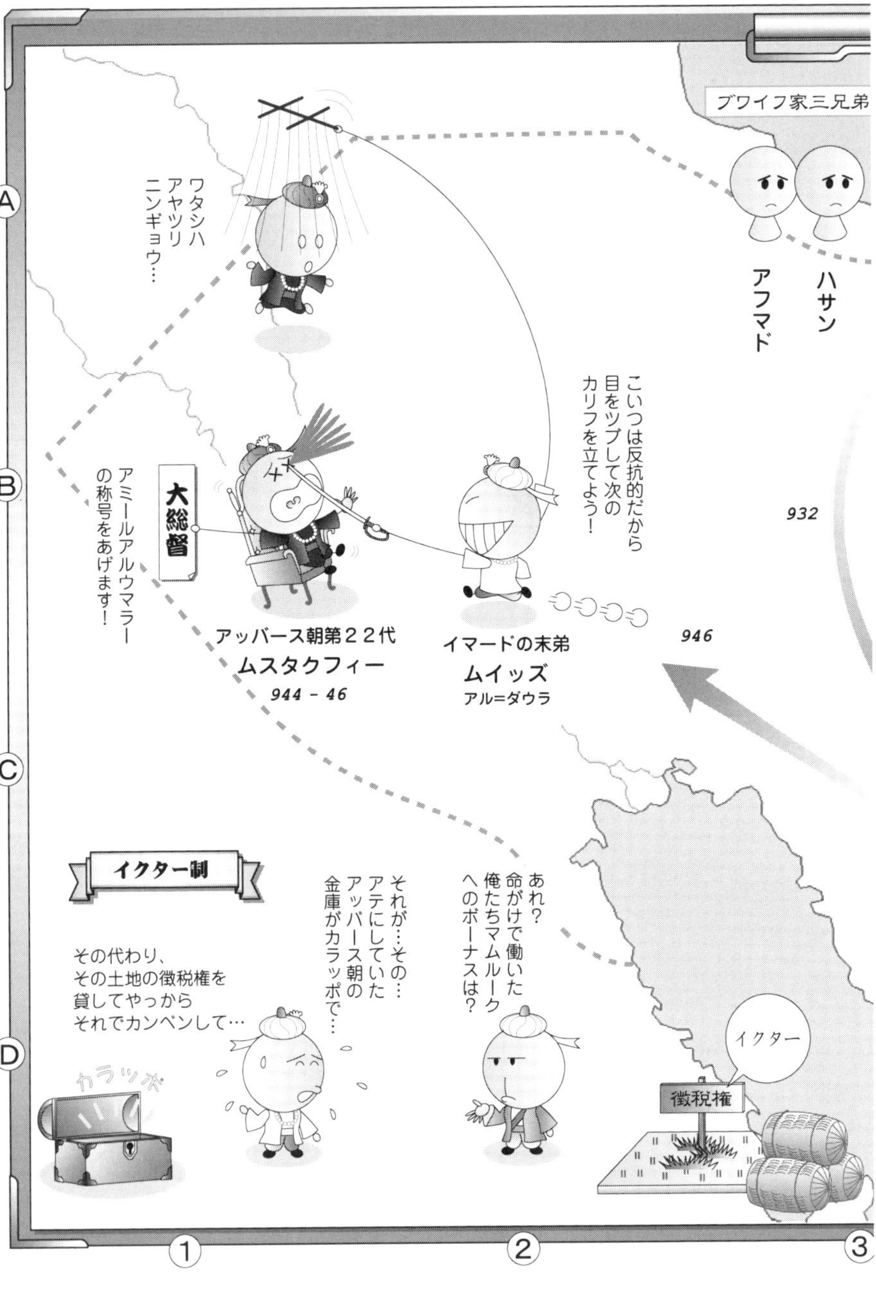
ブワイフ家三兄弟
ハサン
アフマド
ワタシハ アヤツリ ニンギョウ…
こいつは反抗的だから 目をツブして次の カリフを立てよう！
932
946
アミールアルウマラー の称号をあげます！
大総督
アッバース朝第２２代
ムスタクフィー
944 - 46
イマードの末弟
ムイッズ
アル=ダウラ
イクター制
あれ？ 命がけで働いた 俺たちマムルーク へのボーナスは？
それが…その… アテにしていた アッバース朝の 金庫がカラッポで…
その代わり、
その土地の徴税権を
貸してやっから
それでカンベンして…
カラッポ
イクター
徴税権

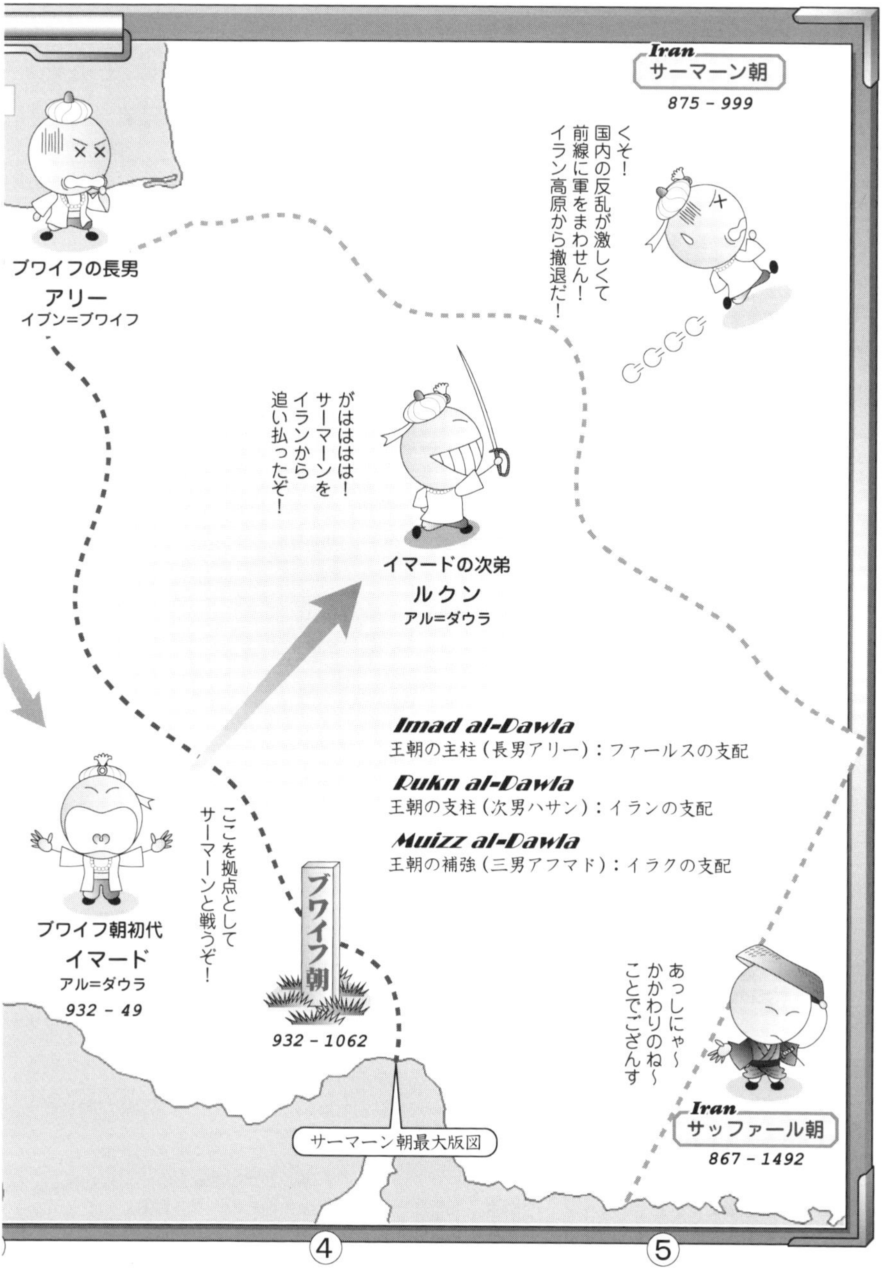
Iran
サーマーン朝
875 – 999
くそ！
国内の反乱が激しくて
前線に軍をまわせん！
イラン高原から撤退だ！
ブワイフの長男
アリー
イブン=ブワイフ
がははは！
サーマーンを
イランから
追い払ったぞ！
イマードの次弟
ルクン
アル=ダウラ
Imad al-Dawla
王朝の主柱（長男アリー）：ファールスの支配
Rukn al-Dawla
王朝の支柱（次男ハサン）：イランの支配
Muizz al-Dawla
王朝の補強（三男アフマド）：イラクの支配
ここを拠点として
サーマーンと戦うぞ！
ブワイフ朝
932 – 1062
ブワイフ朝初代
イマード
アル=ダウラ
932 – 49
あっしにゃ～
かかわりのね～
ことでござんす
Iran
サッファール朝
867 – 1492
サーマーン朝最大版図
④
⑤

さて、快進撃をつづけるサーマーン朝は、やがてカスピ海南岸タバリスタン地方（A-3）に軍を進めてきました。

サーマーン朝の大軍を前にして、まもなくタバリスタンに割拠していた地方政権(＊01) も屈することになりますが、その中から“**ブワイフ家三兄弟**(＊02)” がそれを潔しとせず、さりとて抵抗かなわず、いったんはサーマーン朝に臣従したものの、のち932年には、故地タバリスタンを棄て、ファールス地方（C/D-3/4）(＊03) に拠《よ》ることになりました。

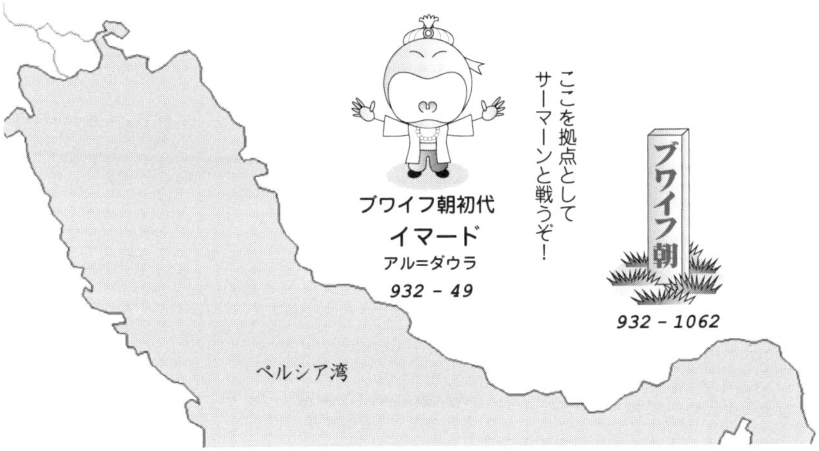

(＊01) アリー朝（アラヴィー朝・ザイド朝とも）と言い、王家はサイイドを自称し、シーア派のザイド派でした。

(＊02) アリー朝の武将のひとりであったブワイフを父に持つ、アリー・ハサン・アフマドの三兄弟。3人はそれぞれ尊称（ラカブ）を持っていました。
長男アリーが　　イマード・アル=ダウラ（王朝の主柱）
次男ハサンが　　ルクン　・アル=ダウラ（王朝の支柱）
三男アフマドが　ムイッズ・アル=ダウラ（王朝の補強）
ちなみに、アッバース朝しかり、セルジューク朝しかり、ゴール朝しかり、ブワイフ朝しかり、イスラーム諸国には兄弟で打ち建てられた王朝がけっこう多い。

(＊03) ペルシス地方とも。アケメネス朝やササン朝ペルシア帝国の勃興の地。
ちなみに「ペルシア人」というのは、もともと「ファールス地方の人々」の意。
歴史上、ここに拠った勢力が、次代にイラン高原（B/C-4）を制圧する可能性が高い。

(＊04) あたかも、迫りくる今川の大軍に震え上がる織田方のごとく。

これが**ブワイフ朝**となります。

とはいえ、サーマーン朝は、すでに大軍を率いてイラン高原（B/C-4）まで迫っており、ブワイフ朝は、建国早々、風前の灯《ともしび》。(＊04)

がはははは！
サーマーンを
イランから
追い払ったぞ！

イマードの次弟
ルクン
アル＝ダウラ

通常、このような多勢に無勢の場合、討って出るのは愚策、城に籠《こ》もるのが定石です。

にもかかわらず、長男イマードは、次男ルクンに軍を与え、サーマーンを撃退するべく討って出ます。

常識的に考えれば自殺行為ですが、意外や意外、ここでブワイフ軍はサーマーンの大軍に大勝利します。(＊05)

なぜブワイフは勝利できたのか。

まずは、何と言ってもサーマーン朝のお家事情として、あまりにも無理な拡大政策を強行したため、国内ではマムルーク反乱が相次ぎ、全軍を前線に集中できなかったこと。

また、前線における連戦連勝は油断と軍紀の緩みも生み、遠征軍であるがゆえの不利もありました。

一方、迎え撃つブワイフ朝側では、サーマーン軍に対抗するために新たにマムルーク軍団を抱え、一致団結してイチかバチかの大勝負に出ていました。

危機感から結束が強くなり、士気も高い。(＊06)

こういう条件が整った場合、“窮《きゅう》鼠《そ》（ブワイフ朝）、猫（サーマーン朝）を噛《か》む”のはよくあること。

（＊05）歴史は繰り返す。多勢に対して籠城ではなく討って出たのも、多勢に無勢が勝利したのも、これまた織田 vs 今川（桶狭間の戦い）と同じパターンです。

（＊06）結束の弱い大軍が、士気の高い小軍に敗れるということは、歴史上よくあります。
日本で言うなら、桶狭間の戦いや日露戦争が好例です。
小田原征伐でも、20万とも言われる大軍で小田原を包囲した秀吉軍が苦もなく圧勝したようなイメージがありますが、じつは、秀吉軍は所詮は寄せ集めの軍、結束力ははなはだ弱く、包囲から２ヶ月もすると逃亡兵が相次ぎ、軍紀は乱れに乱れます。
そのうえ、徳川家康や織田信雄が謀反するだの、伊達政宗が来襲するだの、兵を動揺させるまことしやかな噂が後を絶たず、秀吉軍自壊の可能性すらあったと言います。

こうして、イラン高原からサーマーン朝を駆逐したことで、一気に地方政権から一大勢力になり（＊07）、ブワイフ朝にとってメデタシメデタシ…と言いたいところですが。

一難去ってまた一難。禍福はあざなえる縄のごとし。

こたびの大勝利そのものが、ブワイフ朝をあらたな窮地に追い込むことになります。

じつは、ブワイフ朝は、サーマーン朝との決戦に備え、身分不相応なほどの大マムルーク軍団を保有していました。

「こたびの一戦に勝利したならば、俸給《アター》（＊08）は望みのままだぞ！

皆の者、奮起せよ！」

多勢に無勢でマムルークを雇うわけですから、士気を高めるために、こうして高待遇をチラつかせる必要があったのでしょう。

しかし、その大軍を養うために、ブワイフ朝の国家財政がほどなく行き詰まってしまいます。

軍を養うことができなくなったときが、国が亡びるときです。（＊09）

なんとしても彼らに俸給《アター》を与えなければ！

じつは、当時、アッバース朝の帝都・**バグダード円城の地下金庫室**には金銀財宝がうなっている、というのがもっぱらの噂でした。

これだ！

ここを陥《お》とし、その宝物をもって、兵士《マムルーク》たちへの俸給《アター》に充てよう！

（＊07）尾張の小さな地方政権にすぎなかった織田信長が、たった一戦、桶狭間で今川を破った途端、一躍全国にその名を馳せることになったのに似ています。

（＊08）この俸給のことを「アター」と言います。第4章第3幕（D-1/2）を参照のこと。

（＊09）古今東西、ある国が亡びに向かっているとき、その国が亡びるか、持ち堪えるかは軍の動静を見ていればわかります。
歴史上、あまたの革命や反乱が起こりましたが、つねに、成功の可否は、軍が政府に付くか、反乱軍に付くか、で決まります。
七月革命も、二月革命も、ロシア革命も、辛亥革命も、すべてがそうでした。
北朝鮮が、世界中に物乞い・恐喝をしてかき集めた食料を、国民に配給することなく、イの一番に軍に配給するのはそのためです。軍を食わせていけなくなった瞬間、国は亡び、逆に、民を飢えさせようとも、軍さえ食わせておけば安泰だからです。

しかも、アッバース朝カリフの首根っこを押えれば、その権威をもって、諸国に発令することもできます。(＊10)

まさに一石二鳥です。

さようなわけで、ブワイフ朝の長兄イマードは、次弟をイランに向かわせる一方で、末弟ムイッズに兵を与え、バグダードに侵攻させました。

すると、すでに力を失っていたアッバース朝はアッケなく開城。

バグダード入城を果たしたムイッズは、あえて、当時のアッバース朝カリフ・ムスタクフィーを殺すこともせず、王朝を滅ぼすこともせず、彼の両目を潰し、放逐するだけにとどめました。(＊11)

こいつは反抗的だから
目をツブして次の
カリフを立てよう！
大総督
アミールアルウマラー
の称号をあげます！
アッバース朝第２２代
ムスタクフィー
944 - 46
イマードの末弟
ムイッズ
アル=ダウラ

(＊10) たとえ形骸化していたとしても、もし前王朝の君主が健在なら、これを押えて、その威令をもって全国に発令することが、戦国の世を制するのにもっとも手っ取り早い。
中国の後漢末期において、後漢最後の皇帝（献帝）を押さえた曹魏が帝位を簒奪することになりましたし、日本の戦国時代でも、室町幕府最後の将軍（足利義昭）を押さえた織田信長が天下布武を実行します。幕末において、天皇争奪戦が起こったのは、そのような歴史背景をふまえてのことでした。

(＊11) 当時、イスラームでは、「身体に障害があるのは、神罰である」という考え方もあったため、カリフは五体満足の者しか就任することができませんでした。
そこで、カリフの首のすげかえを行う際は、両目が潰されるようになりました。
そうすれば、盲目となったカリフが、ふたたび復位することは不可能となり、反旗を翻すことができないためです。
このムスタクフィーはその後、復位も叶わず、乞食にまで身を落としています。

そして、傀儡《かいらい》のカリフを立てると、自らに「大アミール」の称号(＊12)を与えさせ、政権を掌握します。

つまり、形式的には、あくまでアッバース朝を頂き、ブワイフ家はカリフ様の一家臣という体裁をとりながら、実質的には、ブワイフ家がすべての実権を握るという、いわば、**日本の「幕藩体制」にソックリ**なシステムを採用したのです。(＊13)

衰えたりといえども、カリフの“威光”はまだまだ健在であったので、これを殺せば、全ムスリムを敵に回すことになりますが、逆に「カリフの保護者」を演出すれば、その威光を最大限利用できますから。

さぁ、その一方で、最大の目的、地下金庫室を目指します。

やがて重い金庫室の扉が開かれると、そこには、まばゆいばかりの金銀財宝が山となっていた！

イクター制
その代わり、
その土地の徴税権を
貸してやっから
それでカンベンして…
カラッポ
それが…その…
アテにしていた
アッバース朝の
金庫がカラッポで…

……のかと思いきや、そこはガラン堂。(＊14)

(＊12) アラビア語では「アミール・アル・ウマラー」と言います。
全国に点在するアミール（総督）の中で最高位に立つ者に対する称号。

(＊13)

アッバース朝	＝	朝廷	ブワイフ朝	＝	幕府
カリフ	＝	天皇	大アミール	＝	征夷大将軍
ワズィール	＝	関白	アミール	＝	戦国大名

…といった感じです。新興勢力が、伝統を持つ権力を利用して支配権を確立するのはよくあることです。

(＊14) 末期症状を呈している王朝の国庫が満載だと考える方がどうかしているのですが、過去の栄光のイメージが先行して、そう信じてしまうことはよくあることでした。
日本でも、豊臣政権や徳川幕府が滅亡する際、「じつは莫大な財宝を隠した」などという世迷い言が流布し、また、それを信じる者が今も昔も跡を絶ちません。
が、そんな莫大な財宝があるなら、そもそも滅びません。

「どういうことだ、これは？」
「どういうことだ、と申されましても… 」
「ここの金庫室には金銀財宝がうなっておるはずであろうが！」
「巷《ちまた》の噂でしかありません。事実はこの有様です」
　金庫室はカラッポ？　これはまずい…。
　宮外では期待に胸ふくらませたマムルークどもが、財宝の分配を今か今かと待ちわびているというに！
　ヤツらになんて言い訳すればいいんだ？
　そこで、ブワイフは、マムルークたちに通達を出します。
「こたびのそちたちの働き、大義であった。
　これに報いんがため、そちたちに俸給《アター》を授けたいと思っておったが、アテにしていたアッバース朝の金庫室はカラであった。

あれ？
命がけで働いた
俺たちマムルーク
へのボーナスは？
イクター
徴税権

　よって、そちたちに授けるべき俸給《アター》は……ない！
　狼狽《うろた》えるな！
　皆の者、案ずることはない！
　そちたちに分け与える予定だった財宝はなかったが、幸いにして、そちたちの働きによって手に入れた膨大な土地がある。
　そちたちには、俸給《アター》の代わりに、その地の**徴税権**（＊15）を貸与いたそう！
　そこから上がる税収をもって俸給《アター》の代わりといたそうではないか！」

（＊15）これをアラビア語で「イクター」と言います。

こうして、「**イクター制**」がブワイフ朝において初めて制度として施行されることになりました。(＊16)

ちなみに、「土地を媒介とした主従関係」という点において封建制とよく比較されるこの制度(＊17)は、以降、微修正を繰り返しながらイスラーム諸国に継承されていくことになります。

―― 所変われば、品変わる。

ヨーロッパでは、中世の「封建制時代」のあとに近世の「絶対主義時代」がやってきたのはご存知かと思いますが、これまで見てまいりましたように、イスラーム世界では、まずアッバース朝下において、「絶対主義」さながらの「常備軍と官僚制の二本柱」に立脚した中央集権的システムが確立し、そのあとで「封建制」さながらのイクター制になっていくという、ヨーロッパとは逆行するような、まったく異なる歴史をたどることになったのです。

これひとつとっても、マルクス主義というのがいかにナンセンスであるかがわかります。(＊18)

(＊16)「イクター（徴税権）をもってアターの代わりとなす」というシステムそのものは、アッバース朝時代からすでにありましたが、アッバース朝ではあくまで「例外的措置」として施行していたのであって、原則はアター制でした。
それに比べ、ブワイフ朝では「制度」として初めて全国規模で施行されるようになります。

(＊17)「封建制」とよく比較される制度は、ブワイフやセルジュークで普及したイクター制以外にも、世界各地に生まれました。ヨーロッパのフューダリズム、ビザンツのプロノイア制、オスマンのティマール制、ティムールのソユールガール制、サファビーのトゥユール制、ムガールのジャーギール制、日本の幕藩体制などです。
しかしながら、それぞれはやはり「似て非なるもの」であって、別物と言えます。
日本では、フューダリズム（Fudalism）の訳語として「封建制」があてられましたが、これはレヴォリューション（Revolution）の訳語として「革命」をあてたことに匹敵するほどの「誤訳」と言ってよいでしょう。

(＊18) 本書ではマルクス主義については深く触れませんが、マルクスは「すべての国がイギリス型歴史体系とおなじ歴史をたどる」と主張していました。

第5章 イスラーム分裂

第6幕

謀反の嫌疑をかけられた男は！

ガズニ朝

サーマーン朝の勢いを止めたのはブワイフ朝であった。しかし、サーマーン朝を崩壊させ、その首都を陥《お》とし、滅亡寸前にまで追い込んだのはガズニ朝である。この王朝は、サーマーン旧領をほとんど征服したのみならず、インドにまで軍を送り込み、インド北西部（パンジャーブ地方）を初めて征服した王朝としても有名である。

我々がイスラム諸王朝で初めてインド世界を支配下においたのだ！

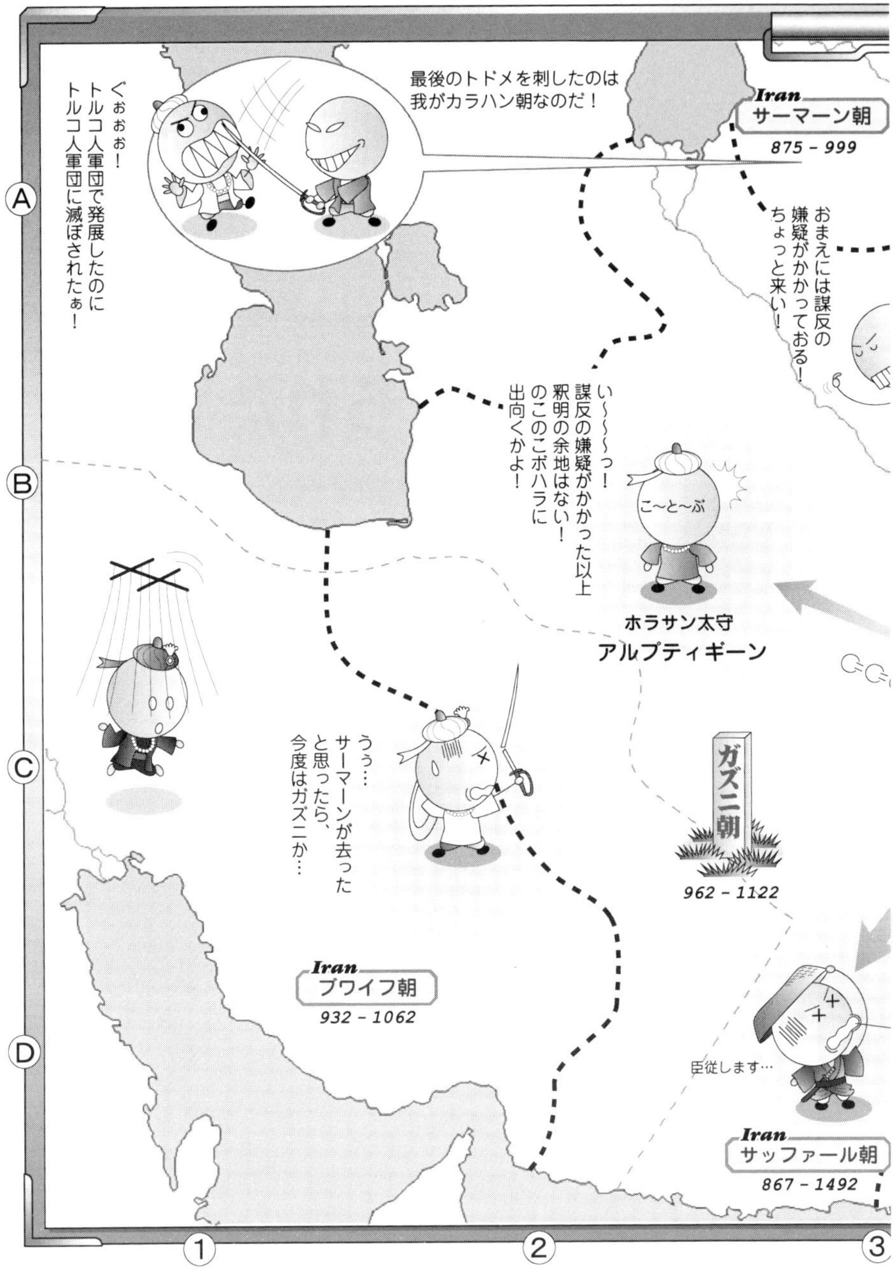
Iran
サーマーン朝
875 – 999
おまえには謀反の嫌疑がかかっておる！
ちょっと来い！
最後のトドメを刺したのは我がカラハン朝なのだ！
ぐぉぉぉ！
トルコ人軍団で発展したのに
トルコ人軍団に滅ぼされたぁ！
い〜〜〜っ！
謀反の嫌疑がかかった以上
釈明の余地はない！
のこのこボハラに
出向くかよ！
こ〜と〜ぶ
ホラサン太守
アルプティギーン
ガズニ朝
962 – 1122
うぅ…
サーマーンが去ったと思ったら、
今度はガズニか…
Iran
ブワイフ朝
932 – 1062
臣従します…
Iran
サッファール朝
867 – 1492
A
B
C
D
1
2
3

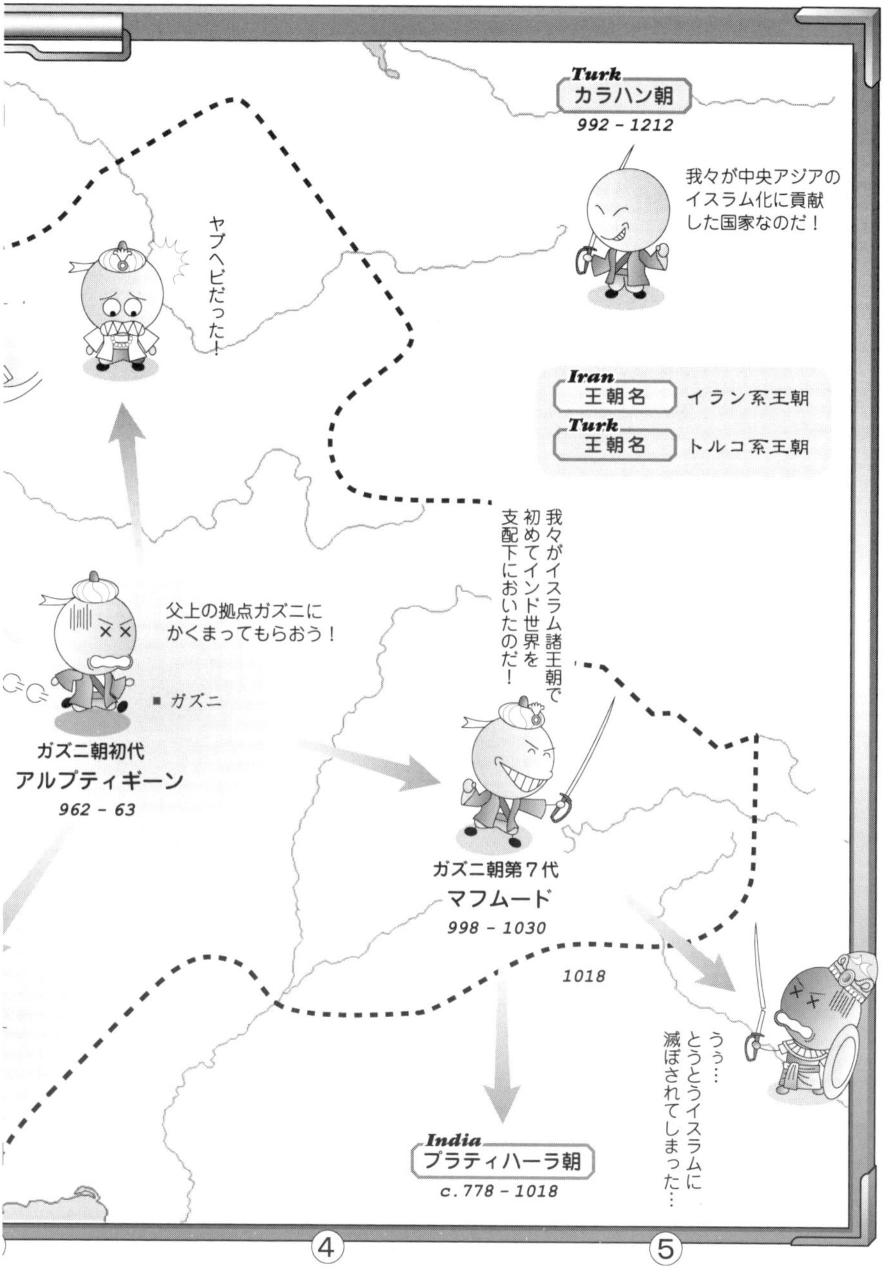
Turk
カラハン朝
992－1212
我々が中央アジアのイスラム化に貢献した国家なのだ！
ヤブヘビだった！
Iran
王朝名
イラン系王朝
Turk
王朝名
トルコ系王朝
我々がイスラム諸王朝で初めてインド世界を支配下においたのだ！
父上の拠点ガズニにかくまってもらおう！
■ガズニ
ガズニ朝初代
アルプティギーン
962－63
ガズニ朝第７代
マフムード
998－1030
1018
うぅ…とうとうイスラムに滅ぼされてしまった…
India
プラティハーラ朝
c.778－1018
④
⑤

時期は破竹の勢い、飛ぶ鳥を落とす勢いだった**サーマーン朝**。
[redacted]
それが、イラン高原（C-2）でブワイフ朝に破れてつまずくや、それ以降というもの、凋落《ちょうらく》の一途。（＊01）

在りし日のサーマーン朝を知る者にとって、「これがあのサーマーンか？」と我が目を疑いたくなるほど。

ただでさえ、無理な膨張がたたって、国内ではマムルークの反乱が起こっていたのに、地方の一新興勢力にすぎないブワイフごときに敗れた報が伝わると、その混乱は一気に拡がりを見せます。

「なに？　無敵のサーマーン軍が敗れただと？　誰に？　ブワイフ？
あんな弱小勢力に敗れたのか !?　サーマーンも大したことないな！」

当時まったく無名だったブワイフ朝に敗退したことで、ブワイフ朝は勇名を馳せ、逆に、サーマーン朝の権威は地に堕ちます。

「なんだ、サーマーン軍など張り子の虎ではないか！
ならば、我々も反乱を起こすとするか！」

おまえには謀反の嫌疑がかかっておる！ちょっと来い！
い〜〜〜っ！謀反の嫌疑がかかった以上釈明の余地はない！のこのこボハラに出向くかよ！
こ〜と〜ぶ
ホラサン太守
アルプティギーン

（＊01）先にも、ブワイフ朝 vs サーマーン朝の戦いは、織田 vs 今川の桶狭間の戦いに何かと似ていることに言及しましたが、この結末もまた、桶狭間とそっくりの道をたどります。
今川は、織田に敗れたとはいえ、所詮、一局地戦に敗れたにすぎません。
理論上、国力全体から見れば、依然として今川が圧倒していたはずです。
にもかかわらず、「今川ともあろうものが、たかが“地方の一新興勢力”の織田ごときに敗れた」という事実は、今川勢にアナフィラキシー・ショックを起こさせ、アッという間に崩壊することになります。
サーマーン朝でも、今川と同じ現象が起こりました。

こうして、サーマーン朝国内において、マムルーク軍団の反乱が頻発するようになります。

　そんな政情不安の中、ホラサン（B-2/3）の太守であったアルプティギーンが中央から呼び出されました。突然の呼び出しに、その理由を探ってみたところ、自分に謀反《むほん》の嫌疑がかかっているという。

　ひとたび謀反の嫌疑がかかった以上、呼び出されたからといって、のこのこ首都まで出向けば、殺されるに決まっています。(＊02)

　彼は、難を逃れ、一時、父上の拠点であったアフガニスタンのガズニ（C-3/4）に逃亡します。(＊03)

　彼はその地でほんとうに謀反を起こし独立してしまいました。

　これが**ガズニ朝**です。

　そして、ガズニ朝は、ひとたび独立するや、サーマーン朝の旧領のほとんどを併呑《へいどん》し、サーマーン朝に取って代わることになります。

父上の拠点ガズニに
かくまってもらおう！
■ ガズニ

ガズニ朝初代
アルプティギーン
962 – 63

（＊02）このとき、アルプティギーンがほんとうに謀反を企んでいたのか、無実の罪だったのかは不明です。しかし、一度、謀反の嫌疑がかけられた以上、たとえ無実であったとしても、弁解の余地はありませんでした。
なぜならば、当時は「疑わしきは罰す」でしたので、無実を証明するためには、「謀反を起こす意思はなかったことを証明」しなければなりません。
しかし、物事、「あるもの」の存在証明はカンタンですが、「ないもの」の非存在証明は、“悪魔の証明”といって、ほぼ不可能です。
したがって、一度嫌疑がかかってしまえば、たとえ潔白であったとしても、身の安全を守るため、ほんとうに謀反を起こさざるをえなくなります。

（＊03）豊臣秀吉が伊達政宗に対し、「謀反の疑いこれあり！」として、大阪まで出頭するように命じたことがあります。
行けば、殺されるに決まっていますが、このとき、政宗は、アルプティギーンのように逃げる場所もなく、さりとてほんとうに謀反する力もなかったため、選択の余地なく、秀吉の出頭命令に応じることになります。
しかし、政宗は一計を案じ、白装束姿に金箔の十字架を背負って現れる、というパフォーマンスで窮地を切り抜けたことは、とみに有名です。

もしほんとうに彼アルプティギーンが潔白であったとしたら、まさに「ヤブをつついてヘビ」で、サーマーン朝は自らの首を絞めたことになります。

のみならず、ガズニ朝は、サーマーン朝の首都ボハラを陥《お》とし、さらには、イスラーム史始まって以来、初めてパンジャーブ地方（C-4/5）(＊04) をその支配下におくことに成功します。

首都が陥落したサーマーンは、すぐには滅びず、北に逃れて、シル川下流あたり（A-3）に落ち延び、弱小勢力になりながらも、もう少しその命脈を保ちました。

さすがサーマーン、なかなかしぶとい。

しかし、それも長くはつづかず、その東隣、トルキスタン地方（A-5）では、サーマーン朝のおかげ（？）でトルコ人のイスラーム化が進んでいたため、結果、**カラハン朝**が生まれていたのですが、この王朝にトドメを刺される（A-1）ことになります。

ぐぉぉぉ！
トルコ人軍団で発展したのに
トルコ人軍団に滅ぼされたぁ！

時、999 年。

サーマーン朝は、トルコ人を軍団《マムルーク》として使って発展しましたが、そのトルコ人（ガズニ朝）によって国土を奪われ、重ねて、トルコ人（カラハン朝）によって滅ぼされたことになるわけです。

その組織が発展した理由そのものが原因となって亡んでゆく。

このような皮肉は、歴史上だけでなく、身近でもよくあることです。

（＊04）インダス川とサトレジ川に挟まれた地域です。
現在のパキスタン北東部からインド北西部にかけてのあたり。

第5章 イスラーム分裂

第7幕

中央アジアに一人の英主現る

セルジューク朝創業期

敗走を重ねたサーマーン朝はシル川下流まで落ち延びたが、とうとうトルコ系カラハン朝に亡ぼされる。やがて、そのシル川下流に入植したトルコ人が自立することになるが、それがあの有名なセルジューク朝である。中央アジアの片隅に勃興したセルジューク朝は、またたく間に西アジア世界を席巻していくことになる。

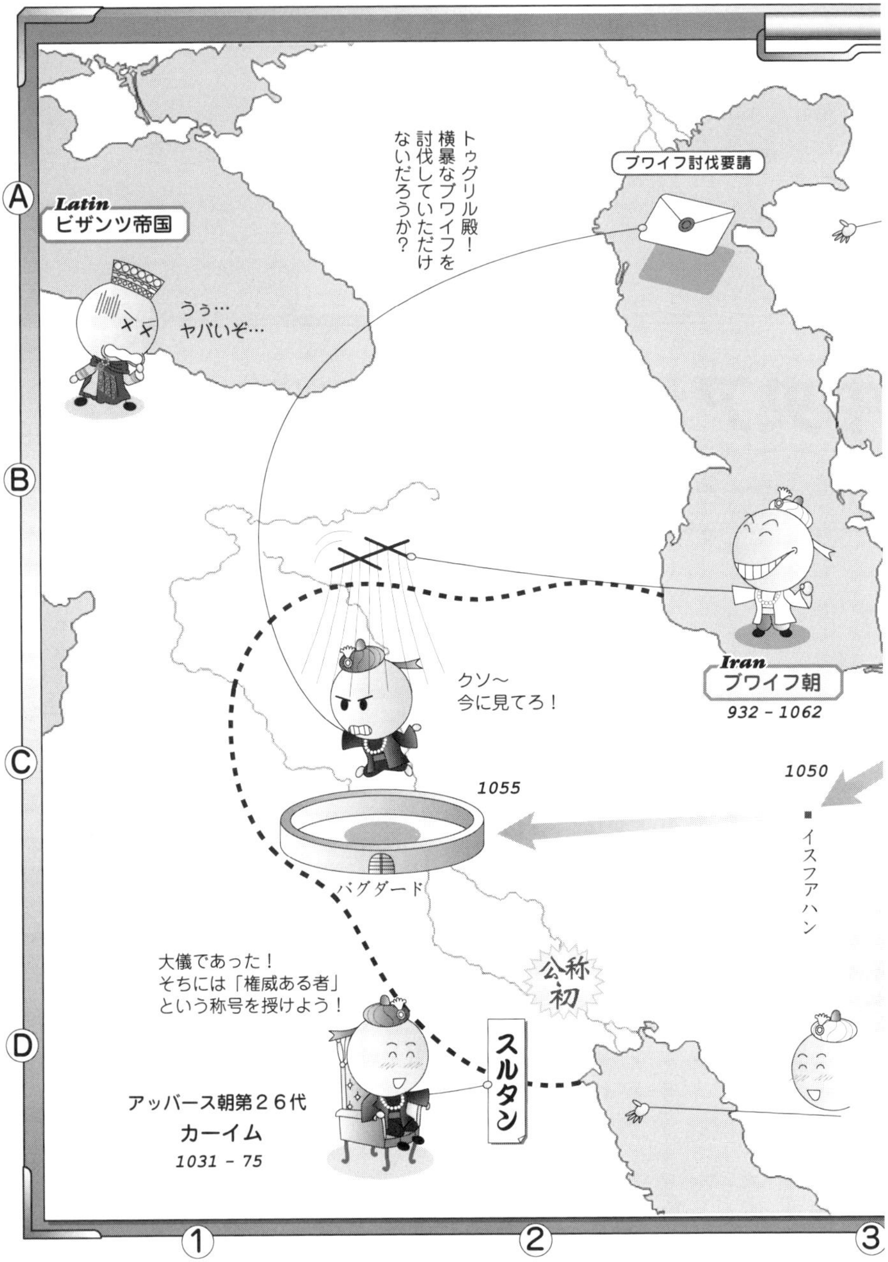

A
B
C
D
1
2
3
Latin
ビザンツ帝国
うぅ…
ヤバいぞ…
トゥグリル殿！
横暴なブワイフを
討伐していただけ
ないだろうか？
ブワイフ討伐要請
Iran
ブワイフ朝
932 – 1062
クソ～
今に見てろ！
1055
1050
イスファハン
バグダード
大儀であった！
そちには「権威ある者」
という称号を授けよう！
公称
初
スルタン
アッバース朝第２６代
カーイム
1031 – 75

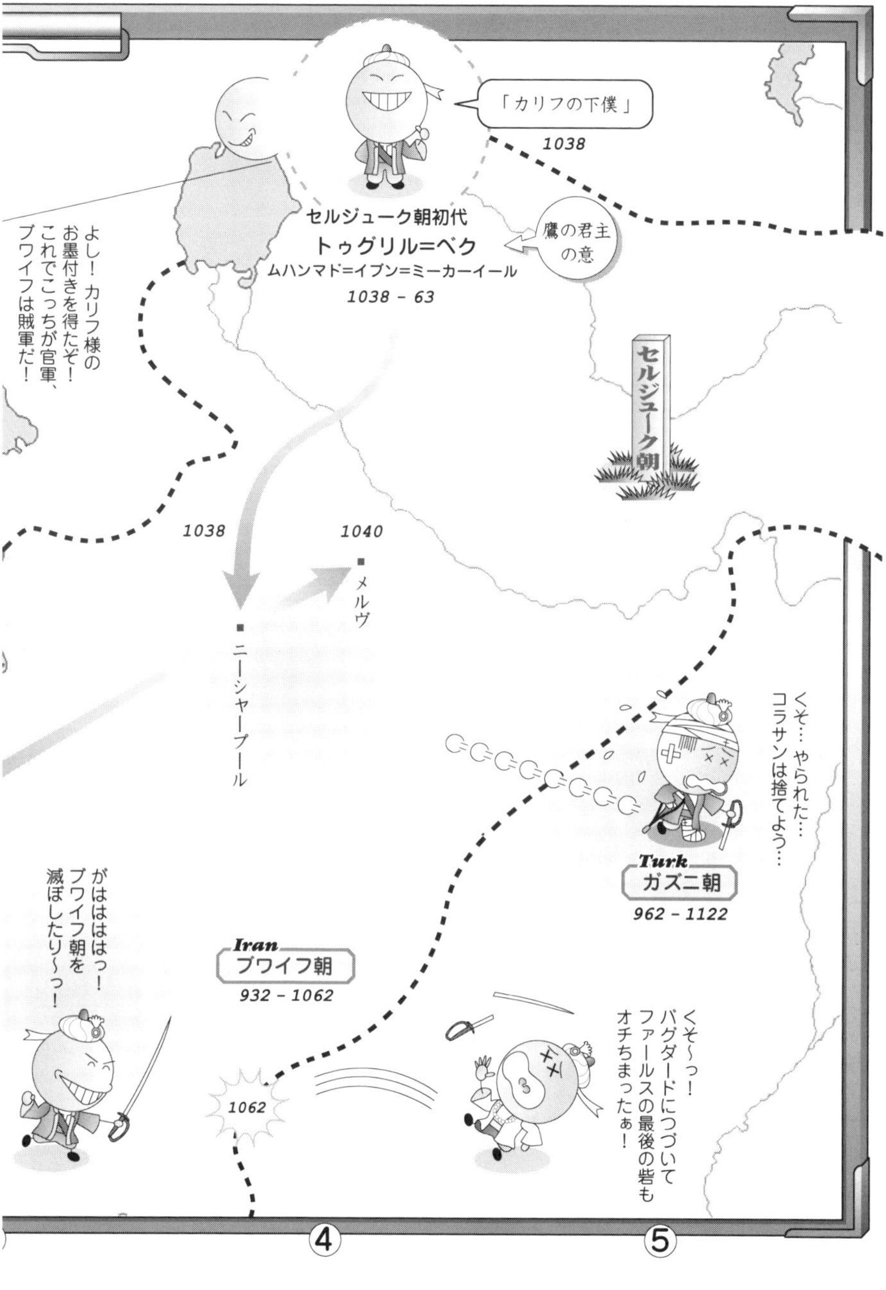
「カリフの下僕」
1038
セルジューク朝初代
トゥグリル=ベク
ムハンマド=イブン=ミーカーイール
1038 – 63
鷹の君主の意
よし！カリフ様の
お墨付きを得たぞ！
これでこっちが官軍、
ブワイフは賊軍だ！
セルジューク朝
1038
1040
メルヴ
ニーシャープール
くそ…やられた…
コラサンは捨てよう…
Turk
ガズニ朝
962 – 1122
がはははっ！
ブワイフ朝を
滅ぼしたり～っ！
Iran
ブワイフ朝
932 – 1062
1062
くそ～っ！
バグダードにつづいて
ファールスの最後の砦も
オチちまったぁ！
④
⑤

さて、サーマーン朝が最後に拠《よ》っていたシル川下流地域（A-4）には、すでにトルコ人の入植が進んでいました。

　そして、そのトルコ人の中から一人の英主が現れ、歴史を動かしていくことになります。

　その人物こそが、あの有名な**トゥグリル=ベク**（＊01）です。

　彼は「カリフの下僕《しもべ》」と称して挙兵するや、たちまちニーシャープールを陥《お》とし、マーワラーアンナフル地方（B-5）からホラサン地方（C-4）にかけてガズニを駆逐し、サーマーン朝の旧領を再現していきます。

セルジューク朝初代
トゥグリル=ベク
ムハンマド=イブン=ミーカーイール

　これがあの有名なセルジューク朝です。

　ガズニ朝はインド方面に追いやられ（C-5）、セルジューク朝はイラン高原（C/D-3）を挟んでブワイフ朝と対峙することになります。

　新興セルジューク朝 vs 古豪ブワイフ朝。

　勢いは新興のセルジューク朝にありましたが、しかし、セルジューク朝には、どうしてもブワイフ朝に手が出せない事情がありました。

　なんとなれば、ブワイフ朝はカリフを擁《よう》していたからです。（＊02）

　もし、セルジューク朝がブワイフ朝の領土を侵そうとすれば、ブワイフ朝はかならずや、

「カリフ様の御意志である！　撤兵せよ！

　それともカリフ様に逆らうと申すか！　朝敵となるぞ！」と

　詔勅《しょうちょく》を発してくるに決まっているからです。

（＊01）トルコ語で「鷹の君主」という意味です。

（＊02）後漢のラストエンペラー献帝を擁した曹操。
織田信長の嫡孫・秀信を擁した豊臣秀吉。
その国の「権威」を押さえた者が、その「権威」を掲げて天下に号令し、他勢力に牽制をかけることが可能となります。

　これでは、「カリフの下僕」を自称するセルジューク朝は手が出せません。
　しかし、当のカリフ自身は、シーア派政権である**ブワイフ家の傀儡《かいらい》**とされていることにウンザリしています。（＊03）
　誰かに救い出してほしい！
　憎きブワイフ朝を滅ぼしてくれる者がいるなら、ぜひ、その者に頼りたい！
「なに？　セルジュークなる者が中央アジアで快進撃？
　その者ならブワイフ朝を滅ぼす力を持つと？
　そのうえ、その者は「カリフの下僕」と名乗っておると？
　よし！　なんとしてでも、その者と連絡を取るのじゃ！」
…とこうなります。
　そこで、カリフは内密に一筆したため、セルジュークに「ブワイフ討伐要請」を出しました。（＊04）

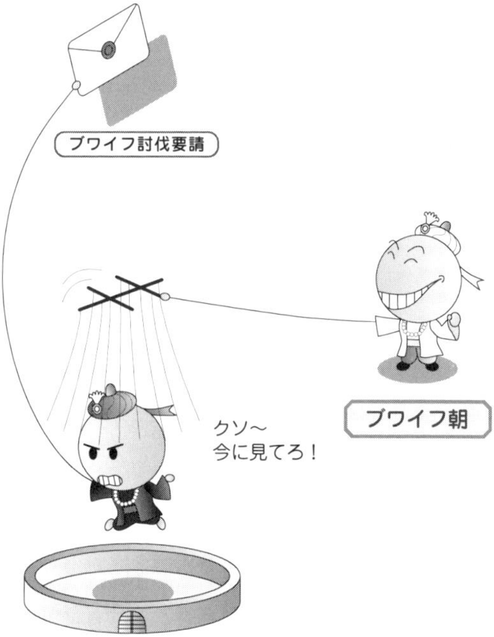

（＊03）カリフは「スンニ派」、ブワイフは「シーア派」で、そもそもが犬猿の仲でした。

（＊04）「三国志」では、曹操の傀儡となったことに憤った献帝が董承（帝の岳父）に「曹操暗殺」の詔勅を出し、劉備らがこれに同調したことがありましたが、まさにこれに相当します。曹操がブワイフ朝、献帝がカリフ、劉備がセルジューク朝といった感じです。このときの詔勅は露見して失敗しましたが。

こうしてカリフの“お墨付き”を得たセルジューク朝は、一気に南下を開始、またたく間にバグダード（C-1/2）に侵攻します。

いわゆる「**バグダード入城**」です。(＊05)

見事に「バグダード入城」を果たし、ブワイフ朝を滅ぼした（D-4）トゥグリル＝ベクは、カリフ様より「スルタン」の称号(＊06)が与えられました。(D-2)

大儀であった！
そちには「権威ある者」
という称号を授けよう！
スルタン
アッバース朝第２６代
カーイム

こうして、中央アジアから西アジア一帯を併せ、バグダードに遷都して、広大な領土を支配することとなったセルジューク朝。

さあ、いよいよこれから！　というとき、王朝を打ち立て、これを支えつづけてきた“鷹”トゥグリル＝ベクが亡くなります。

強力なカリスマ性を持った開祖が亡くなったとき、組織が危機を迎えることはこれまでさんざん見てきました。

さて、セルジューク朝の命運は如何に。

（＊05）日本の戦国時代、京都にいる室町幕府の将軍を保護し、これを擁して天下に号令することを「上洛」と言いましたが、「バグダード入城」はこれに相当します。

（＊06）日本の戦国時代では、天皇を押さえ、天下に号令することができるようになった大名が、他の諸大名との格の違いを示すため、天皇より「征夷大将軍」という称号を授かりましたが、それと同じ構図。
古代ローマでも、日本の戦国時代に相当する「内乱の１世紀」を制したオクタヴィアヌスが、元老院より「アウグストゥス（ラテン語で「権威ある者」の意）」という称号をもらいましたが、これも同様。
ちなみに、「スルタン」も、アラビア語で「権威ある者」の意。
スルタンという称号そのものはセルジューク以前からありましたが、「皇帝」「王」という意味合いで公式に使用されるようになったのは、トゥグリル＝ベク以降。

第5章 イスラーム分裂

第8幕

名宰相、国に尽くして果てる！

セルジューク朝絶頂期

ガズニ朝を駆逐し、ブワイフを滅ぼし、バグダード入城を果たし、向かうところ敵なしのセルジューク朝。このままさらに西進し、つぎには、ビザンツ帝国・ファーティマ朝を併呑《へいどん》していこうと思っていた矢先、始祖トゥグリル＝ベクが亡くなる。その跡を継いだ第2代アルプ＝アルスラーンは帝国を維持・発展させられるのか。

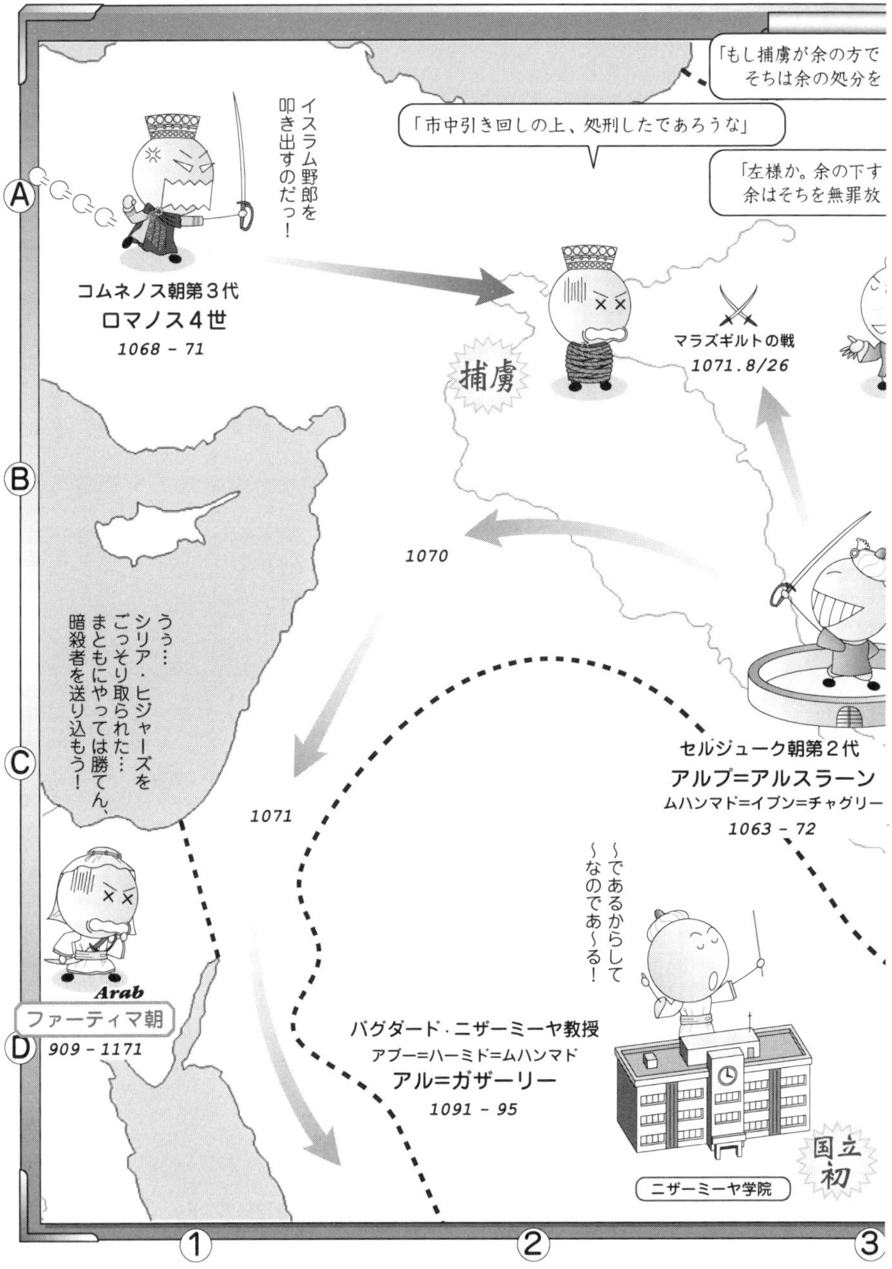

「もし捕虜が余の方で
そちは余の処分を
「市中引き回しの上、処刑したであろうな」
「左様か。余の下す
余はそちを無罪放
イスラム野郎を
叩き出すのだっ！
コムネノス朝第３代
ロマノス４世
1068 – 71
捕虜
マラズギルトの戦
1071.8/26
1070
うぅ…
シリア・ヒジャーズを
ごっそり取られた…
まともにやっては勝てん、
暗殺者を送り込もう！
セルジューク朝第２代
アルプ=アルスラーン
ムハンマド=イブン=チャグリー
1063 – 72
1071
～であるからして
～なのであ～る！
Arab
ファーティマ朝
909 – 1171
バグダード・ニザーミーヤ教授
アブー=ハーミド=ムハンマド
アル=ガザーリー
1091 – 95
国立
初
ニザーミーヤ学院
A
B
C
D
1
2
3

マドラサ
イスラーム世界における高等教育機関。
日本の大学に相当。
神学が中心で、ハフィーズとウラマー
の養成をその主目的とする学校。
国立マドラサとしてはニザーミーヤが初。
帝都バグダードをはじめ、イスファハン・
レイ・ニーシャープールなど、
帝国の主要都市に創設。
あったならば、
如何にしたであろうな？」
刑はそれよりも重い。
免してやるのだからな」
（通称アサッシン）
七イマーム派系ニザール派
ブッ殺す！
■アラムート
君主の心得かくあるべし！
本書は、
諸葛亮孔明殿の「出師の表」
に近い著作であるぞ。
スィヤーサト・ナーメ
『統治の書』
イクター制
完成
宰相（ワズィール）
ニザーム＝アル＝ムルク
アブー＝アリー＝アル＝ハサン
1063 – 92
勇猛な
獅子
さ～～て！
今日も今日とて
政治のことはいっさい
ニザームに任せて、
余は狩り三昧といくかぁ！
セルジューク朝第３代
マリク＝シャー
1072 – 92
王の
中の王
マリクの
仕事はただ狩りを
することのみ、
と揶揄された
④
⑤

中央アジアにポツンと生まれたかと思ったら、“無人の野を征《ゆ》くが如く”アッという間に「バグダード入城」を果たしたセルジューク朝でしたが、直後、英主トゥグリル＝ベクが急死してしまいます。(＊01)

これまで見てまいりましたように、組織運営上もっとも危ういのが、「創業期の急激な膨張」と「カリスマ的開祖の急死(＊02)」で、この危機を乗り越えられず一気に崩壊していった王朝は数知れません。

このときのセルジューク朝は、この２つの条件がそろっていました。

危ういこと、この上ない。

案の定、トゥグリル＝ベクの死後、一族間で後継争いが起こりましたが、ホラサン総督であった**アルプ＝アルスラーン**（C-3）(＊03)がこの内乱を抑え、自分の傅役《もりやく》(＊04)だったニザーム＝アル＝ムルクを宰相とし、たちまち帝国を安定たらしめます。

セルジューク朝第２代
アルプ=アルスラーン
ムハンマド=イブン=チャグリー

(＊01) 死因が「鼻血が止まらず失血死」という、ちょっと謎めいた死でした。
そういえば、おなじく１代で大帝国を築き上げたフン族の大王アッティラも、その死因は「鼻血」でした。意外にコワイ、鼻血…。

(＊02) ムアーウィヤ（ウマイヤ朝初代）や徳川家康（江戸幕府初代）が生前中に後継を定めたのは、初代が死んだあとの混乱を抑えるためでしたね。

(＊03) トゥグリル＝ベクの甥っ子。トルコ語で「勇猛な獅子」の意。
歴史上、“戦に強い王”の尊称に「獅子」が与えられることは多い。
イギリスのリチャード１世（プランタジネット朝第２代）は「獅子心王」、
フランスのルイ８世（カペー朝第８代）は「獅子王」、
スウェーデンのグスタフ２世（ヴァーサ朝第６代）は「北方の獅子」と言われましたが、いずれも戦争に強い王でした。

(＊04) 王子の教育係のこと。トルコ語で「アタベク（君主の父）」。
次期国王が子供のころから「師」と仰ぐ存在となるため、往々にして、王よりも発言権を持つようになってしまい、王朝の脅威となることもしばしば。
一時、アッバース朝を乗っ取りかけたバルマク家の当主ヤフヤーも、もともとハルン＝アル＝ラシードの傅役でしたし、「三国史」における魏の曹操の嫡男・曹丕の傅役であった司馬懿の一族は、とうとう王朝を乗っ取り、司馬氏の王朝（西晋）を打ち建てることになります。

初代トゥグリル＝ベクと絶頂期マリク＝シャーに挟まれて、影の薄い皇帝なのですが、セルジューク朝をセルジューク朝たらしめた真の皇帝《スルタン》は、この人物と言えるかもしれません。(＊05)

国内を安定させたアルプ＝アルスラーンは、その矛先《ほこさき》をさらに西へと向かわせます。

まずは、ファーティマ朝（C /D - 1）から、シリア（B - 2）・パレスティナ（C-1/2）・ヒジャーズ（D-1/2）をかすめ取り、つぎに現在のトルコ西方・マラズギルト（A/B-3）(＊06) でビザンツ帝国（A/B-1）と決戦します。

コムネノス朝第３代
ロマノス４世

セルジューク朝第２代
アルプ＝アルスラーン
ムハンマド＝イブン＝チャグリー

アルプ＝アルスラーン率いるセルジューク軍は３万。
これを迎え撃つビザンツ軍は、**ロマノス４世**に率いられた６万～７万！

（＊05）すでに学んできたように、アッバース朝でも、初代アブー＝アル＝アッバースと絶頂期ハルン＝アル＝ラシードに挟まれて影の薄いマンスールですが、アッバース朝の基盤はマンスールの時代に築き上げられたものでした。
マンスールの政治手腕があったからこそ、ハルンの時代にアッバース朝が絶頂期を迎えることができたにすぎません。

（＊06）セルジューク側の文献（トルコ語）での表記。
ビザンツ側の文献（ギリシア語）では「マンツィケルト」と表記されています。

（＊07）p.272 これまで見てまいりましたように、歴史上、よくあることです。戦の勝敗を決する要素において、兵数はひとつの要因にすぎず、将才・士気・兵站・戦術・戦略など、総合力で上回る方が勝ちます。
戦に限らず、ビジネス・会社でも同じです。資本金・社員数が多ければよい、というものでもありません。それがかえって、組織の鈍化を促すこともありますから。

ビザンツ帝国は、セルジューク軍に倍する大軍で臨んだものの、フタを開けてみればビザンツの大敗でした。(＊07) p.271

ビザンツ帝**ロマノス４世**は捕虜となり、アルプ＝アルスラーンのもとへ引きずり出されます。

ローマ皇帝ともあろう者が、敵国の捕虜になるなど、3世紀にエデッサの戦いでササン朝に敗れて捕虜となったヴァレリアヌス帝以来ですから、800年ぶりの出来事でした。(＊08)

アルプ＝アルスラーンは、ロマノス４世に下問します。(A-3)

「もし、立場が逆で、余の方が捕虜となっていたならば、そちは余の処分を如《い》何《か》にしたであろうな？」

屈辱に怒り震えるロマノス４世は、答えて言う。

「かならずや、市中引き回しの上、処刑したであろう！」

いくらなんでも、これはちょっと正直すぎ！

それでは、自らに極刑を望んでいるようなもの。(＊09)

アルプ＝アルスラーンは、片頬に軽い苦笑を浮かべて静かに返します。

「…左様か。じゃが、余の下す刑は、それよりも重いぞ。

そちを無罪放免とするのじゃからな！」

(＊08) ひとくちに「800年」と言ってもピンと来ない方のために。日本の歴史で800年前と言ったら、鎌倉時代初期です。
それ以来、一度もなかったことなのですから、途方もなく珍しい出来事だとわかります。

(＊09) ちなみに、以前に捕虜になったヴァレリアヌス帝は、生きながらにして「皮剥ぎの刑」に処されています。

え？？？　無罪放免？　それが「処刑より重い罪」？？？

なかなか謎めいた言葉です。

イスラームの懐の深さを見せつけたのか、はたまたほんとうに“言葉どおり”の意味だったのか…。(＊09)

兎《と》にも角にも、セルジューク朝は、ビザンツ帝国からアナトリア半島（A-1）を併呑することに成功し(＊10)、最大版図《はんと》を形成することになりました。

ところが、これから！　というとき、またしても王朝はその英主を失います。

跡を継いだのは、彼の息子、**マリク＝シャー**（C/D-5）(＊11)。

彼は「セルジューク朝絶頂期の皇帝《スルタン》」としてとみに有名なので、「さぞや名君」と思われがちですが、じつのところ彼は、政務のいっさいを父の代からの宰相《ワズイール》のニザーム＝アル＝ムルクに丸投げ状態で、まったくのノータッチ。

さ～～て！
今日も今日とて
政治のことはいっさい
ニザームに任せて、
余は狩り三昧といくかぁ！

セルジューク朝第３代
マリク＝シャー

（＊09）一見「懐の深いところを見せつけた」ようにも見えますが、ただ、無罪放免となったロマノス４世の末路をたどってみると、たしかに、アルプ＝アルスラーンの言葉どおり、“死より過酷”だったといえるかもしれません。
彼は、無罪放免され、帰国後、すでに即位していた新帝に攻められ、家臣にも妻にも見放され、目を潰され、追放され、翌年、失意のうちに客死しています。
もし敵地で処刑されていれば、彼は「英雄視」され、ビザンツ帝国は、新帝のもと、一致団結して報復戦争を繰り出したかもしれません。
しかし、それはセルジューク朝にとって、喜ばしいことではありません。
逆に、無罪放免してやれば、すでに即位していた新帝と内乱状態になることは必定。
ロマノス４世の末路は悲惨になるでしょうが、セルジューク朝は安泰です。
もし、そこまで先読みした上での裁決だとするなら、アルプ＝アルスラーンはなかなかの策士、彼の言葉はまさに「言葉どおりの意味」だったということになりますが…。

（＊10）イスラーム王朝がアナトリア半島（現トルコ）を併呑したのはこれが初めてのことでした。
以来、当地は現在に至るまで、イスラーム文化圏となっています。

（＊11）「王の中の王」という意味。即位時、まだ17歳の子供でした。

君主の心得かくあるべし！
本書は、
諸葛亮孔明殿の「出師の表」
に近い著作であるぞ。
『統治の書《スィヤーサト・ナーメ》』

宰相（ワズィール）
ニザーム=アル=ムルク
アブー=アリー=アル=ハサン

「マリクの仕事は、ただ狩りをすることのみ」と揶揄《やゆ》され (＊12)、そのバカ殿ぶりに、宰相**ニザーム＝アル＝ムルク**も、『統治の書』(B-5) を奉り、マリク＝シャーに対して「君主たる者の心得とはかくあるべし」と諫めている (＊13) ほどです。

それほど、マリク＝シャーは日々遊びほうけていたわけですが、ニザーム＝アル＝ムルクは、日夜、帝国のために働き、国を支えます。(＊14)

統治政策としては、ブワイフ朝のころから拡がっていたイクター制の制度疲労 (＊15) に対処し、これを整備完成 (B/C-3) させて、この広大な領土を安堵《あんど》させ、また、宗教・文化政策としては、バグダードをはじめ、各主要都市にマドラサ (＊16) を設置して、ハフィーズ (＊17) やウラマー (＊18) を養成し、文化興隆とスンニ派の発展に寄与しました。(D-2/3)

(＊12) ただし、これを「日々遊びほうけるだけのバカ殿」と見るか、「隠然たる力を持つ者ににらまれないよう “爪を隠している鷹”」と見るかは判断の分かれるところ。
ハルン＝アル＝ラシードも “爪鷹” でしたし、日本でも、加賀藩主（第３代）前田利常が、わざと鼻毛を伸ばし放題に伸ばして “バカ殿” を演じたのは有名。

(＊13) 中国で言えば、“バカ殿” 劉禅を心配して、諸葛亮が書いた『出師の表』に近い。
そうしてみると、少なくともニザーム＝アル＝ムルクの目にはマリク＝シャーはただの「バカ殿」に映っていたようです。これがほんとうに “爪鷹” なら、ニザーム＝アル＝ムルクの慧眼を騙しきった “大したタマ” ということになります。

(＊14) まさに「劉禅と諸葛亮」の関係に似ています。

(＊15) 制度というものは、一度制定されると固定化してしまいますが、社会状況は刻一刻と変化していきます。時代とともに、制度が社会の実情に合わなくなっていくのは避けられませんが、このような状態を「制度疲労」といいます。

(＊16) 日本で譬えれば、「大学」に相当する組織です。ただし、マドラサはほぼ「神学」のみ。
マドラサそのものは昔からありましたが、「国立マドラサ」はこれが初めてで、これを「ニザーミーヤ（ニザーム＝アル＝ムルクが建てた学校）」と呼びます。
あの有名な神学者アル＝ガザーリーも、このときのニザーミーヤ教授でした。

こうした彼の尽力によって、帝国は絶頂期を現出しますが、「絶頂期」というものは、すでに衰退の原因が生まれつつあることを意味しています。(＊19)

じつは、イクター制を時代に合わせて整備・完成させたことは、一方では帝国の安定に寄与したことは確かですが、他面、イクター制の封建的要素が強まってしまい、次代の帝国解体の要因となっていきました。

また、各地にマドラサを建設したのも、前王朝のブワイフ治下において拡がっていたシーア派勢力に対抗するため、スンニ派の普及を促すためのものでしたが、それがシーア派、とくに過激派の七イマーム派の抵抗に火を注ぐ結果となり、カスピ海南岸（B-4）の砦にシーア派の**暗殺教団**(＊20)を生んでしまう結果となります。

そして、ニザーム＝アル＝ムルクは、結局、その暗殺教団に暗殺されることになるのです。

帝国を支えつづけた彼の死とともに、“支柱”を失ったセルジューク朝そのものが崩壊へ向かって驀進《ばくしん》していくことになります(＊21)が、ここから先のお話しはまた別の機会にて…。

（＊17）第２章第１幕（＊08）を参照のこと。

（＊18）イスラームの法学者のこと。

（＊19）会社運営においても、おなじことが言えます。
経営が万事うまくいっているときにこそ、次代の衰退原因が生まれているもの。
ここで有頂天になるか、きっちり足元を見るかで、経営者の有能・無能が分かれます。

（＊20）通称「アサッシン」。詳しくは本幕コラムを参照のこと。

（＊21）先に（＊14）、ニザーム＝アル＝ムルクを「諸葛亮」に譬えましたが、彼らの死とともに、王朝も運命を共にする、という末路もおなじでした。
国家も組織も、建物と同じで、「大黒柱」を失えば、一気に崩壊していくことになります。

Column「暗殺教団アサッシン」

ニザーム＝アル＝ムルクの宗教弾圧を受けて、七イマーム派の分派・ニザール派の人々が黒海南岸のアラムート砦に立て籠《こ》もるようになりました。彼らは、独特の暗殺術をもって、敵対するセルジューク朝の要人をつぎつぎと暗殺していき、以後、モンゴル軍に亡ぼされるまで、周辺を震えあがらせる暗殺教団「アサッシン」となっていきます。

このアサッシンについては、あのマルコ＝ポーロの『東方見聞録』にも収録されている興味深い“伝説”があります。

彼らは、まず、クルアーンの中で説かれているのとそっくりの「楽園《ジャンナ》」を人里離れた山奥に造ります。

そこに腕の立つ若者を拉致してきて、しばらくそこに住まわせます。

そこでは、美女をはべらせ、美食を与え、麻薬を飲ませて、快楽の虜《とりこ》とさせ、そこを本物の「楽園《ジャンナ》」だと思い込ませるのです。

若者がこの「楽園《ジャンナ》」に完全に心を奪われ、メロメロになったころを見計らい、ふたたび眠らせて、突然そこから放逐してやります。

若者がハタと目を覚ますと、いきなり「下界」に落とされた格好です。

うろたえる若者の前に「山の老人」が現れ、説きます。

「いま一度、楽園《ジャンナ》に戻りたいか。ならば、何某《なにがし》を殺してこい。さすれば、楽園《ジャンナ》に戻してやろう。たとえ、暗殺に失敗して死んでも、そのまま楽園《ジャンナ》に直行できるから、安心するがよい」

何が恐いって、退路を考えず、死を恐れない特攻攻撃がいちばん恐い。

こうして、つぎつぎと要人の暗殺を成功させていったという。

以上の「山の老人」の話そのものは、あくまで“伝説”にすぎませんが、9.11でツインタワーに突っ込んでいったテロリストたちも、この伝説と同様、「死ねば楽園《ジャンナ》」と洗脳を受けていたと言われています。

そうしてみると、1000年経っても何も変わっていない、この伝説も当たらずといえども遠からず、といったところでしょう。

時代は移り変わっても、人間の本質は変わらないことを教えてくれます。

あとがき

いかがでしたでしょうか。

我々現代日本とは隔絶した、この時代の人たちの息づかい、涙、喜びや怒りの声を感じることができたでしょうか。

歴史を学ぶとき、その時代の人たちの心を感じ、その息づかいが聞こえてくるようでなければ、それは「歴史を学んだ」ことにはなりません。

歴史学習とは、「感じるもの」「たのしむもの」「体感するもの」であって、けっして「暗記する」ものではありません。

その点、現代日本の教育は、「“科挙”さながらの徹底した丸暗記教育」が貫徹され、その惨状は目を覆わんばかりです。

河合塾の教壇に立ち、毎年、新しい受験生を指導してきましたが、そのほとんどの学生が「歴史は暗記科目」と信じて疑わない子供たちばかりです。

意味もわからず、ワケもわからず、前後関係も、比較対比も、歴史的な意義も知らず、考えたこともなく、ただただただただ丸暗記！　丸暗記！　丸暗記！

「丸暗記こそが勉強」「勉強は丸暗記作業そのもの」だと盲信しています。

丸暗記学習は、子供の才能を摘み、人間をダメにします。

私の講義は、毎年、彼らのその「ガチガチに凝り固まった固定観念」を払拭させることから始めなければなりません。

嘆かわしいことですが、しかしこれは、子供たちの責任ではありません。

私と出逢うまで、彼らに「ホンモノの歴史」を教えてくれる教師がひとりたりともいなかった、という“不幸”を意味しているにすぎません。

歴史を教える教師自身が、歴史の何たるかも知らず、堂々と学生に「歴史は暗記だ！」と教えているからです。

歴史を知る者なら、「歴史は暗記だ！」などと口が裂けても言いません。

歴史を知らぬ者が教壇に立ち、“歴史”を教える。

なんたる悲劇……。いや、喜劇か。

果ては、くだらぬ「丸暗記法」だの「受験テクニック」だのを教え、何も知らない子供たちに一時のヌカ喜びを与えて、ご満悦。

しかし、そういった“加害者”たる教師自身もまた、学生時代、徹底的に「丸暗記学習」を叩き込まれてきた“被害者”であったりします。

こうした教育現状では、「歴史嫌い」の日本人が増えるのも道理ですが、過去の偉人たちは口を揃えてこう言います。

「歴史を学ばない民族は亡ぶ」(アーノルド＝トインビー、吉田茂など)

「愚者は経験に学ぶ、賢者は歴史に学ぶ」(オットー＝ビスマルク)

この国は、まさに滅びの道を突き進んでいると言っても過言ではありません。

そもそも、歴史ほど、学んでいて“血湧き肉躍る”学問もめずらしい。

本来、教師の仕事というものは、学生に「細かい歴史用語」を叩き込むことでもなければ、ましてや「受験テクニック」とやらを教えることでもありません。

「歴史を学ぶということは、こんなにもたのしいことだぞ！」

「しかも、人生訓の宝庫だから、人生に役に立つ知識が満載だ！」

「そのうえ、教養も高まり、判断力・決断力・洞察力・達観力まで身につくぞ！」

ということを教えてあげることです。

細かい歴史用語など、その過程で便宜上触れるにすぎません。

このことさえ実感させてあげれば、学生など、「勉強しろ！」などと尻を叩かずとも、勝手に勉強しはじめますし、たとえ社会人になっても、自分なりに学びつづけるようになります。

歴史は、一生学ぶにふさわしい崇高な学問です。

そうして初めて、歴史の知識が“人生の糧”となるのです。

「丸暗記主義歴史学習」に汚染され、「歴史なんてつまらない」と誤解してしまっている方々に、本書が「歴史を学ぶ歓び」をホンの少しでも伝えることができたなら、それこそが、本書の、そして筆者の本望、本懐です。

最後になりましたが、本書を出版するにあたり、ベレ出版の森岳人氏にはたいへんなご支援、ご尽力をいただきました。

森氏なくして本書が世に出ることもなかったと思うにつけ、感謝に堪えません。

この場を借りて厚く御礼申し上げます。

2013年2月

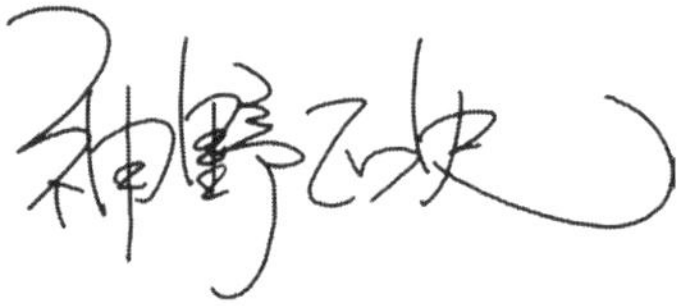

神野《じんの》 正史《まさふみ》

河合塾世界史講師。世界史ドットコム主宰。ネットゼミ世界史編集顧問。ブロードバンド予備校世界史講師。歴史エヴァンジェリスト。1965年、名古屋生まれ。出産時、超難産だったため、分娩麻痺を発症、生まれつき右腕が動かない。剛柔流空手初段、日本拳法弐段。立命館大学文学部史学科卒。教壇では、いつも「スキンヘッド」「サングラス」「口髭」「黒スーツ」「金ネクタイ」という出で立ちに、「神野オリジナル扇子」を振るいながらの講義、というスタイル。既存のどんな学習法よりも「たのしくて」「最小の努力で」「絶大な効果」のある学習法の開発を永年に渡って研究し、開発された『神野式世界史教授法』は、毎年、受講生から「歴史が“見える”という感覚が開眼する！」と、絶賛と感動を巻き起こす。「歴史エヴァンジェリスト」として、ＴＶ出演、講演、雑誌取材、ゲーム監修など、多彩にこなす。他に『神野の世界史劇場』(旺文社)、『世界史に強くなる古典文学のまんが講義（全３巻）』(山川出版)、『爆笑トリビア解体聖書』(コアラブックス）など、著書多数。

世界史劇場《せかいしげきじょう》イスラーム世界《せかい》の起源《きげん》

2013年 3月25日　初版発行

著者　神野《じんの》 正史《まさふみ》

DTP　WAVE 清水 康広

カバーデザイン　川原田 良一（ロビンソン・ファクトリー）

発行者　内田 眞吾

発行・発売　ベレ出版

〒162-0832　東京都新宿区岩戸町12 レベッカビル
TEL.03-5225-4790 FAX.03-5225-4795
ホームページ　http://www.beret.co.jp/
振替 00180-7-104058

印刷　モリモト印刷株式会社

製本　根本製本株式会社

ISBN 978-4-86064-348-5 C0022　編集担当　森 岳人

もっと世界史劇場を堪能したい方へ

筆者 (神野正史) は、20 年以上にわたって河合塾の教壇に立ち、そのオリジナル「神野式世界史教授法」は、塾生から絶大な支持と人気を集めてきました。

しかしながら、どんなにすばらしい講義を展開しようとも、その講義を聴くことができるのは、教室に通うことができる河合塾生のみ。モッタイナイ！

そこで、広く門戸を開放し、他の予備校生でも、社会人の方でも、望む方なら誰でも気兼ねなく受講できるように、筆者の講義を「映像講義」に収録し、

「世界史専門ネット予備校 世界史ドットコム」

を開講してみたところ、受験生はもちろん、一般社会人、主婦、世界史教師にいたるまで、各方面から幅広く絶賛をいただくようになりました。

じつは、本書は、その「世界史ドットコム」の映像講座をさらに手軽に親しめるように、と書籍化されたものです。

しかしながら、書籍化にあたり、紙面の制約上、涙を呑んで割愛しなければならなくなったところも少なくありません。

本書をお読みになり、もし「もっと深く知りたい」「他の単元も受講してみたい」「神野先生の肉声で講義を聴講してみたい」と思われた方は、ぜひ、「世界史ドットコム」教材も受講してみてください。

世界史ドットコム講座例　　http://sekaisi.com/

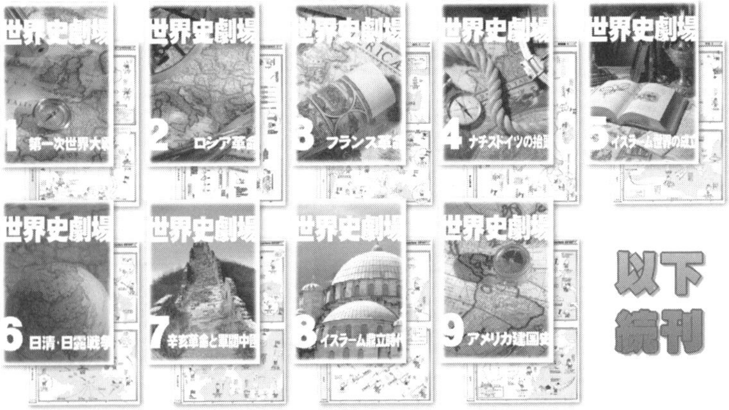